U0488686

丝路文化与中华文明研究丛书编委会

陕西师范大学陕西文化资源开发协同
创新中心资助出版
陕西师范大学优秀学术著作出版资助

·丝路文化与中华文明研究丛书·

大美为羊：丝绸之路上的羊文化

赵　颖　王甜梦　王文英　著

陕西师范大学出版总社

图书代号 SK23N1352

图书在版编目(CIP)数据

大美为羊：丝绸之路上的羊文化 / 赵颖，王甜梦，王文英著. —西安：陕西师范大学出版总社有限公司，2023.11

ISBN 978-7-5695-3262-3

Ⅰ.①大… Ⅱ.①赵… ②王… ③王… Ⅲ.①羊—畜牧业—文化研究—中国 ②羊—畜牧业—文化研究—国外 Ⅳ.①F326.3 ②F316.3

中国版本图书馆 CIP 数据核字(2022)第 213763 号

大美为羊：丝绸之路上的羊文化

DAMEI WEI YANG：SICHOUZHILU SHANG DE YANG WENHUA

赵 颖 王甜梦 王文英 著

责任编辑 邱水鱼
责任校对 冯新宏
封面设计 金定华
出版发行 陕西师范大学出版总社
（西安市长安南路 199 号 邮编 710062）
网 址 http://www.snupg.com
印 刷 西安报业传媒集团
开 本 787 mm × 1092 mm 1/16
印 张 16
插 页 2
字 数 333 千
版 次 2023 年 11 月第 1 版
印 次 2023 年 11 月第 1 次印刷
书 号 ISBN 978-7-5695-3262-3
定 价 68.00 元

丝绸之路与人类文明多维空间的历史生成

（总序）

英国著名史学家弗兰科潘指出："我们可以按照自己的方式随意塑造过去的历史，但古代世界远比我们想象的复杂，其中千丝万缕的联系更不为我们所知。如果把罗马看成是西欧文明的祖先，我们就忽略了一个事实：它与东方紧密相连并在许多方面受到东方的影响。古代社会确实是我们今日社会的原始模板：充满生机，竞争进取，成熟高效，精力旺盛。一个布满了城镇的区域带，形成了一条横跨亚洲的锁链。西方开始注视东方，东方开始注视西方。东西方共同增进了印度、波斯湾和红海之间的交流沟通——古丝绸之路充满了生机。"①这段颇带概括性的叙述表明，历史发展的规律不可随意塑造，尤其是不能忽略东方文明的巨大影响和存在，它不仅与西方文明同样古老，而且两种文明之间早已相互注视和影响，它们代表了世界文明史上迄今为止最早和最直接的对话。而古丝绸之路的开凿所引发的跨文明交流和对话，既彰显了东方文明的魅力，创造了无比丰富和珍贵的人类文明遗产，也无疑影响了人类文明的过去、现在和未来。

丝绸之路开启了文明交往之路。法国历史学者布罗代尔在分析"文明"这一术语的历史衍变时，把文明看作是一种大区域内，比较有长久性、持续性的生

---

① 弗兰科潘．丝绸之路：一部全新的世界史［M］．邵旭东，孙芳，译．杭州：浙江大学出版社，2016：22－23．

活方式,它包括物质文明、政治文明和精神文明。而不同文明的形成则往往与独特的地理空间、社会发展、经济状况及群体心理密切相关。文明的本质特征取决于它们的地理位置所带来的局限或便利,社会和文明永远密不可分,它们指的就是同一种现实,每种社会和文明都依赖于经济、技术、生态、人口等方面的环境,而集体心态则往往成为文明形态最强有力的特征,这始终是过去和今天文明的中心问题。[①] 布罗代尔对文明的内涵和构成要素的分析极为深刻,对揭示丝绸之路自身文明构型及开启人类文明交往之路颇具方法论意义。

文明作为人类的创造物,依赖于人类自身的进化、发展及生存需要的提升和拓展。从某种程度上讲,人类自身的生产决定文明创造的内涵、丰富性和价值取向。如果说,促使文明形成的基础条件是与人的生存密切相关的地理环境,即肥沃的土地与河流的话;那么,决定文明发展的核心要素和持久动力,则是与人的社会性密切相关的文明间的互鉴和交往,这似乎已经成为一种历史发展的定律。农业革命是人类文明的起源,全世界早期的文明大多产生于欧亚大陆这个独特的地理版图上,并且沿江河而起。如人类早期美索不达米亚文明、尼罗河河谷文明、印度河河谷文明及黄河河谷文明的出现,就说明了文明起源对地理环境的依赖。正如有学者所分析的,每种文明都源于直接的机遇,即对地理环境优势的合理利用。"在历史的黎明时期,古代世界繁荣着许多大河文明:黄河流域的中国文明,印度河沿岸的前印度文明,幼发拉底河和底格里斯河沿岸的苏美尔、巴比伦和亚述文明,尼罗河沿岸的埃及文明。"[②]它们毫无疑问是人类文明形成的范例。但事实上,没有交往就没有文明的发展。"没有一种文明可以毫不流动地存续下来:所有文明都通过贸易和外来者的激励作用得到了丰富。例如,倘若离开了阿拉伯商队横跨沙漠和大草原这样的'干燥的海洋'的流动,离开了他们在地中海地区和印度洋沿岸乃至远到马六甲(Malacca)和中

---

① 布罗代尔.文明史纲[M].肖昶,冯棠,张文英,等译.桂林:广西师范大学出版社,2003:23-42.

② 布罗代尔.文明史纲[M].肖昶,冯棠,张文英,等译.桂林:广西师范大学出版社,2003:30.

国的旅行,伊斯兰世界便无法想象。”①布罗代尔的论述深刻表明,包括丝绸之路在内的人类早期所从事的探险、贸易以及那些保护部落的战争,对民族、文化间的接触、了解和互鉴,发挥和产生了十分重要的作用,文明发展的奥秘即在于此。

一、打开认知世界文明的方式

“路”是推动与促进文明交流和发展的媒介与桥梁,它既具有连接和纽带的功能,也不断地产生动力性的价值和作用。从文明交往的维度看,狭义的路是指物理时空中陆、海、空诸多通道的开凿、打通和形成,甚至包括信息和数字化时代各种媒介交流机制的生产和创造,它极大地缩短了不同洲际、国别间的距离,为不同民族间的密切交流提供了便利。而广义的路则是指随着物理时空中交通网络的丰富及全球化视域的形成,社会文化场域中不同文明形态间获得了更加广泛而深入的交往和接触,从商品贸易、物种流动、技术转移,到艺术交流、宗教传播和文化借鉴,它极大地推动了不同民族和文化间的交流、融合,从而促进了异质文明间的相互吸收和互鉴共享。公元前 138 年张骞出使西域在欧亚大陆版图上所开凿的“丝绸之路”,正体现了所谓“道路”开拓的双重含义。他不仅打通了一条由中国古代长安出发,经过河西走廊,穿越天山脚下,进入中亚、西亚,然后再通向地中海地区的交通道路。更为重要的是,这条横贯东西方的国际交通路线,成为一条连接欧亚各国贸易往来、民族融合、艺术交流和文化借鉴的活跃通道,极大地促进了欧亚大陆各种文明间的交流、对话和融合。

正像历史发展所证实的那样,丝绸之路将东方文明、印度文明、阿拉伯文明、波斯文明和欧洲文明串联在一起,而“中国围绕丝绸之路的地理发现,突破了地域限制,建立了对其他文明的认知。它最终形成了一种更为开阔的世界观与相对平等的交流方式,促成中国与其他文明之间的密切互动。在这个过程中,通过丝绸之路,中国不断发现着世界,世界也逐渐认识了中国”②。概要地

---

① 布罗代尔. 文明史纲[M]. 肖昶,冯棠,张文英,等译. 桂林:广西师范大学出版社,2003:30.

② 李伟. 穿越丝路:发现世界的中国方式[M]. 北京:中信出版社,2017:7.

说，张骞的“凿空”之旅打开的是一种认知世界文明的特有的中国方式。它没有使用枪炮、利剑和火药，更没有依赖侵略、蚕食和占领，而是以平等贸易、友善交流和彼此尊重的方式，寻求不同文明间的和谐相处与利益共享。这大抵是中华文明固有的秉性和内涵，也是其接触和吸收世界文明的独特方式。在丝绸之路的早期开拓中，所谓“彩陶之路”“玉石之路”“青铜之路”“草原之路”等诸多道路的开凿和形成，足以表明中华民族致力于与其他民族交往所付出的不懈努力，以及它所创造的文明交往方式和空间的多样性与丰富性，为丝绸之路的开辟、形成奠定了坚实的基础，创造了丰富的条件。值得注意的是，诸多道路的开通和命名所彰显的是中华文化的“美丽精神”。诸如彩陶的坚实与质朴、玉石的温润和透明、青铜的庄严与肃穆、草原的辽阔和生机等，无一不是中华文明的美丽符号与标识。正像“丝绸”所展现的内涵一样，这条通道拥有一个优雅浪漫的名称，它是地球上的金丝带。甚至中国丝绸在罗马帝国时代就令帝国的贵族迷醉不已，不管道德严谨的罗马人对此如何批评，也无济于事，“‘丝绸’在当时的西方视野中依旧是完美的东方符号”①。

张骞两次出使西域的壮举，凿开了中华文明接触、认知和借鉴世界文明的通道，也开启了汉民族沿丝绸之路与亚欧国家诸多文明形态持续交往且互通互鉴的篇章。如97年，东汉西域都护班超在维护西域稳定和确保丝绸之路畅通的基础上，派下属甘英出使被称作大秦的罗马帝国，甘英虽然最终未能到达大秦，但他探索的步伐自东向西横穿整个安息帝国，到达波斯湾海边，发现和打通了经克什米尔至伊朗南部的路线，创造了中国人西行的一个新纪录。值得注意的是，在张骞通西域之后，为了巩固同西域的联系，汉朝先后在河西走廊设立了酒泉、武威、敦煌、张掖四郡，史称“河西四郡”。并任命在西域屯田守卫的将军郑吉为西域都护，驻屯乌垒城（今新疆轮台东北），统管西域诸国。这两大举措的实施表明，汉朝与西域各国的政治关系与经济文化交往纳入了制度化的轨道，为国与国间的平等贸易和政治、文化间的有序交流，提供了十分重要的机制保障，在中华文明史上具有标识性的意义和价值。

---

① 李伟.穿越丝路：发现世界的中国方式[M].北京：中信出版社，2017：181.

汉代文明在中华文明史上之所以具有重要地位，某种程度上源于这一时代所体现的开拓进取的精神和包容开放的胸怀。而丝绸之路的开凿，极大地促进了东西方民族、文化与文明间的广泛交流，其中产生重要推动作用的是丰富的商品贸易和对西域作为地缘文明形态的发现。因为“商品贸易最能表现人类文明交往的开放性、合作性、物质性和全球性，它同时又是人类政治交往、社会交往、文化交往的先导、中介和沟通的渠道。商业贸易维系着古代东西方‘丝绸之路’的交通大道。……基于共同利益的公平贸易，常常主导着民族与民族、国家与国家之间良好而富有成效的关系，甚至在存在严重分歧情况下，还能保持坦诚而全面的对话。贸易还主导着共同利益的扩大，在一定程度上缓和政治上的分歧而进行彼此合作”①。因此，汉代丝路商品贸易带给人类文明交往的经验和智慧值得深思和借鉴。地缘性是人类早期自然经济文明的固有特性，它囿于原始、狭小和保守的地理空间，是建立在血缘关系基础上的社会组织形态，也是传统文明的一大特征，往往阻碍了不同文明形态间的交流和借鉴。而丝路开凿的意义正在于打破了这种长期形成的地缘文明形态，把一种原始狭小地域内的点线空间交往，发展为区域空间内不同文明间的面上交往，尤其是对西域的发现、认知十分重要。从地缘政治角度看，“西域地区其实是世界文明的交汇点，两河流域的波斯文明、古希腊罗马文明、印度文明和中国文明都在这里汇聚。而在充分吸收这些文明的同时，西域也并没有被这些文化的洪流所吞没，而是经过自己的消化吸收，形成适合本地区本民族特点的独特文化”②。这正是丝路文明对人类社会做出的积极贡献和其魅力所在。

当然，汉民族对西方文明的认知还包括“海上丝绸之路”的开通。据史书记载：“最迟在公元前2世纪，我国开始把丝绸等物产从海路向外传播，并从海路引进国外丰富的物产。这条途经南海传播丝绸的海路，就被称为‘海上丝绸之路’。海上丝绸之路是古代中国与外国交通贸易和文化交往的海上通道，它形

① 彭树智.文明交往论[M].西安:陕西人民出版社,2002:15.

② 张国刚.胡天汉月映西洋:丝路沧桑三千年[M].北京:生活·读书·新知三联书店,2019:30-31.

成于秦汉时期,发展于三国至隋唐时期,是已知的最为古老的海上航线。”①它与横贯欧亚大陆的丝绸之路相映生辉,合称“一带一路”,对促进华夏文明与世界文明的交往、互鉴产生了重要的影响。

唐代之所以是丝绸之路最为辉煌和灿烂的时代,完全源于在当时的世界格局中,其已进入中国与人类历史的全盛时期,具有丰富成熟的文明形态和强大的经济文化综合实力,故被称为“盛唐气象”。而建立在这种坚实基础上的丝绸之路,已全面打开了一种更加开阔的认知世界、与世界文明交往的视野,不仅是商品贸易和物质交流,更多呈现的是民族融合、宗教传播、思想借鉴和艺术交流的繁荣景象,其交流互鉴水平已进入文化和文明形态的深层结构及内核,达到文明交往的较高程度。以佛教传播为例,从三国时期的朱士行开始,历经法显、玄奘、义净等高僧涉险探索、西行求法,佛教通过丝绸之路由印度传入西域和中国西部,然后经敦煌进入内地,不仅呈现出中外僧侣间彼此学习、取经传教的交融景象,也极大地提升了不同文明形态间的交往和融合。这条具有丰富文化内涵的“佛教之路”,不仅传播了宗教思想、观念和信仰,还留下了无数与佛教东传相关的历史遗迹,如寺庙遗址、佛窟壁画、雕塑艺术,更重要的是通过这条文明交往纽带,“佛教的绘画、建筑、音乐艺术,以及佛教所携带、所裹挟的印度和沿途民族的艺术、医学、天文学、哲学和逻辑学等,源源不断、持续地传播到中国,给中国文化以深刻的影响,给中国文化的发展以巨大的刺激,给中国人以丰富的精神滋养”②。

关于中西文明交往的规律问题,有学者指出:“从思想文化交流的层面而言,汉唐时代,影响中国的主要是西域的佛教;宋元时代至于明初,传入中国的主要是伊斯兰文化。至于近代早期(1500—1800),则是欧洲的基督教文化通过传教士入华。这个时期的中西文化关系,基本上是一个中学西传的单向流动过程,虽然经耶稣会士之手,有部分西方科技与基督宗教思想传入中国,但与中学西传的规模和影响相比,可以说很不起眼。相反,汉唐时期佛教入华,无论是东

① 武斌.丝绸之路史话[M].沈阳:沈阳出版社,2019:109.

② 武斌.丝绸之路史话[M].沈阳:沈阳出版社,2019:131.

来传法，还是西行取经，也几乎是单向的自西徂东。中国以‘四大发明’为主体的工艺性文明则在唐宋时代传到西方世界。”①客观地说，这种对中西文明交往规律的判断十分中肯，它所提到的文明融合中宗教的作用和影响以及中国式的“工艺性文明”，既颇为深刻又耐人寻味，有助于我们更加科学地把握认知世界与文明交往的核心问题。

二、丝绸之路与西域文明

“西域”通常是对阳关、玉门关以西广大地区的统称。汉代的西域，狭义上是指天山南北、葱岭以东，即后来西域都护府统领之地，据《汉书·西域传》所载，大致相当于今天新疆天山以南，塔里木盆地及其周边地区。广义的西域则除了以上地区，还包括中亚细亚、印度、伊朗高原、阿拉伯半岛、小亚细亚乃至更西的地区，实际上指的是当时人们所知的整个西方世界。随着唐朝势力向中亚、西亚的扩展，西域被用来指中亚的河中地区及阿姆河以南的西亚、南亚地区。② 也就是说，随着历史上不同王朝政治势力的扩展，“西域”的地理区间和版图也在不断变化，但它绝不只是一个地理学的概念，而是一个融合了政治、社会与民族等多种内涵的历史学或文明学的概念。从文化史的角度看，张骞开凿丝绸之路最为重要和直接的意义，就是发现和激活了独特地理和民族情境下“西域文明”的丰富蕴涵。随着这条东西交通要道的打通和不断延伸，西域不仅成为文明的汇集地，也推动着多种文明间的碰撞、交流和融合。

据历史记载，公元前138年，张骞出使西域，被匈奴人抓获，软禁了10余年，并在匈奴部落结婚生子。公元前129年，他趁机逃走，继续向西翻越葱岭，经过大宛、康居等地，到达今天的阿拉木图一带。公元前128年，他在启程回国复命的途中，又被匈奴人抓获，扣留了一年多，终于在公元前126年回到长安。他把这十几年的见闻和在匈奴部落的切身感受向汉武帝做了汇报，进一步强化

① 张国刚. 胡天汉月映西洋：丝路沧桑三千年[M]. 北京：生活·读书·新知三联书店，2019：13.

② 张国刚. 胡天汉月映西洋：丝路沧桑三千年[M]. 北京：生活·读书·新知三联书店，2019：28－29.

了汉朝廷对西域和匈奴文化及游牧民族的认识。所以说,在张骞凿空丝路认识西域文明的进程中,首先开启的是农耕文明与游牧文明(或草原文明)的交流和接触。匈奴作为中国北方最早的草原民族,以畜牧业为生存条件和基础,过着不断迁徙、逐水而居的生活,形成了勇敢强悍的民族性格及开放流动的文化习性,与农耕文明所希冀的稳定保守的生产生活方式形成明显的差异与互补。早在古文明时期,欧亚大陆辽阔版图上已有了欧亚草原的存在,它构成了一个独特的生态系统,从公元前3000年开始,游牧经济逐渐成为欧亚草原所特有的一种经济形态。在草原上活跃的不同的游牧民族,居中西两大古典文明中间,扮演着东西方世界之间的桥梁的角色,充当了东西方文化交流的重要媒介。通往西域的"丝绸之路"出现以前,连接东西方文化的主要干线就是这条草原大通道。东西方人类最初的交往,就是通过这条通道实现的。① 而从汉景帝到汉武帝时期,汉与匈奴之间经历了战争、和亲、谈判、贸易等多种交流形式,这些早期文明交往的基本手段,极大地促进了文明间的接触和交流。匈奴、鲜卑等是历史上对中原影响最大、与中原交往最多的草原民族。他们的畜牧业、游牧生活方式及动植物产品输入中原后,不同程度地冲击和影响了农耕文明,促进了农耕文明与游牧文明的相互吸收和借鉴。

唐代丝绸之路的繁荣和兴盛带来了中华文明与西域文明之间的丰富交流与互鉴。著名史学家向达在《唐代长安与西域文明》中指出:"中国与西域交通以后,两方面之文明交光互影:中国自汉魏以后各方面所受西域之影响甚为显著,而西域诸国间亦有汲华夏文物之余波者。如前汉元康时龟兹王绛宾之醉心中国文明,乐汉衣服制度;隋唐时代之高昌亦有中国诗书,兼为诗赋,其刑法风俗婚姻丧葬与华夏大同;是其例也。上来所述,于唐代长安所表见之西域文明,已就耳目所及,约陈大概。唯其时流寓长安之胡人似亦有若干倾慕华化者:或则其先世北魏以来即入中国,至唐而与汉人无甚殊异;或则唐代始入中国,亦慕华风;凡此俱应分别观之也。"②这段表述不仅显示了唐代中华文明与西域文明

---

① 武斌.丝绸之路史话[M].沈阳:沈阳出版社,2019:38.

② 向达.唐代长安与西域文明[M].北京:商务印书馆,2017:101.

"交光互影"的繁荣景观,也提出了流寓长安之胡人所裹挟的"胡风",对促进两种文明交往所产生的积极作用。依据史学家的看法,丝绸之路对于中国方面来说,主要是边境贸易,中国人主动出境贸易不占主流。据文献记载,陆上丝绸之路担当东西贸易的商人主要是塞种人,即大月氏人、匈奴人,中古时期则以粟特人为主流。《北齐书·和士开传》说和士开这位北齐宠臣是西域胡商之后。唐人文献和小说笔记里,商胡(或胡商)是出现频率甚高的词汇。[①] 依向达先生的研究,"昔者汉灵帝好胡服,胡帐,胡床,胡坐,胡饭,胡箜篌,胡笛,胡舞……李唐起自西陲,历事周隋,不唯政制多袭前代之旧,一切文物亦复不闻华夷,兼收并蓄。第七世纪以降之长安,几乎为一国际的都会,各种人民,各种宗教,无不可于长安得之……开元、天宝之际……异族入居长安者多,于是长安胡化盛极一时,此种胡化大率为西域风之好尚:服饰、饮食、宫室、乐舞、绘画,竞事纷泊;其极社会各方面,隐约皆有所化,好之者盖不仅帝王及一二贵戚达官已也"[②]。由此可知,唐代长安之胡化,足以体现华夏文明与西域文明间的交流之广和互鉴之深,甚至达到水乳交融的程度。

从中西商品贸易和文化交流历史看,唐代胡人大多是来自河中地区的粟特人。所谓粟特人,在中国史籍中又被称为昭武九姓、九姓胡、杂种胡、粟特胡等。从人种上说,他们属于伊朗系统的中亚古族;从语言上说,他们操印欧语系伊朗语族中的东伊朗语的一支,即粟特语;文字则使用阿拉美文的一种变体,现通称粟特文。其主要范围在今乌兹别克斯坦,还有部分在塔吉克斯坦和吉尔吉斯斯坦。"粟特人大体上是沿着丝绸之路的主干道,在草原游牧汗国和中原王朝之间的夹缝中逐渐东迁,建立聚落。在公元 3 世纪到公元 10 世纪丝路沿线不断变化的政治背景下,粟特聚落必然打上多种文化色彩。在日常生活方面,我们可以看到一种以粟特文化为主体,杂糅了波斯的伊朗文化、北方游牧民族和西域其他胡人的色彩。……正如我们说粟特人是中古时期丝绸之路上各国间贸

---

① 张国刚. 胡天汉月映西洋:丝路沧桑三千年[M]. 北京:生活·读书·新知三联书店,2019:6-7.

② 向达. 唐代长安与西域文明[M]. 北京:商务印书馆,2017:44.

易的担当者一样，他们其实也是各种文化之间交流时的传递者。”①“粟特人建立过一个很大的商业网络，连接了东西方的文明，他们自己处在这个网络的中央地带。”②这就是向达先生所讲的唐代中华文明与西域文明“交光互影”的繁荣景观。

值得关注的是，在唐代中华文明与西域文明频繁交流的版图上，还有一个与丝绸之路有关的重要文明形态，即吐蕃文明。这个由古代藏族建立的高原政权——吐蕃王朝，曾在7世纪至9世纪的200多年里，活跃于青藏高原及其临近地区，通过和借助丝绸之路所打通的“吐蕃—青海道”“吐蕃—泥婆罗道”“吐蕃—于阗道”“吐蕃—勃律道”，与周边的国家和民族进行了广泛的交流。并将自己的部落建制、告身制度、驿递方式、佛教文化、香料等，带到了西域乃至更远的地方；同时也把西域的文字、佛经、建筑技术、玉石，中原的工艺、音乐、美术，突厥的法律制度等带回了吐蕃。应该说，丝绸之路上的文化交流促进了吐蕃文明的发展，同时吐蕃文明通过丝绸之路进行传播，影响了周边区域。就吐蕃文明与内陆文明的交流看，吐蕃与于阗在语言文字、佛教、艺术等方面有较多的沟通和互动，而突厥的制度、文化习俗则对吐蕃文明产生了一定的影响。另外，粟特人的生活用品、金银器具、丧葬风俗、服饰马具等也在唐代传入吐蕃，影响了其文明的发展。甚至从8世纪以来，在阿拉伯和波斯史学家、地理学家的著作中，开始有了大量关于吐蕃的记载。③ 这些交流促使吐蕃文明发展到令人瞩目的高度，成为唐代丝绸之路上一道亮丽的风景。

丝绸之路作为宗教传播之路，对华夏文明与不同文明间的交流、互鉴产生了十分重要的影响，其中最为突出的是佛教。大约在公元前1世纪后半叶，佛教传入西域的于阗、龟兹、疏勒、高昌等地，至魏晋、隋唐时期日益兴盛。在长达1000年的历程中，佛教文化广泛地渗入社会生活的各个方面，对中国的哲学、文学、艺术和民间风俗以及政治、经济等都有着深刻的影响。佛教文化与我国传统的儒学与道教等彼此融合，互为消长，经历了一个不断中国化的过程，逐渐发

---

① 荣新江．丝绸之路与东西文化交流［M］．北京：北京大学出版社，2015：239．

② 张信刚．丝路文明十五讲［M］．北京：北京大学出版社，2018：101．

③ 杨铭，李锋．丝绸之路与吐蕃文明［M］．北京：商务印书馆，2017：129－168．

展成为中国的民族宗教，丰富了中国文化的内容，成为中国传统文化的组成部分，从而改变了中国乃至整个东方的文化结构和文化特性。佛教在中国的传播，是中印两种文明的价值观念、思维方式的系统交流，是两种不同文化相互接触、影响、作用的成功模式。[①] 除佛教以外，唐代还有袄教、景教和摩尼教，它们经丝绸之路传入中国，均不同程度地促进了诸种文化和文明间的交流融合，对唐代西域文化的发展、繁荣产生了积极的影响。

进入宋元时期，丝路文明日渐发展成熟，随着进入中国的阿拉伯人、伊朗人、波斯人及信奉伊斯兰教人数的增多，伊斯兰教及伊斯兰文明在中国的传播达到了一个高潮。与佛教和天主教不同，伊斯兰教是随着信奉它的阿拉伯人、波斯人以及其他西域人一起来到中国的，它首先是作为这些移民的宗教信仰而存在的。到了元代，来自阿拉伯和西域的移民数量庞大，逐渐在中国形成了新的族群，即“回族”。伴随着这个新族群而来的就是伊斯兰教。伊斯兰教在中国的传播与回族形成和发展的历史密切相关，它经历了一个与中国传统文化相接触、相融合及本土化的过程。“在这个过程中，伊斯兰文化、阿拉伯文化在中国得到广泛传播，其中的许多内容被吸收到中华文化的传统之中，成为中华文化的一个组成部分，促进了中华文化的丰富和发展。”[②]从全球性的视野看，“伊斯兰教也是一条强有力的纽带，一条比基督教更有力得多的纽带，因为它不仅是一种宗教信仰，而且是一种社会和政治体系与一种普遍的生活方式。如同语言为阿拉伯世界打下基础一样，宗教信仰也为伊斯兰教文明提供了基础。众所周知，伊斯兰教文明在征服后的几个世纪中，逐渐发展成为一种带有基督教、犹太教、琐罗亚斯德教和阿拉伯宗教的成分，带有希腊－罗马、波斯－美索不达米亚的行政、文化和科学诸成分的综合体。因此，它不是早先各种文化的简单拼凑，而是代表全新文明的一种融合。它虽然来源不一，有多种组成部分，但却明显带有阿拉伯伊斯兰教的独特印记”[③]。这一观点，既说明了伊斯兰教文明对多元

① 武斌．丝绸之路史话［M］．沈阳：沈阳出版社，2019：129.

② 武斌．丝绸之路全史［M］．沈阳：辽宁教育出版社，2018：429.

③ 斯塔夫里阿诺斯．全球通史：从史前史到21世纪（上）［M］．吴象婴，梁赤民，董书慧，等译．北京：北京大学出版社，2012：221－222.

文明形态的融合，也体现了它在世界文明格局中的重要地位及影响。总之，自张骞凿空西域以来，在近3000年的历史发展中，丝绸之路早已成为一种显著的文明标识和符号，它不断改写和重塑着人类的发展命运。而丝绸之路版图上的西域文明，无论从其对人类多元文明形成所产生的促进作用看，还是从其独特的地缘优势和对当今国际政治面貌的深刻影响看，作为一种完整的文明形态，其对历史和未来的深广意义和巨大作用是绝不能被忽略和低估的。

三、丝绸之路与欧亚文明

斯塔夫里阿诺斯是享誉世界的历史学家，他的《全球通史》以新的“全球史观”的构建和对人类历史的客观解读，突破了长期以来西方学界根深蒂固的“欧洲中心论”或“西方中心论”的限制，对人类社会及文明的生成发展规律进行了极为深刻和富有见地的分析，是迄今为止全球史观颇具影响力的成果。其中最引人注目的是，该书对欧亚大陆由古典到中世纪文明构型问题的探讨，给我们探讨丝绸之路与欧亚文明间的关系提供了诸多的启发。

值得注意的是，《全球通史》打破了地区和民族的界限，按照历史本身的空间来阐释历史。作者在考察欧亚大陆文明兴衰时指出，如果其他地理条件相同，那么人类取得进步的关键就在于各民族间的“易接近性”；因为易接近性既为各民族提供了发展的机会，也制造了淘汰的压力；欧亚大陆的历史在很大程度上是欧亚大陆内部的游牧部落和周围的各大河流域文明区之间的历史；农业文明结束了长达数千年的种族平衡，建立起一直持续到今天的蒙古人种、高加索人种和黑人的优势；在古代文明的数千年里，中东一直是创始力的中心，但到了古典时代，中东的优势渐渐消失，除了宗教领域，中东不再是创造发明的重要发源地；古典时代形成的，并在许多情况下一直存续至今的新思想和新制度，都是原先从欧亚大陆诸边缘地区发展起来的文明的产物，如希腊和罗马文明、印度文明和中国文明。[①] 在该书中，作者反复强调商业联结和文化联结对文明形

---

① 刘德斌.《全球通史》第7版推荐序[M]//斯塔夫里阿诺斯.全球通史：从史前史到21世纪（上）.吴象婴，梁赤民，董书慧，等译.北京：北京大学出版社，2012：19－20.

成的重要性:“希腊文化传播整个东方,主要是靠追随亚历山大军队东进的希腊商人。同样,印度佛教传布到中国的过程也可以沿着举世闻名的丝绸之路了解到。”①作者不仅指出了丝绸之路对欧亚大陆文明产生的作用,也注意到了丝绸之路在世界文明版图上的影响力。通过丝绸之路上的商品贸易,帝国的疆界大大地向四面八方扩展。“最大的扩张发生于西面,在西面,中国探险队穿过中亚,与印度西北部的贵霜帝国建立了联系,从而大大增加了取道丝绸之路的贸易量。”②可见,斯塔夫里阿诺斯以新的全球史观对人类文明进行了探讨和阐释,既提出了人类社会早期各民族因地域的“易接近性”所产生的文明间的关联性及共同体性质,也揭示了丝绸之路因交通的开凿和商业贸易所形成的欧亚文明间的密切交往及影响,显示出丝绸之路带动了商贸畅通与文明互鉴。

印度文明作为人类早期的四大古文明之一,其主要是指3500年前进入印度的雅利安人所创造的以《吠陀经》为基础的婆罗门教、耆那教、佛教以及后来演绎出来的许多被统称印度教的信仰和礼仪。印度文明与古希腊文明、罗马文明的主要差别不在职业、饮食、居住和服装等方面,这种差别要根本和广泛得多。“在西方,根本不存在与印度的诸如种姓、杀戒(非暴力主义)、轮回转世和因果报应(关于道德行为所招致的结果的规律)之类的基本观念和制度有些微相似的东西。这些东西不仅仅是印度思想中深奥的抽象观念。它们构成了印度文明的基础,决定了所有印度人的思想和日常生活。所以,如此形成的印度模式也完全与众不同,而且持续很久,以致印度文明至今仍具有将其与欧亚的其他一切文明区分开来的明显特点。”③毫无疑问,斯塔夫里阿诺斯的这一观点,成为理解丝路文明与印度文明交流互鉴的方向和基础。

中国和印度作为世界上的两大文明古国,有着漫长的交流历史。中印两国

---

① 斯塔夫里阿诺斯. 全球通史:从史前史到21世纪(上)[M]. 吴象婴,梁赤民,董书慧,等译. 北京:北京大学出版社,2012:91.

② 斯塔夫里阿诺斯. 全球通史:从史前史到21世纪(上)[M]. 吴象婴,梁赤民,董书慧,等译. 北京:北京大学出版社,2012:163.

③ 斯塔夫里阿诺斯. 全球通史:从史前史到21世纪(上)[M]. 吴象婴,梁赤民,董书慧,等译. 北京:北京大学出版社,2012:139.

很早就有广泛的人员往来、官方交聘、商贸交易、传教弘法等交流活动。尤其是佛教在中国的传播和发展，给古代中国的哲学文化、文学艺术、科学知识、日常生活以广泛的影响，成为人类文明史上交流互鉴的典范。也正是通过陆海丝绸之路，佛教不断传入中国，与我国传统的儒学和道教等彼此融合，逐渐发展成为中国的民族宗教。而西域作为中西文化交流的重要门户和枢纽，通过多条丝绸之路的开凿，推动了佛教从陆路经敦煌进入中国内地，形成了一条名副其实的"佛教之路"。根据历史记载，西域是佛教东传的主要通道，古代中印之间形成了"中印雪山道""中印缅道""吐蕃泥婆罗道"等三条文化交流通道。先后进入中国传经的印度和西域的僧人、佛经翻译者有迦叶摩腾、竺法兰、鸠摩罗什、安世高、支娄迦谶、安玄、竺佛朔、康巨、康孟详等，他们为佛教在中国的传播做出了贡献。自魏晋南北朝后，也有一些中国僧侣远赴西域取经求法，如法显、玄奘等成为"宗教之路"上推动文明交流的伟大的文化使者。由此看来，丝绸之路的打通开启了中印文化间的广泛接触和交流，也促进了两国文明的双向发展和建构。从佛教在中国传播的历史意义看，它丰富了中国文化的内容，并逐渐成为中国传统文化的组成部分，从而改变了中国乃至整个东方的文化结构和文化特性。"将近两千年来，中国人的生死观、宇宙观和不少行为模式（如打坐）与思维模式（如因果报应的观念），都是从印度传过来的。……佛教已经深入内化到中国人的方方面面，包括我们日常的语言，比如'刹那''放下屠刀，立地成佛'等等无不体现着佛教对中国文化的深刻影响。"①如果从欧亚大陆地缘分布及文明运动的轨迹看，我们可以判断，印度文明无疑是连接中华文明与古希腊文明、罗马文明的桥梁与枢纽，它有较强的"易接近性"。

众所周知，人类最重要的具有源头性的四大文明均处于欧亚大陆版图上。斯塔夫里阿诺斯在《全球通史》中曾这样谈到，古典文明时代最明显的特点就是欧亚大陆趋于整体化。1 世纪，罗马帝国、安息帝国、贵霜帝国和汉帝国一起，连成了一条从苏格兰高地到中国海、横跨欧亚大陆的文明地带，从而使各帝国在一定程度上能相互影响。在古典时代，地区之间的相互联系实际上更为密切、

---

① 张信刚. 丝路文明十五讲[M]. 北京：北京大学出版社，2018：91 - 92.

持久、多样化。[①] 在这部有深刻影响力的著作中，作者始终坚持欧亚大陆文明形成和发展的整体性，以及伟大的希腊、罗马、印度和中国文明在欧亚核心区所居的统治地位。作者甚至借用怀特的观点强调，罗马时期和汉朝以后所出现的一切，使人感到西方和东亚之间的相互影响极为复杂。它包括沿许多路线进行的多种项目的双向交流，其交流量随时期的不同而变化。……尽管交流十分困难，但至少东半球的人类已长期生活在一个比我们所认识到的更加整体化的王国之中。[②] 而随着欧亚文明对未知世界的想象和探索，尤其是那些富有开拓性的地理探险、道路开凿、商品贸易等，加剧了欧亚大陆这一版图上不同文明间更加广泛和深入的交流。

1983 年，日本学者前岛信次和加藤久祚在合编的《丝绸之路辞典》中，首次提出了丝绸之路包括"草原之路"的观点。并认为在欧亚大陆的东西交通中，中国的丝绸不仅通过横贯东西的"绿洲之路"即通常所说的"丝绸之路"运往西方，而且还通过北面的"草原之路"和南面的"海上之路"运往西方。这条以欧亚大陆草原为主线的东西向大通道，就是最早的丝绸之路的雏形。西方学者早在公元前 5 世纪，就已经注意到欧亚大陆上这条草原之路的存在，并把它称为"斯基泰贸易之路"。"斯基泰人"是古希腊人对这个古代民族的一种他称，在欧亚草原民族迁徙的过程中，随着斯基泰人的迁徙，形成了一条沟通欧亚大陆的草原之路。斯基泰人充当了东西方之间的交流媒介，成为中国丝绸最大的中介商和贩运者，最早的丝绸贸易就是从草原之路开始的。[③] 它开启了欧亚文明间最古老、最直接的接触和交流。而同时期关于欧亚文明交往的事件，还有古波斯"王家大道"的修筑。据历史记载，公元前 553 年，波斯人居鲁士为促进东西文化交流，重新打通了东起西亚、印度河，西到波斯湾、红海、里海、爱琴海、东地中海乃至非洲的通道，而且将亚洲的道路跨越博斯普鲁斯海峡，向西延伸到

① 斯塔夫里阿诺斯. 全球通史：从史前史到 21 世纪(上)[M]. 吴象婴，梁赤民，董书慧，等译. 北京：北京大学出版社，2012：83.

② 斯塔夫里阿诺斯. 全球通史：从史前史到 21 世纪(上)[M]. 吴象婴，梁赤民，董书慧，等译. 北京：北京大学出版社，2012：199.

③ 武斌. 丝绸之路全史[M]. 沈阳：辽宁教育出版社，2018：54－55.

了欧洲。并以帝国的四个都城（波斯波利斯、苏萨、埃克巴坦那和巴比伦）为辐射中心，修筑了覆盖全帝国的驿道网，其中最著名的干线就是帝国西部的“王家大道”。这条从小亚细亚沿岸的以弗所经萨尔迪斯，通过美索不达米亚中心地区，到达波斯帝国首都苏萨城，全长2400多千米的大道，不仅有利于帝国境内各地域间的交往和密切联系，也打通了丝绸之路的西行路线。“可以认为，中国的丝绸早在古希腊时代就已经传到了欧洲的地中海地区。古希腊雕刻和陶器彩绘人像有的所穿衣服细薄透明，因而有人推测在公元前5世纪中国丝绸已经成为希腊上层人物喜爱的服装。”①可见，丝绸之路的开辟和不断向西延伸，实际打开的是商贸交易背后的欧亚文明间的密切交流与互鉴。

古波斯“王家大道”的修筑，直接激发了欧洲人对亚洲与中华文明探索和了解的热情，推动了欧亚文明之间的进一步接触和借鉴，随后发生的亚历山大东征和罗马帝国商团抵达中国境内等，是丝绸之路上促进商品贸易和文明交流的重要事件。公元前330年后的10余年间，希腊马其顿国王亚历山大大帝陆续东征，建立了一个地跨欧亚非三大洲的帝国，其疆域东至费尔干纳盆地及印度河平原，西抵巴尔干半岛，北从中亚细亚、里海和黑海起，南达印度洋和非洲北部。亚历山大东征向西方人打开了亚洲通道，开辟了商业贸易的新道路，他“所建立的希腊化世界，实际上形成了以西亚为中心，以地中海和中亚印度为两端的交通体系。这些商路实际上与后来的丝绸之路西段的走向大体吻合。这也就说明，亚历山大东征开创的希腊化世界，为后来的丝绸之路的开通作了前期性的准备工作。……亚历山大的英雄业绩是一场政治、军事和文化交流的序曲，而这一切又是一个经过欧亚大陆上的人员与物资的交流大网络所必不可缺的”②。据罗马地理学家马林的《地理学导论》一书的记载，汉和帝永元十一年(99)，马其顿巨商梅斯委托代理人组成商团，从马其顿出发，途经南欧、北非、西亚、中亚，历时一年后进入中国境内，穿大漠直抵罗布泊西岸的楼兰，再经山国、敦煌，最后在永元十二年(100)十一月到达洛阳，受到汉和帝的接见，并授予“金

---

① 武斌.丝绸之路全史[M].沈阳：辽宁教育出版社，2018：99.

② 武斌.丝绸之路全史[M].沈阳：辽宁教育出版社，2018：101－103.

印紫绶”。这支商团返回罗马时贩运了大批中国的丝绸和其他手工业品，成为欧亚文明早期交流史上一个重要的历史事件，直接促进了中华文明与罗马文明的接触和交往。时隔60余年后，即东汉桓帝延熹九年(166)，大秦王安敦遣使自日南入华，被视为中国和罗马两个东西方大国官方交往的正式开始，也标志着横贯东西方的海上丝绸之路的最终形成。“安敦使团”后，穿梭于海上丝绸之路的还有魏晋南北朝时期的高僧法显，399年，他一行几人沿陆上丝绸之路西行，13年后乘船从海上丝绸之路返回，为中国佛教文化的发展做出了重要的贡献。隋唐后，历代朝廷都致力于海上丝绸之路的开发和经略，商品贸易和文化交流热点逐渐转向海上丝绸之路，中华文明与南亚、中西亚、北非及欧洲间的交往关系越来越密切。有学者认为，10—13世纪，由于宋朝重商政策和贸易发展的推动，海运贸易繁荣，北至东北亚，南到东南亚，形成了一个“贸易世界”，东北亚第一次被深入地整合到国际贸易网络中，东南亚进入“商业时代”，贸易和国家发展发生了根本性转变。① 而且较大程度地提升了文明交往的整体质量，促使中华文明的商业气息和风格日趋显著。

元代之后，通过海上丝绸之路影响和促进欧亚文明交流的事件中，意大利马可·波罗的中国之行和郑和下西洋是历史上的标志性事件。1271年，17岁的马可·波罗随父亲从威尼斯启程，到达霍尔木兹后，经陆上丝绸之路于1275年抵达元朝大都，他在东方漫游24年，于1295年回到故乡威尼斯。3年后，他在狱中口述完成了闻名于世的《马可·波罗游记》，成为向西方人详尽展现中国文明、系统介绍华夏文化辉煌成果的重要文献。明代时，郑和先后七次下西洋，历时近30年，到达亚非30多个国家和地区，在世界航海史上谱写了光辉的一页，进一步延伸和拓展了海上丝绸之路，促使中国与南海诸国以及更远的西方国家的贸易和文化交流达到了更高的水平。中华文明的礼仪典制、儒家思想、天文历法、度量衡制、农业技术、制造技术、建筑雕刻技术、医术、航海造船技术等对西洋各国，尤其是东南亚地区人民的生活形态和行为观念等，产生了十分重要的影响。迄今为止，这种文化交往的生成和不断渗透，对东亚和东南亚地

---

① 武斌. 丝绸之路史话[M]. 沈阳：沈阳出版社，2019：237.

区“中华文化圈”或“儒家文化圈”的形成发挥了重要的作用，甚至还会继续影响未来中华海洋文明的自身建构，以及其与世界不同海洋文明间的交流与互鉴。毫无疑问，这已经成为新时代中华文明建设所面临的新命题。

四、丝绸之路与当代人类文明

综上看，与学界通常所讲的古希腊、罗马、印度及中华文明这些早期的文明形态相比，“丝路文明”无疑是一种颇为独特的文明类型，它极具包容性、多样性和互动性。从地理空间的构成看，它横跨欧亚非三大洲，与人类最重要的具有源头性的四大文明的关系十分密切，而并非隶属于某种特定的时代、国家或民族。丝路文明作为人类早期社会多民族国家共同构建和创造的丰富成果，是一种真正具有人类命运共同体属性的文明形态和空间类型。也正是由于欧亚大陆版图所具有的自然整体性和生存方式上千丝万缕的联系，才促使西方世界在公元前若干世纪，便开始对东方文明进行了解和探索，其中包括对丝绸之路的开拓和对丝路文明的探求与认知。

历史的发展证明，丝路文明本身就是一个不断被发现和优化的过程，随着这条道路不断延伸，中华文明与世界文明也同时被影响和塑造。丝路文明既是中国的，也是世界的。这是随着历史的发展，尤其是进入20世纪后西方社会从无数次的探索、考察和研究中获得的认知。21世纪，海外学者对丝绸之路与中西文明交流互鉴的研究已进入新阶段，一方面，随着全球化趋势的蔓延，它极大地增强了国家与国家、民族与民族间的密切联系和交往，人类社会和人的生存无疑进入了“地球村”和“网状化”时代。从这种时代语境和背景看，丝绸之路这条人类最早的“全球化”通道，将会在21世纪显示出更加重要的价值和意义。另一方面，我国政府在新的历史条件下向世界发出了共建“一带一路”倡议和提出了“人类命运共同体”思想。前者是对古“丝绸之路”价值和意义的历史性传承与当代激活，后者无疑是以更宽广的视野和胸怀绘制了人类文明的新图景。新的时代境遇和命题，引发了西方社会对丝绸之路的新的理解和探索，而在诸多研究成果中，美国耶鲁大学历史学教授、著名汉学家韩森撰写的《丝绸之路新史》和英国著名历史学家、牛津大学伍斯特学院高级研究员弗兰科潘撰写的《丝绸之路——一部全新的世界史》两部著作，对理解丝绸之路与构建人类文明新图景，提出了具有一定理论含量的深刻见解，促进了当代社会对人类文明的探索发现。

诚如著名汉学家韩森所强调的，丝“路”并非一条“路”，而是一个穿越了广大沙漠山川的、不断变化且没有标识的道路网络。事实上，在这些艰苦的商路上往来的货物量很小，但是丝路确确实实改变了东方和西方的文化。这条路不仅传播了货物，还传播了思想、技术、图案。[①] 作者研究楼兰、龟兹、撒马尔罕及长安诸城的意图，不仅是证明它们作为驿站所具有的“交通史”含义，而是要发掘它们在文明维度上所具有的文化传播和同化作用。丝路之所以改变了历史，很大程度上是因为丝路穿行者沿路撒播自己的文化，直至落户、融合及同化。这些城市有着持久的经济活动，像灯塔一样吸引着人们翻山越岭、穿越沙海而来。丝路在很大程度上并非一条商业道路，而是有着很重要的历史意义。这个路网是全球最著名的东西方宗教、艺术、语言和新技术交流的大动脉。[②] 毫无疑问，作者关于丝绸之路是全球路网和中西文明交流大动脉的判断，是一种极具思想前瞻性和体现当代“人类命运共同体”意识的观念。

英国史学家弗兰科潘通过分析历史地理视域中丝绸之路对人类所产生的影响，揭示了“一带一路”倡议的逻辑，阐释了丝绸之路与世界史的构成、变化及未来发展之间的密切关系，深刻表达了自己信奉的一个基本理念：2000 年来，丝绸之路始终主宰着人类文明的世界十字路口，它已改变了人类的过去，也必将决定世界的未来。作者认为，丝绸之路是整个世界的中枢神经系统，它将各民族各地区联系在一起。由丝绸之路连接的这一地区至关重要，但它被主流史学界长期忽略。原因之一是所谓的“东方学”——一个刺耳并带有否定意义的说法，认为东方不够发达，不如西方，因而不值得认真研究。这显然影响了有识之士去研究那些被几代人忽视了的族群和地域。[③] 事实上，在 2000 多年以前，“丝

① 韩森. 丝绸之路新史[M]. 张湛，译. 北京：北京联合出版公司，2015：5.

② 韩森. 丝绸之路新史[M]. 张湛，译. 北京：北京联合出版公司，2015：297.

③ 弗兰科潘. 丝绸之路：一部全新的世界史[M]. 邵旭东，孙芳，译. 杭州：浙江大学出版社，2016：前言 4.

绸之路"贸易网络就已经存在,它将中国太平洋沿岸和非洲及欧洲的大西洋沿岸联系在了一起,使波斯湾和印度洋之间的货物流通成为可能,同样还有穿越亚洲之脊的、连接城镇和绿洲的陆上通道。"所以当习近平主席于2013年宣布'一带一路'的创想之时,他是在重新唤起人们对于那段很久之前就已经熟悉的繁荣回忆。他的有关促进贸易发展、投资海陆通道并与各国建立合作交流关系的想法,都是基于一种常识——即今日纵横交错于亚洲,将中国与欧洲、里海、高加索山脉、波斯湾和东南亚各个角落连接在一起的新交通干线,追随的正是当年那些带着货物和信仰四处奔波的旅行者和圣贤者的足迹。"①随着时代的发展和人类面临的新问题的增多,人们越来越深刻地认识到,各国都紧密地联系在一起,大家荣辱与共。因此,作者将丝绸之路作为一部全新的世界史的提法,实际上是在"人类命运共同体"的观念下对东西方文明关系的深刻思考与探索。在书的结语"新丝绸之路"部分,作者颇具反思性地指出,欧美国家试图在这个连接东西方的重要地区保有支配地位,但却徒劳无功。近几十年的局势表明,西方在面对该地区时,缺乏一种站在全球史角度的洞察力。今天,丝绸之路再次兴盛,我们应该关注的是这片世界真正的"地中海"。这里没有什么"野蛮的东方"或"新世界"等着被人发现,有的只是即将再次呈现在世人面前的世界十字路口。② 作者指出,习近平在2013年提出的"一带一路"倡议以及中国为此付出的巨大投入,都充分表明中国在为未来着想。"2000多年来,生活在这片连接着东西方的土地上的人们,不论其种族、信仰和文化背景,都可以合作共存、共同发展。……现在正是加强经济联系、道路联通、贸易畅通和货币流通的良机。"③准确地说,丝绸之路正在复兴。

至此,我们力图思考和探究的问题是,丝路文明究竟是一种什么样的文明

---

① 弗兰科潘. 丝绸之路:一部全新的世界史[M]. 邵旭东,孙芳,译. 杭州:浙江大学出版社,2016:中文版序言11.

② 弗兰科潘. 丝绸之路:一部全新的世界史[M]. 邵旭东,孙芳,译. 杭州:浙江大学出版社,2016:436-439.

③ 弗兰科潘. 丝绸之路:一部全新的世界史[M]. 邵旭东,孙芳,译. 杭州:浙江大学出版社,2016:446.

形态或空间构型，它在历史场域中产生过哪些要素、内容、活动及事件，其构型意义和文化真谛到底是什么，这其实是一个饶有意味且引人深思的多元文化命题。迄今为止，从人类谈论文明形成的种种观念看，无论是从人类的生活方式、劳动创造进行审视，还是从物质文明与精神文明相统一的理论进行分析，丝路文明均具有人类早期文明形成的种种规律和特性，它无疑源于人类共同的开凿、培育和创造。丝绸之路虽然东起古都长安，根系华夏，但却穿越中华文明的发源地关中平原，一路向西不断吸收和汇集欧亚大陆版图上诸多民族丰富的文明因子和养分，从而成为连接和融合波斯文明、古希腊罗马文明、印度文明和中国文明的“共同体形态”，是一种真正超越传统文明构型中具有民族原生性和稳定生存空间特质、充分彰显“全球性”含义的文明形态。丝绸之路既是人类文明的珍贵遗产，更是推动人类文明发展进步，从而达到“美美与共”和“人类命运共同体”境界的纽带和桥梁。

李西建

2023 年 5 月

前　言

“丝绸之路”的提法来自德国地理学家费迪南·冯·李希霍芬的专著《中国——我的旅行与研究》(*China*：*the Results of My Travels and the Studies Based Thereon*)，李希霍芬定义的丝绸之路是“从公元前114年到公元127年间，连接中国与河中(指中亚阿姆河与锡尔河之间)以及中国与印度，以丝绸之路贸易为媒介的西域交通路线”①。“丝绸之路”这一提法逐渐为大众所接受，并迅速传播。之后，中国学界根据文化沟通的实际，将世界范围内讨论的丝绸之路划分为三条主干线路：一是横贯欧亚大陆的北方草原通道，即“草原之路”，是沟通欧亚大陆主要的商贸大动脉之一，北部发端于北匈奴西迁之时，由中原地区向北越过古阴山(今大青山)、燕山一带，西北穿越蒙古高原、中西亚北部，沿咸海、里海、黑海直达地中海地区。这一线路，自东向西分布的古代城市遗址是草原丝绸之路的重要载体，以此为中心，经过的地区是人类生活聚集区，加之游牧民族四时迁徙的特点，使得这条线路的文化传播影响大，持续性强。二是经由中亚沙漠的“绿洲之路”，从长安出发，经黄河流域和河西走廊，沿塔里木盆地边缘通往中亚。这条道路上的地标——敦煌，是历史上极为繁荣的商贸文化中心之

---

① 林梅村. 丝绸之路考古十五讲[M]. 北京：北京大学出版社，2006：2. 又有观点提出，赫尔曼将李希霍芬的“丝绸之路”概括为公元前114年至公元127年间，中国与乌浒水(阿姆河)、药杀水(锡尔河)附近的国家及其同印度之间进行丝绸贸易的道路。日本学者长泽和俊将乌浒水(阿姆河)、药杀水(锡尔河)附近的国家概括为“河中”地区，这是正确的。雪犁主编的《中国丝绸之路辞典》、林梅村的《丝绸之路考古十五讲》，又将“河中”加注为“指中亚阿姆河与锡尔河之间”，从而演变为今天流行于学界的所谓李希霍芬关于“丝绸之路”的经典定义。(刘进宝. 关于李希霍芬“丝绸之路”命名的辨析[J]. 中华文史论丛，2020(2)：52－53.)

一。敦煌往南沿昆仑山北麓,经现在的若羌、民丰、和田、莎车等地。往北由玉门关沿天山南麓西行,经今吐鲁番、焉耆、库车、阿克苏,并西越帕米尔高原进入中亚地区,目前国内“丝绸之路”的研究重点,多是此“绿洲之路”。三是“海上丝绸之路”,1913 年由法国东方学家沙畹首次提出,这条通道由中国东南部出发,途经东南亚、斯里兰卡、印度直达波斯湾和红海的南部,是古代中国对外贸易和文化交往的海上通道,也称“海上陶瓷之路”或“海上香料之路”。海上丝绸之路萌芽于商周,发展于春秋战国,形成于秦汉,兴盛于唐宋,转变于明清,是已知最古老的海上航线。

放在当下交通便利的时空中,对丝绸之路研究更多的是其所承担的文化交流的通道和民族融合的符号,其文化价值远高于交通史的价值。2013 年,习近平总书记在访问中亚和东南亚时,提出建设丝绸之路经济带和 21 世纪海上丝绸之路的倡议,“一带一路”倡议不仅是对古丝绸之路的传承和创新,也是顺应时代发展要求的选择。它是连接亚欧非的桥梁,是推动沿线国家和地区发展的巨大动力。因此,本书所讨论的“丝绸之路”并非局限于某一条通道,因为当下无论是哪一个层面的研究,抑或是哪一条道路的研究,都并不只是交通意义上的探讨,而是将其视为沟通东西方政治、经济、文化交流的重要桥梁和民族交往的通道,因此“丝绸之路”更应被视为一种文化系统。

在漫长的社会发展史中,羊所承载的社会关系有两个方面:一方面是物质生产层面的,人类通过畜牧业繁殖维系羊的存在,又通过羊肉果腹、羊毛贸易、羊角装饰发展经济。另一方面则是精神世界层面的,人类社会通过对“羊”这个符号的解读,产生并传承相应的思想观念。

本书以“羊”为切入点,一是希望凭借其符号和产业在不同地区和国家之间的传播,讨论丝绸之路的文化意义和互通交流作用。这种交流既是丝绸之路地区游牧部族与定居族群之间的冲突与交融,亦是沿线民族与中原农业文化的互渗和博弈,更是异质文化间的通连。

二是通过对中国、西方和东方文化圈中与“羊”相关文献的解读,会发现不同文化间的“巧合”,种种巧合背后隐喻的是人类文化的共通性。如“替罪羊”这个典故,在佛教文献、《圣经》和中国神话传说中都曾出现。再如“牧羊人”这个概念,在柏拉图的《理想国》《政治家篇》和《法律篇》等作品中,都曾将理想的执政者类比为牧羊人。在《荷马史诗》以及整个印欧文学中,“人民的牧者”是一个仪式性称号,国王是牧羊人,而人民则被视为接受牧羊人带领的羊群。《圣经》中的牧羊人,常和“牧羊”一起被用来形容神及其行为。牧羊人摩西放牧他的羊群时,先把最年轻的母羊放到草地上吃最嫩的草,然后再放出稍大的母羊,最后才放出吃得下最硬最老的草的强壮的羊。摩西的“牧羊法则”可以公平、公正地分配食物、照看羊群。耶和华曾说:“我必亲自作我羊的牧人,使他们得以躺卧。”①牧羊人不仅仅意味着牧领权力,更是一种责任。阿契美尼德王朝的奠基者居鲁士大帝是古波斯帝国的缔造者,经过一系列战争,将波斯由伊朗西南部的一个小城邦,发展成了世界历史上第一个横跨亚欧非三洲的大帝国,创下了丰功伟业。在巴比伦,居鲁士大帝释放了被奴役的犹太人,因而被视为实现上帝旨意的“牧羊人”。在中国语境中,亦有“牧羊人”的社会角色,《史记》中记载,黄帝梦见有人拿弓驱赶羊群,不由叹息:“夫千钧之弩,异力者也。驱羊数万群,能牧民为善者也。天下岂有姓力名牧者哉?”②于是封“力牧”为牧羊人,这个典故里的“牧羊人”同样带有政治性的意味,汉以后卫青、苏武等都承担过牧羊人的角色。不同文化中,“牧羊人”的角色在伦理教化、社会规范指引上有差异,但是在引导个人和群体完成社会规范、进行监督指引方面却体现出极大的相似性。人类社会中这些共同符号的选择,不仅生动述说着过去,也深刻影响着当下和未来,具有文化交流与共生背景下的独特魅力。

本书之所以命名为“大美为羊”,不仅是从字形上进行考虑的,更多的是希望以羊为楔子,以小见大,从文化沟通和民族交流的角度审视人类社会文化的演进。本书“前言”和第一至第四章,即中国文化中的“羊”,由赵颖主笔。第五至第七章,即西方文化中的“羊”,由王甜梦主笔。第八至第十章,即东方文化中的“羊”,由王文英主笔。由于水平有限,期望各位方家批评指正。

---

① 圣经·旧约[M].南京:中国基督教三自爱国运动委员会、中国基督教协会,2009:847.

② 司马迁.五帝本纪[M]//司马迁.史记.北京:中华书局,2013:10.

目　　录

第一章　追根溯源:文字学语境中的“羊”

《周易 · 系辞下传》载:“古者包牺氏之王天下也,仰则观象于天,俯则观法于地,观鸟兽之文,与地之宜,近取诸身,远取诸物,于是始作八卦,以通神明之德,以类万物之情。”①在中国文化体系中,古人造字取象表意,其中“象”来自天地万物。文字学研究认为,汉字起源于原始图像,经历了从助记符号、音节文字到成熟的语言符号系统的过程。文字是记录语言的符号,语言是思维的工具,思维与文字之间有着天然的依存关系,文字从创生至演化都不可避免地与人类的思维息息相关。

一、汉字“羊”的分类解读

人类对动物世界的关注体现在文字的造型上,汉字的建构特征体现先民的构形思维与生活智慧。这一点从“羊”的演变过程得以管窥(图 1 - 1)。

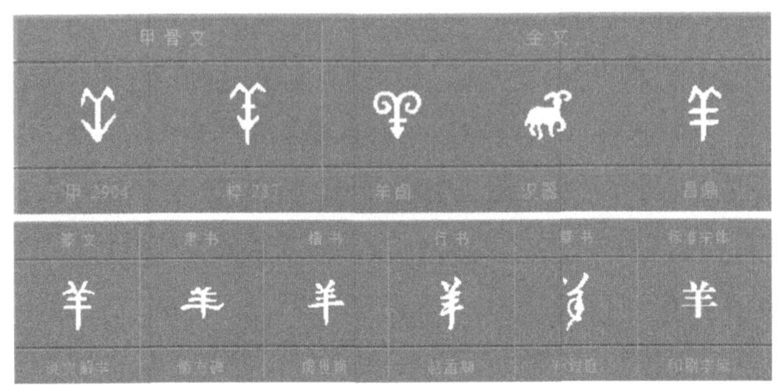

图 1 - 1　汉字“羊”的演变过程②

① 朱立元. 美学大辞典[M]. 修订本. 上海:上海辞书出版社,2014:162.

② 来自象形字典(https://www.vividict.com/Public/index/page/index/index.html),是检索“羊”时所呈现的。

据检索，有关“羊”部字，《辞海》收录39个，《辞源》收录35个，《康熙字典》收录157个，《汉语大字典》收录204个，《尔雅·释音》中记录各种羊的名称有11个，《诗经》中提到“羊”的诗有13首，《甲骨文字典》收录“羊”部字45个。

孔子认为，牛、羊这类汉字都是根据形体描绘出来的文字，从字形变化看，甲骨文、金文和篆文的“羊”字都是正面羊头及两角两耳之形，上半部分向下弯曲的羊角是和其他物种相区分的标志。徐灏在《说文解字注笺》中提出，此种造字按照头、角、足、尾之形产生，“此篆上象头角，中二画象四足左右分列，下象其尾”①。即便是简化字的“羊”，上面的两点依然保留了羊角的造型。因此，甲骨文两角弯曲。金文承袭甲骨文字形，但有的金文突出弯曲的大羊角。篆文基本承袭金文字形，但金文字形中的弯角不再突兀。隶书则将篆文字形中类似“草头”的羊角写成了标准的“草头”。

汉字的精妙之处在于，古代汉语中使用大量不同的文字符号表示不同品类的羊，这种表达方式也从另一个角度说明了中国畜牧业的体系化、规模化和发达程度。根据汤可敬对《说文解字》的释义和相关文献的整理，中国历史上有关羊的品类的不同表达方式有以下几种：

（一）根据品种划分

牂，从羊，母羊，牝羊也。《广雅·释兽》：“吴羊（白色羊）牡一岁曰牡䍫，三岁曰羝；其牝一岁曰牸䍫，三岁曰牂。”王念孙疏证曰：“是羊之白者为吴羊，其牝为牂；黑者为夏羊，其牝为羖。又或统称白羊为牂羊，黑羊为羖羊。”《诗经·小雅·苕之华》中有“牂羊坟首，三星在罶”之说。《晋书·束皙传》：“大贾牂羊，取之清渤，放豕之歌，起于钜鹿。”

羝，从羊氐声，公羊。《诗经·大雅·生民》有“取萧祭脂，取羝以軷”之说。

羯，从羊曷声，被阉割的公羊。

羱，从羊原声，北山羊。

羠，騬羊也，从羊夷声。朱骏声《说文通训定声·升部》中的“马曰騬”“牛

① 许慎．说文解字［M］．汤可敬，译注．北京：中华书局，2018:753.

曰辖，曰犍”“豕曰豮”“犬曰猗”“羊曰羠，曰羯”等表述“皆去势之谓”。因此，羠亦指被阉割的羊。

（二）根据不同毛色划分

羳，黄腹羊，从羊番声。《尔雅·释畜》：“羳羊，黄腹。”郭璞注：“腹下黄。”郝懿行《尔雅义疏》引李时珍说：“即黄羊也。状与羊同，但低小细肋，腹下带黄色，其耳甚小，西人谓之茧耳羊。”

羭，夏羊牡曰羭，从羊俞声，黑色的母羊。

羖，夏羊牡曰羖，从羊殳声，黑色的公羊。

（三）根据不同年龄划分

羔，羊子为“羔”，《毛诗故训传》：“小曰羔，大曰羊。”徐灏《说文解字注笺》：“疑羔之本义为羊炙，故从火。小羊味美，为炙尤宜，因之羊子谓之羔。”

羜，五月羊为“羜”，也可指一般的小羊。《尔雅·释畜》：“未成羊，羜。”郭璞注：“俗呼五月羔为羜。”《广雅·释兽》：“羜，羔也。”《毛诗故训传》：“羜，未成羊也。”

羍，六月羊曰“羍”，《说文解字·羊部》：“羍，六月生羔也。”《玉篇·羊部》：“羍，六月生羊。”《本草纲目·兽部·羊》：“羔五月曰羜，六月曰羍。”

羍，小羊羔称为“羍”，《说文解字·羊部》：“羍，小羊也。”《广雅·释兽》：“羍，羡（羔）也。”《本草纲目·兽部·羊》：“羊羔七月曰羍。”段玉裁《说文解字注》引薛综答韦昭说：“羊子初生名達（羍的假借字），小名羔，未成羊曰羜，大曰羊，长幼之异名也。”

䍧，未满一岁的小羊称“䍧”，颜师古注：“䍧，羊未卒岁也。”《广雅·释兽》：“吴羊牡一岁曰牡䍧，三岁曰羝；其牝一岁曰牸䍧，三岁曰牂。”䍧的另一种解释是被阉割的百斤左右的羊。

以上用不同文字符号对羊进行的细致划分，恰恰是中国历史上人类认识自然、理解自然的应有之义。尤其是农业社会时期，人类极大地依赖自然，若要在族群、宗族内部安身立命，自然生产力在农业发展中的地位和作用不可小觑，这一思想表现在大量与羊有关的论说中，如：

六畜不育，则国贫而用不足。——《管子·七法》
春行羔豚，膳膏香。——《周礼·天官》
孟春之月，食麦与羊。——《礼记·月令》

因此，羊在中国历史上被赋予极其丰富的内涵，而且多与社会生活发生联系，代表生产力的强盛。

二、文字学意义上的“羊”

中国文化的蕴涵，在汉字美学中有相当充分的体现，从汉字到汉语，是一个广远而深邃的美学境域。汉字作为一种符号体系，不仅具有工具属性，还具有文化属性和社会属性，因而在传播、表达文化方面成为文明发展的动力。汉字的构造部件、字形本源以及意义的赋予、词义的演变都承载着不同时期人们的文化观念、意识形态和集体记忆。

自古以来，羊代表相对丰裕的生产，徐中舒先生主编的《甲骨文字典》（四川辞书出版社 1989 年版）中，以“六畜”为字根的字分别有：羊部 45 字，豕部 36 字，犬部 33 字，牛部 20 字，马部 21 字，鸡部 3 字。“羊”所占比例最大。甲骨文滥觞的殷商，人们对羊的依赖对后世文化产生了深远的影响。“羊”承载了先民对美好生活的向往，从构词角度赘述如下：

（一）羊与美

羊代表美的说法来自《说文解字》，《说文解字·甘部》：“美，甘也。从羊从大，羊在六畜主给膳也。”在此，美与善同义。羊代表美有两层含义：

所谓“羊大为美”，从字形上看，“美”是“羊”和“大”的组合。从词源上看，“羊”则与美食、美味相关，段玉裁《说文解字注》：“羊大则肥美”，“五味之美皆曰甘”。徐中舒言：“盖人以羊为美味，故善有吉美之义。”

所谓“羊人为美”，这一观点源于萧兵先生在 1980 年发表的《从“羊人为美”到“羊大则美”》一文。他认为“羊大则美”的“大”最初的意思并非“大”，而是“人”。即美的本义是“羊人为美”。萧兵先生在《楚辞审美观琐记》一文中进一步明确“美”，“美”原来的含义是头戴羊形或羊头装饰的“大人”，所谓“大”是正面而立的人，通常指各种图腾仪式中的祭司或酋长，“羊人为美”是更为原初的审美观念。这一看法得到文艺理论界的认可，李泽厚先生在《中国美学史》中提出“美”的初始含义为头戴羊形或羊头装饰的人，故命名之。

（二）羊与义（義）

究其词源，东汉许慎《说文解字》：“義，己之威仪也。从我羊。羛，《墨翟书》義从弗。魏郡有羛阳乡，读若锜。今属邺，本内黄北二十里。”《说文系传通论》：“義者，事之宜也。古于文，羊我为義。羊者，美物也；羊者，祥也。”“義”由“羊”和“我”组成，字面解释有三层含义，第一，“我”把“羊”置于头顶，人羊一体，羊的品质也就内化为“我”的品质。第二，如前所述，羊代表吉祥，而“我”的本义是长柄的三齿银形兵器，伴随社会经济的发展，“我”从殷商开始成为第一人称代词，将羊头放在长柄的三齿银形兵器上面，表示一种“威仪”。即许慎所谓的义是“己之威仪也”。第三，按照许慎的解释，“羊”从“我”从“弗”，“弗”有不要的含义，联系起来就是自己不要羊，引申为个人不要好处的意思。

羊代表义，义即義，孔子认为：“君子之于天下也，无适也，无莫也，义之与比。”[①]儒家文化强调仁义礼智信，孟子将“义”解释为“大人者，言不必信，行不必果，惟义所在”[②]。董仲舒在孔孟基础上设计的三纲五常体系，把“义”列为五常之一。朱熹将“义”提升至“事无大小，皆有义利”，使之成为贯穿社会的规范之一。从先秦诸子开始，义就是维系社会伦理秩序与思想观念的纽带。

（三）羊与祥

羊代表吉祥。《说文解字》：“羊，祥也。”羊是吉祥的代表，李孝定在《甲骨文字集释》中析“祥”曰：“祥，此不从示，羊字重文。汉洗铭云：‘大吉羊’，亦不从示。”王国维《观堂集林》：“祥，古文作羊。”徐灏《说文解字注笺》：“古无祥字，假羊为之。钟鼎款识多有‘大吉羊’之文。”《墨子·明鬼下》：“有恐后世子孙不

---

① 王育颐，等. 中国古代文学词典：第4卷［M］. 南宁：广西教育出版社，1989：309.

② 王育颐，等. 中国古代文学词典：第4卷［M］. 南宁：广西教育出版社，1989：39.

能敬以取羊。”此处的“羊”通“祥”。清阮元《积古斋钟鼎彝器款识》卷九记载，汉代“大吉羊洗”上刻有“大吉羊宜用”字样。上述中的“吉羊”皆为“吉祥”之意。追求平安吉祥的意识源于先民对人类自身疾病、瘟疫和死亡等未知领域的迷惑和畏惧，需要借助“物”来消灾灭害，保佑平安。这一仪式从图腾崇拜延展至文字所承载的趋利避害意识。而在农耕文明中，由于羊好饲养、易获取的特点被视为祥物，祭祀中常被作为牺牲，关于羊在祭祀中的使用，后面将予以讨论。

（四）羊与寿（图1－2、图1－3）

羊代表长寿。农业社会生产方式很大程度上依赖于自然，尤其是太阳，太阳崇拜极其普遍。中国文化中，“羊”和“阳”相通，人类生命之始离不开阳，故称人类生命的起源为“羊水”，即“阳水”。人的寿命从正阳开始，到正阴结束。汉刘熙《释名·释姿容》释“望羊”曰：“羊，阳也。言阳气在上，举头高，似若望之然也。”清毕沅《释名疏证》：“古羊、阳字通。”《史记·孔子世家》中孔子说文王“黯然而黑，几然而长，眼如望羊”，“望羊”亦作“望阳”。

民间“三阳开泰”之说也与此观念有关，这一说法来自《易经》。《周易》卦爻分阴阳，爻连阳卦，断为阴爻。古人以《坤》为十月卦象，《复》为十一月卦象，《临》为十二月卦象，《泰》为正月卦象。《坤》卦六爻皆取阴爻，为纯阴之象；《复》卦一阳生于下；《临》卦二阳生于下；《泰》卦乾下坤上，阳爻有三。以正月为《泰》卦，阴气渐去阳气始生。农历十一月冬至那天白昼最短，往后白昼渐长，故认为冬至是“一阳生”，十二月是“二阳生”，正月则是“三阳开泰”。“三阳”意为春天开始，表示冬去春来，阴消阳长，有吉亨之象。“泰”意指“好”，故有“否极泰来”之说。中国民间用“三阳开泰”称颂岁首吉祥。而“羊”和“阳”同音，“三羊”与“三阳”相通，固有此说。《宋史·乐志七·绍兴以后祀感生帝》：“三阳交泰，日新惟良。”明张居正《张文忠集十二贺元旦表二》亦有“兹者，当三阳开泰之候，正方物出震之时”之说。

图 1－2　明代浮雕三羊开泰木腰板①

图 1－3　清代浮雕三羊开泰青石刻板②

（五）羊与孝（图 1－4）

羊代表孝道。这种观念的形成与“羊羔跪乳”现象有关，早在汉朝时期就有羊羔跪乳的说法，如东汉郑众《婚礼谒文赞》：“群而不党，跪乳有敬，礼以为贽，吉事之宜。”③再如《春秋繁露》：“羔有角而不任，设备而不用，类好仁者。执之不鸣，杀之不谛，类死义者。羔食于其母，必跪而受之，类知礼者。故羊之为言犹祥与？”④“凡贽，卿用羔。羔饮之其母，必跪，类知礼者。”⑤明代《增广贤文》中

① 西安羊文化博物馆提供。

② 西安羊文化博物馆提供。

③ 全上古三代秦汉三国六朝文[M]．严可均，校辑．北京：中华书局，1958：591.

④ 董仲舒．春秋繁露[M]．曾振宇，注说．郑州：河南大学出版社，2009：348.

⑤ 李昉．太平御览：第 8 卷[M]．孙雍长，熊毓兰，校点．石家庄：河北教育出版社，1994：224.

有“羊有跪乳之恩,鸦有反哺之义”的说法,使得羔羊、乌鸦被赋予了中华孝道的文化内涵。虽然当代学者对此持有异议,认为“跪乳”仅是动物本能,谓之以孝,实为牵强。但是文化的传承总是需要人类将社会规范投射在行为仪式之上。

明代文学家李攀龙将羊所承载的这一思想赋诗《孤儿行》,始终将“尔爱其羊”这一思想投射在人伦秩序上:

孤儿生,孤儿生,命不如一抔土。父母在时,坐长筵,雷大鼓。父母已去,兄嫂令我报府。今年护羌,明年击胡虏。六月来归,不得自言苦。目汁稠浊,头面生疮。大兄言“视饭”,大嫂言“溉釜”。上高堂,不见父与母,下堂孤儿泪下如缕。使我朝行薪,暮不得束刍。顷筐敝漏,缉之用茶。钩折无喙,镰钝无肤。舍镰拔丛棘,棘断行复苏。刺伤我手,复裂我襦。自念犹人,谁使为奴!兄嫂如此,为不早去,下从地下,当复何须!高秋八九月,堕严霜,百草凋枯。牧竖绝粮,驱羊下山,逸入他群,不辨所亡。“愿取我羔,莫攘我羊。”羊复恋子,箠之不将。弃箠挽角,羊偃道傍。拽羊回家,兄与嫂睨:“三年不乳,毛尾空长,作何校计?”

乱曰:羊鸣一何芊芊。父母地下将书寄与兄嫂:“尔爱其羊,我爱其子。”①

图1-4 清代浮雕羊羔跪乳青石刻板②

① 李攀龙.李攀龙集[M].李伯齐,点校.济南:齐鲁书社,1993:21.

② 赵颖摄于西安羊文化博物馆。

(六)羊与群

羊代表群体意识。人类自产生之日起就合群而居,以群体的形式生活。人是社会的人,人离不开群体,个人只有通过群体才能被纳入社会这个大体系中。群是人类集合体,甲骨文中常常画三只羊或四只羊来表示一群羊,后有形声字"群"。段玉裁《说文解字注》:"犬部曰:'羊为群,犬为独。'引申为类聚之称。"《国语·周语上》:"兽三为群,人三为众。""群"的意思如孔子所说:"君子群而不党。"人之生,不能无群,"群"在封建社会统治体系下就是"君"统治下的群"羊",是一种政治操守,更是吉祥的表征,郑众《婚礼谒文赞》:"群而不党,跪乳有敬,礼以为贽,吉事之宜。"①

(七)羊与廉

由于羊毛多洁白,所以被人赋予纯洁的品质,77年,罗马作家老普林尼在其著作《自然史》中这样描述神奇的东方丝绸:

> 人们在那里所遇到的第一批人是赛里斯人,这一民族以他们森林里所产的羊毛而名震遐迩。他们向树木喷水而冲刷下树叶上的白色绒毛,然后再由他们的妻室来完成纺线和织布这两道工序。由于在遥远的地区有人完成了如此复杂的劳动,罗马的贵妇人们才能穿上透明的衣衫而出现于大庭广众之中。②

在古罗马人看来,制作丝绸的原材料是"树上的羊毛",古罗马人根据丝绸知道了中国的存在。尽管这是对丝绸工艺的误读,但是,至少在早期西方社会,羊毛是美好的存在。

《诗经·国风·羔羊》中认为人的德行要像羔羊一样:

> 羔羊之皮,素丝五紽。退食自公,委蛇委蛇。
> 羔羊之革,素丝五緎。委蛇委蛇,自公退食。

---

① 全上古三代秦汉三国六朝文[M].严可均,校辑.北京:中华书局,1958:591.

② 戈岱司.希腊拉丁作家远东古文献辑录[M].耿昇,译.北京:中华书局,1987:10.

羔羊之缝,素丝五总。委蛇委蛇,退食自公。[1]

春秋时期赵国领袖赵鞅身着山羊皮袄被视为廉洁:

赵简子乘弊车瘦马,衣羖羊裘,其宰进谏曰:“车新则安,马肥则往来疾,狐白之裘温且轻。”简子曰:“吾非不知也。吾闻之,君子服善则益恭,细人服善则益倨;我以自备,恐有细人之心也。”传曰:“周公位尊愈卑,胜敌愈惧,家富愈俭,故周氏八百余年,此之谓也。”[2]

獬豸神羊则是言说羊的公正廉明,汉代王充《论衡·是应》记载了尧时的“神羊”传说。“觟觽(同獬豸)者,一角之羊也,性知有罪,皋陶治狱,其罪疑者,令羊触之,有罪则触,无罪则不触。斯盖天生一角圣兽,助狱为验。”[3]皋陶有一只能辨善恶的独角神羊,每当判案决定罪在何方时,皋陶就让独角羊去识别。“有罪则触,无罪则不触”,“獬豸”具有神性,生性耿直,当人们发生争斗时,其能用角指向无理的一方,甚至可以将不正直的人用角抵死,令犯法者不寒而栗。所以“皋陶敬羊,起坐事之”。“獬豸”作为法的化身,代表正义与法理,这个符号在先秦时被不断使用,楚国将其用于冠中,“獬豸神羊,能别曲直,楚王尝获之,故以为冠”[4]。齐国也有关于獬豸的记载,在《墨子·明鬼下》中有关于神羊断案的描述:“昔者齐庄君之臣,有所谓王里国、中里徼者,此二子者,讼三年而狱不断。齐君由谦杀之,恐不辜;犹谦释之,恐失有罪。乃使(之)〔二〕人共一羊,盟齐之神社。二子许诺。于是泏洫,摽羊而漉其血。读王里国之辞,既已终矣;读中里徼之辞,未半也,羊起而触之,折其脚,祧神之而槀之,殪之盟所……鬼神之有,岂可疑哉!”[5]这里讲述的是齐庄王用獬豸断案的过程。后世的法官们为了使自己具有羊的神力,皆带羊角来判案,此风影响到秦汉。正因为羊具有如此之秉性,所以成为公平与公正的化身。古人以羊为赞,认为人的品德应当如羔羊廉洁正直。

---

① 冀昀.诗经[M].北京:线装书局,2007:15.

② 刘向.说苑今注今译[M].卢元骏,注译.天津:天津古籍出版社,1988:719.

③ 四库全书荟要·子部·论衡[M].长春:吉林人民出版社,1997:12.

④ 范晔.舆服志[M]//范晔.后汉书.武汉:崇文书局,2016:3018.

⑤ 墨翟.明鬼下[M]//墨翟.墨子.太原:书海出版社,2001:134.

(八)温顺抑或凶狠

关于中国历史上羊的形象,有时会出现两种极端,羊既可以是温顺的代表,也可以是凶狠的化身。一方面,中国文化有德如羔羊之说,如《诗经·召南·羔羊》:“召南之国,化文王之政,在位皆节俭正直,德如羔羊也。”①董仲舒在《春秋繁露》中对羊的温顺、仁义做了更加详细的分析:“羔有角而不任,设备而不用,类好仁者。执之不鸣,杀之不谛,类死义者。羔食于其母,必跪而受之,类知礼者。故羊之为言犹祥与!”②类似的观点还有《公羊传》中何休所云:“羔取其贽之不鸣,杀之不号,乳必跪而受之,死义生礼者,此羔羊之德也。”③《后汉书·王涣传》里也有类似的记载:“故洛阳令王涣,秉清修之节,蹈《羔羊》之义,尽心奉公,务在惠民,功业未遂,不幸早世。”④另一方面,羊在中国历史上还是凶狠的象征,故有羊狠狼贪之说。《史记·项羽本纪》中形容项羽行军打仗有“猛如虎,很如羊,贪如狼,强不可使者,皆斩之”⑤之说。韩愈《郓州溪堂诗》:“孰为邦蟊,节根之螟。羊很狼贪,以口覆城。”羊自身的特点使其成为矛盾的结合体,中国历史在强调羊温顺的一面时,并没有掩盖其温顺背后的执拗、倔强一面。

分析“羊”的文字学意义和文化内涵,归根结底要论述的是羊作为一个符号承载社会规范与文化时,为羊的生物特征赋予了社会性的文化属性,这样就出现了从生态意义上的“物种羊”到“社会羊”的嬗变。

三、与“羊”相关的典故

典故是古代文明传承的方式之一。关于羊的典故在不同类型的文献中都有体现。例如在佛教中,以车乘喻佛法,根据接受佛法的能力分三乘:羊车为小车乘,即“声闻乘”;鹿车为中乘,即“缘觉乘”;牛车为大乘,即“菩萨乘”。《俱舍论·分别世品》:“积七兔毛尘,为一羊毛尘量。”羊毛尘在佛教中比喻微小。

道教作为中国的本土宗教,对我国古时的政治、经济和文化产生深刻的影响,道教一方面以儒家忠孝思想为纲常,另一方面以神仙信仰维系伦理道德,即

---

① 冀昀.诗经[M].北京:线装书局,2007:15.

② 董仲舒.春秋繁露[M].曾振宇,注说.郑州:河南大学出版社,2009:348.

③ 蔡邕.蔡邕集编年校注:上[M].石家庄:河北教育出版社,2002:76.

④ 范晔.后汉书[M].武汉:崇文书局,2016:2043.

⑤ 司马迁.项羽本纪[M]//司马迁.史记.北京:中华书局,2013:386.

人可以通过自己的修为实现长生成仙的美好幻想。道教以“神仙信仰”为核心，通过创建文化、传播典故营造道教文化体系。

如文天祥赋《咏羊》诗：“长髯主簿有佳名，羵首柔毛似雪明。牵引驾车如卫阶，叱教起石羡初平。出都不失君臣义，跪乳能知报母情。千载匈奴多收养，坚持苦节汉苏卿。”①诗中用典“初平”与羊有关，黄初平亦称“黄大仙”，《神仙传》载他曾在金华山牧羊，15岁得道士指引，到赤松山金华洞内石室修仙，其兄初起四处寻找，都没有结果。40多年后，在一位善卜的道士的指示下，在金华洞内找到黄初平。初起追问当年羊群下落，初平就叫他往东面的山头处找。初起四处找不到羊，初平就走到山头叱曰“羊起”，眼前的白石竟然应声而起变成羊群。

道教文化中其他与羊相关的典故如下：

左慈化羊，来自晋干宝《搜神记》卷一，汉末左慈有“神通”，曹操屡次想杀他。有一次左慈走入羊群，变为一老羝(公羊)，曹操派人去抓，结果数百只羊全变为羝，使曹操抓他的希望落空。卷十六又有“鬼化羊”一则。宋定伯夜行遇鬼，他用计将鬼骗至市井，鬼变成一羊，宋定伯将羊卖掉。时人有言：“定伯卖鬼，得钱千五百文。”鬼神观念是道教的思想渊源之一。鬼神崇拜由来已久，古人相信万物有灵，认为人死后，灵魂会以鬼神的形式存在，由此产生各种丧葬礼仪和祭鬼、驱鬼仪式。

葛由骑羊成仙，来自汉刘向《列仙传·葛由》一文：“葛由，羌人也。周成王时好刻木作羊卖之。一旦，乘木羊入西蜀。蜀中王侯贵人追之上绥山。绥山在峨眉山西南，高无极也。随之者不复还，皆得仙道。”②李白《留别曹南群官之江南》：“知恋峨眉去，弄景偶骑羊。”

始皇遇羊，古人认为羊与土有天然的关系，所以又有“土羊之神”的说法。《韩诗外传》中就曾将羊视为“土之精”：“鲁哀公使人穿井，三月不得泉，得一生羊焉。公使祝鼓舞之，欲上于天，羊不能上。孔子见曰：‘水之精为玉，土之精为羊。此羊肝土也。’公使杀羊，视肝即土。”③《陇州图经记》记载秦始皇遇羊神事：在陇州汧源，秦始皇见二白羊相斗，令人追逐，至一处化为土堆，始皇到后，见有两个人拜倒路边，说：“臣非人，乃土羊之神也。以君至此，故来相谒。”④说

① 杨鸣国.中国神秘的生肖文化[M].杭州：浙江工商大学出版社，2018：132.

② 曹胜高，岳洋峰.汉乐府全集：汇校汇注汇评[M].武汉：崇文书局，2018：392.

③ 马汉彦，徐巧英.十二生肖大观[M].南宁：广西人民出版社，1989：202.

④ 李昉，等.太平广记：第3册[M].北京：中华书局，2020：1925.

完即不见踪影。始皇因此建土羊神庙，以表达对土羊的敬拜。

痴龙事，来自南朝宋刘义庆《幽明录》，汉代洛下有一深不可测的洞穴，一位妇人欲杀其夫，将之推下此穴。此人在洞下行多日，入一都，宫室壮丽无比，人皆长三丈。饥饿难忍，长人指大柏树下的一头羊，让此人跪捋羊须，连得二珠，被长人取走，第三珠才让此人吃下，得以不饥。后此人得出，向博物家张华请教，张华告诉他：“羊为痴龙；其初一珠，食之与天地等寿，次者延年，后者充饥而已。”①在这个典故中，羊与龙都被赋予了神性。

五羊衔穗，来自裴渊《广州记》：“战国时，高固为楚相，五羊衔谷穗于楚庭，故广州厅室、梁上画五羊像，又作五谷囊。”②周夷王八年(887)，广州海天茫茫，遍地荒芜，一度连年灾荒，田野荒芜，农业歉收，民不聊生。一日，南海的天空上忽然仙乐缭绕，柔美悠扬。随后又出现了五朵彩色祥云，上有五位仙人，身穿五色彩衣，分别骑着五色仙羊。每只羊都衔着“一茎六出”的优良稻穗，降临楚庭(今广州)。仙人把稻穗赠给了广州人，并祝愿此处五谷丰登，永无饥荒。祝罢，仙人骑彩云腾空飞逝。而五只仙羊因依恋人间，便化为石头留了下来，并一直保佑着广州风调雨顺，即“五羊衔谷，萃于楚庭”。如今，广州市越秀山公园有五羊山，其上矗立五羊石雕，是广州市的地标。

中国历史上与羊相关的事件典故如下：

羊车望幸，据《晋书·胡贵嫔传》载，晋武帝有许多宠妃，不知到哪里为好，就乘坐羊车，随羊拉至哪处就在哪个宠妃处过夜。传说羊喜盐，于是妃子们就插竹叶于门，并在地上洒上盐水，以吸引皇帝的羊车到来。

歧路亡羊，据《列子·说符》载：

> 杨子之邻人亡羊，既率其党，又请杨子之竖追之。杨子曰：“嘻！亡一羊何追者之众?”邻人曰：“多歧路。”既反，问：“获羊乎?”曰：“亡之矣。”曰：“奚亡之?”曰：“歧路之中又有歧焉。吾不知所之，所以反也。”杨子戚然变容，不言者移时，不笑者竟日。门人怪之，请曰：“羊，贱畜，又非夫子之有，而损言笑者，何哉?”杨子不答。门人不获所命。弟子孟孙阳出以告心都子。

① 李昉，等.太平广记：第2册[M].北京：中华书局，2020：1250.

② 戴宝庆.生肖密码[M].上海：上海人民出版社，2015：16.

心都子他日与孟孙阳偕入,而问曰:“昔有昆弟三人,游齐、鲁之间,同师而学,进仁义之道而归。其父曰:‘仁义之道若何?’伯曰:‘仁义使我爱身而后名。’仲曰:‘仁义使我杀身以成名。’叔曰:‘仁义使我身名并全。’彼三术相反,而同出于儒。孰是孰非邪?”

杨子曰:“人有滨河而居者,习于水,勇于泅,操舟鬻渡,利供百口。裹粮就学者成徒,而溺死者几半。本学泅,不学溺,而利害如此。若以为孰是孰非?”心都子嘿然而出。孟孙阳让之曰:“何吾子问之迂,夫子答之僻?吾惑愈甚。”

心都子曰:“大道以多歧亡羊,学者以多方丧生。学非本不同,非本不一,而末异若是。唯归同反一,为亡得丧。子长先生之门,习先生之道,而不达先生之况也,哀哉!”①

列御寇以羊类比学者,以歧路上因岔路太多无法追寻而丢失了羊,譬喻治学、做事的过程中因没有正确的方向而误入歧途。羊在佛教、道教及中国历史中,都参与了观念的建构与神话的叙事,其中既有作为财富的隐喻功能,又有伦理观念与历史的杂糅。

① 列子.列子[M].景中,译注.北京:中华书局,2007:270-271.

第二章　抱一为式：器物和制度文明中的羊

浩如烟海的文献，传承源远流长、延绵不息的中华文明。不同物质形态在不同历史时期，恰如其分地将这种文明以更加多样的方式呈现出来。不同材质的羊的造型，抑或是羊形的纹饰图案，都以另一种方式言说着人类社会和羊的亲密关系。

一、造型器物：羊文化的符号呈现与代际传承

承载文化的符号除了文字，还有器物。礼器和祭器是中国古代礼仪活动的物质基础，在中国古代的各类仪式中，秩序的表达、思想的传达都会通过物质载体呈现出来，所谓“信以守器，器以藏礼”，礼器作为各种尊神礼敬仪式不可或缺的部分，不同身份地位的人通过不同礼器的执掌，显示身份地位的序列。

所谓“形而上者谓之道，形而下者谓之器”。造型和器物所传递的不仅仅是审美，还有中国人的信仰体系。与此同时，中国传统造物智趣，通过有形物的形态表达，如极具代表性的岩画和汉代画像石传达出的先民信仰和信念得以被审视。汉代画像石表达的是先民们对生命的思考，将信念中另一个世界的形象进行塑造，并以此传递对自我的凝视。

人类通过纹饰、造型等形式将思想与生产方式呈现于器物之上。羊在各种器物上的呈现成为人类社会观念的一个古老符号，在跨文化语境中，恰恰反映出不同地域文明、不同民族文化中蕴含的共有东西，逐渐完成中华民族文化认同的构建。本章在此讨论几种具有代表性的器物符号。

（一）陶羊、石羊和羊俑

旧石器时代人类高度依赖自然生产，这个时期发现的遗址中已经出现大量羊化石。当人类进入新石器时代以后，除了生产工具的革命，还意味着农耕时

代的全面开启。目前考古发现的绝大部分新石器时代遗址属于农耕文化性质,并在聚落分布、生产活动等方面表现出一系列自成体系的农耕文化特征。如果说狩猎时期处于文明社会的前叶,人们更多的是依赖大自然进行采集和狩猎,那么新石器时代则出现人类主导的生产活动。除了原始的狩猎方式,人类开始对羊进行驯化和家养,这个过程虽然漫长和艰辛,但是对人类社会的发展和转型影响巨大。围栏圈养在羊群数量和质量提高上发挥极大作用。当羊群不断繁殖,牧业技术提高,圈养的空间无法容纳时,羊群开始放养。羊群出栏,需要专人监护看管。在这个方面,中国西北部及丝绸之路沿线地区原始畜牧经营基本是人工舍饲圈养,如西安半坡遗址中已有专门圈养牲畜的地方。于是出现专门从事畜牧的家庭和氏族,农业和畜牧业逐渐发生分化。这一现象在内蒙古、青海、新疆等草原地区尤为显著。

在距今 4000 年左右的龙山文化、齐家文化等文化遗址中,相对干旱寒冷的气候条件更能促进畜牧业的发展。羊作为最早被人们驯化的动物之一,与人类生产生活密切相关,反映在陪葬物上,出土的新石器时代羊骨及其化石几乎出现在全国各地的遗址中,最具代表性的是河姆渡遗址,河南新郑裴李岗、北京平谷县(今平谷区)上宅均有黏土烧制的陶羊,而宁夏齐家文化出土的双耳罐也出现了羊形图案。

新石器时代和商周时期,羊作为随葬物出现在贵族墓葬中,并且牛、猪、马等与人类生活密切的动物也出现在墓葬中,陪葬物数量的多寡象征品级的高低。在农耕文明与游牧文明共生交互的地区,如甘肃、宁夏、青海等地,与中原地区全羊随葬不同,随葬品中小件饰物较多,这是与游牧民族对物品便携的要求相契合的。自此,羊形器物便开始在墓葬中延续使用,目前发现较早的是河南偃师二里头出土的夏代陶羊。

极具代表性的是汉景帝刘启的陵园汉阳陵出土的数百件陶羊,包括山羊(图 2-1)和绵羊(图 2-2),数量极多,其中绵羊臀肥腿细,山羊躯体健壮。例如汉阳陵第 14 号坑有两处木隔断,将坑分成三段,西段放置木车马、陶俑、陶塑动物,包括陶羊,中段陈设漆器、陶器及一些动物骨骼,东段有大量的动物骨架。此外,该坑出土了 4 枚封泥“太官令印”和 1 枚铜质官印“仓印”。太官令系汉代中央朝廷九卿之一少府的属官,负责掌管皇帝的饮食。该“仓印”被学界断定为太官下属负责仓储的官员印信,并根据发现推断第 14 号坑可能是陵墓中象征太官下属的储藏机构。汉阳陵周边数千座陪葬墓以家族墓园的形式分布在陵园四周,距陵园东司马道最近的墓葬之一九号墓的一号外藏坑出土陶羊 98 只,其中山羊 50 只、绵羊 48 只。此外,还有陶制的牛群和马群,地下俨然是一片畜牧业繁荣的景象,也是墓主财力雄厚的象征,汉朝人事死如事生的生命观念由此可见。

图 2－1　陶绘彩山羊①

图 2－2　陶绘彩绵羊②

汉惠帝安陵陪葬坑同样出土陶羊 125 件。此后,东汉较有代表性的是河南辉县出土的母子陶羊,其中母羊高 12 厘米、体长 17 厘米,羊头上抬前倾,张嘴呼叫,双耳外张,身体肥壮,尾巴短小,四肢结实,前行状,似在着急地呼唤寻觅小羊羔,自然传神。小羊高 4.3 厘米、体长 6.6 厘米,羊头小无角,耳向外张,头

① 来自汉景帝阳陵博物馆官网。

② 来自汉景帝阳陵博物馆官网。

部前倾，张口咩叫，尾巴短小，四肢向前，似快步行进呼唤母羊，寻找归路。母羊和小羊均收藏于北京故宫博物院。

由于羊在中国历史上被视为吉物，雕刻者极多，汉代开始，墓前立石羊的行为蔚然成风。陕西茂陵霍去病墓前有一尊石羊雕像，体态丰硕，四蹄有力，系汉武帝所赐，以示厚葬。另有一件“麒麟瑞兽”较为独特，表达的是羊被抓捕时的挣扎场景，也可视为对霍去病战功的书写。此类石羊多以整块的石头进行雕凿，立体感和冲击力极强，汉代石羊粗犷奔放，古朴凝重，西安建有羊文化博物馆对此专门展示。

羊型器物作为丝绸之路上民族交往的见证，考古发现的盈千累万。1993年，浙江省安吉县高禹天子岗出土的青釉胡人骑羊形烛台（现藏于浙江安吉博物馆），属于三国时期吴国的物品，卧羊身上骑着头戴尖顶圆帽的胡人，通过造型诠释中原地区和匈奴的交往。北朝时期羊俑多见于河北、四川等地，后蜀张虔钊、孙汉韶墓内画像石羊配以云纹，这种动物图案可能与墓主身份地位有关。

隋唐时期，羊俑造型更加成熟，唐代的石羊体态丰润，造型简单大方，神态温顺，陕西蒲城桥陵甬道上的石羊是突出代表。北宋七帝八陵承袭唐制，帝陵前安置跪羊数对。明清时期，明皇陵第23对至第26对石羊，皆为卧姿，造型也更加精巧。

除了单纯的羊造型，古人还讲究动物生肖与人的命格相结合，这种借生肖俑镇墓辟邪的行为自南北朝时期出现，目前考古发现的最早的生肖俑系山东临淄的北朝崔氏墓，这种从动物崇拜到人身兽首同体（图2－3、图2－4）的趋势，自隋至初唐主要出现在中国南方两湖地区，并于中唐至晚唐在中国盛行。《山海经·西山经》中三次提到“羊身人面”：“凡西次三山之首，自崇吾之山至于翼望之山，凡二十三山，六千七百四十四里。其神状皆羊身人面。”①1957年，黄文弼先生在焉耆县明屋遗址发现十二生肖的泥塑残件。新疆维吾尔自治区吐鲁番东南的阿斯塔那古墓群，埋葬汉、突厥、匈奴、高车以及昭武九姓等民族居民，此地出土鸡、猪、兔、羊的生肖首俑，残高52.5厘米，为站立姿势，兽首人身，着圆领宽袖长袍，双手拱于胸前。专家推断可能是盛唐晚期到中唐时期的物品，着装样式受中原地区影响，说明当时西域和中原文化交往密切。笔者推断这种羊身人面有两种可能，一是和人类的服饰文化有关，二是和人类早期社会的意

① 山海经［M］.方韬，译注.北京：中华书局，2011：57.

识有关，远眺埃及的狮身人面像，古希腊神话中的半人马，人类在不足以与自然界抗衡的时候，借助这些兽的“力量”，实现兽的形体与人的智慧的结合。

图 2－3　青釉羊首人身俑（1978 年重庆万州驸马唐墓出土）①

图 2－4　十二生肖兽首人身俑②

① 赵颖摄于四川省博物馆。

② 西安羊文化博物馆提供。

（二）岩画（图 2－5 至图 2－8）

岩画，顾名思义，是一种石刻文化，是先民采用敲凿、磨研、彩绘技法将远古先民的生产方式和精神生活用图像呈现在岩石的遮蔽处。岩画的产生，物理学层面的解释是由于人类最初使用的工具是石器，人类最初的居所是洞穴，因此岩画出现的区域也多是人类的穴居区。我国岩画主要分布在边疆地区，所涉地域从南到北，自东而西。按照陈兆复先生的观点，将岩画分为北方、西南、东南三个系统六个地区：①东北、内蒙古地区（包括牡丹江崖画、大兴安岭崖画、白岔河岩刻、乌兰察布岩刻、苏尼特岩刻、阴山岩刻、阿拉善岩刻、渤海湾岩刻）。②宁夏、甘肃、青海地区（包括石嘴山岩刻、贺兰山岩刻、青铜峡岩刻、黑山岩刻、祁连山岩刻、青海岩刻）。③新疆地区（包括北疆岩刻、阿尔泰岩画、呼图壁岩刻、哈密岩刻、托克逊岩刻、米泉岩刻、库鲁克塔格岩刻、昆仑山岩刻、和田岩刻、克孜尔石窟岩刻）。④西藏地区（包括鲁日朗卡岩刻、任姆栋岩刻、恰克桑岩画）。⑤西南地区（包括珙县崖画、关岭花江崖画、开阳画马崖岩画、沧源崖画、耿马崖画、元江它克崖画、麻栗坡崖画、左江崖壁画）。⑥东南沿海地区（包括华安岩刻、连云港岩刻、香港岩刻、澳门岩刻、珠海岩刻和台湾万山岩雕群）。

图 2－5　贺兰山小西峰沟岩画羊（戴辰泽摄）

图 2-6　贺兰山羊群岩画(戴辰泽摄)

图 2-7　贺兰山小羊抵树岩画(戴辰泽摄)

图 2-8　贺兰山双羊出圈岩画(戴辰泽摄)

首先，岩画多是人类社会现实的反映，所摹绘的对象是身边熟悉的事物。岩画上呈现的动物种类并不单一，通常与人类社会生活生产息息相关。如云南狮子洞穴岩画上出现大量的羊符号，说明羊在人类社会的参与度已比较高。而西北地区岩画上有以羊为图腾的古羌族的遗留，西藏、新疆昆仑山区都有羌人分布，造型也出现羌人的图腾。在且末县昆仑山脉岩画中，动物占据一半以上，动物头部造型位于山间第一组岩画顶端，亦不排除是羌人的遗留。

中国西北部自古是游牧民族繁衍生息之所，岩画作为游牧民族的形象记录，表现出的驯猎、祭天、放牧、娱乐等场景带有鲜明的畜牧文化特点，而岩画多发现于交通便利、水草丰盈的地方，这也是人类社会生活延续的必要条件。

其次，岩画承载多重社会功能，在信息传递方面，对猛兽或者自然灾害以示警戒，在不同族群之间通过各自图腾宣誓部落主权。

最后，在沟通人神方面，岩画这种呈现方式应该不只是出于审美的考虑，其宗教性的功能更重要。如岩画中神灵崇拜的场景被反复呈现，较频繁出现的是对于太阳的崇拜，古人根据太阳运行规律总结生产周期，对太阳的依赖是物质生活必需。族群延续体现为对生命和生殖的崇拜，如1997年7月发现于新疆阿勒泰骆驼峰的旧石器时代晚期岩画“羊鹤鱼图”，左上角是一只公羊，羊的下面鹤在啄一只鱼，这幅生机勃勃的图像被认为是典型的萨满艺术。有学者认为鹤与鱼分别是男女生殖能力的象征，羊表现男女生育的愿望。

岩画上的羊图案是游牧文化的符号之一，母子同图、人羊嬉戏、双羊角力等形象万千，造型质朴传神。对于羊在不同岩画中的形象，很难统一为一个答案，研究者需要审视其背后所隐喻的内容和特点。当下，对于岩画发现地及其呈现出的图像进行解构和认知，保存最质朴又丰富的卷宗，对于原住民生活方式的研究具有人类学的价值。

（三）青铜器

青铜器是上古时代最重要的礼器，自古被视为国之重器，先秦时期的青铜器作为礼器，在祭祀中沟通人神，被视为一种“政治权力”。大量青铜器上呈现出的大角羊形象或纹饰，使得动物崇拜、畜牧业发展的状况都借此言说。下面列举几件最具代表性的羊造型青铜器。

四羊青铜权杖，是目前发现的最早的青铜器羊造型，出土于河西走廊以西的甘肃省玉门火烧沟遗址。这件夏朝后期的四羊青铜权杖，颈部饰四圈凸棱，腹部外鼓，中部偏下对称铸有4个盘角的羊头形饰，因此也被称为“四羊首权杖”。这件青铜器更大的价值在于其造型在中国历史上十分鲜见，从全球文物发掘情况来看，此造型更多地集中于古埃及、西亚、安那托利亚、黑海及里海周边地区。中国境内的权杖则分布于甘肃、陕西西部、新疆等地，形态与近东和中亚的非常相似。因此有学者认为，权杖应属于外来文化要素。四羊青铜权杖被视为史前东西方文明交流的重要见证。

四羊方尊（图2－9、图2－10），是商代晚期的青铜礼器，1938年出土于湖南宁乡月山铺（今黄材镇龙泉村）。器身呈方形，长颈高耸并饰有蕉叶纹、三角夔纹和兽面纹。肩部四角是四个卷角羊头，其头颈伸出于器外，四羊的前胸构成尊的腹部，羊腿则附于圈足上，承担着尊体的重量，羊的前胸及颈背部饰鳞纹，两侧饰有美丽的长冠凤纹，圈足饰夔龙纹。四羊方尊有四方吉祥之意，是中国现存商代青铜方尊中最大的一件。

图2－9　四羊方尊①

① 来自中国国家博物馆官方微博。

图 2 - 10　四羊方尊局部图①

三羊尊,出土于河南安阳,大口广肩,细颈上有三道凸弦纹。肩部等距离地装饰三只高浮雕形式的卷角羊头。腹部较肥硕,在回纹地上有三组兽面纹,用夸张的手法突出了兽面上最传神的眼睛,增加了肃穆庄重的气氛。圈足较高,上边有两条凸弦纹,中间有三个等距离的较大圆形孔,是商代铜器的典型特征之一。

羊形青铜尊,现藏于日本藤田美术馆,时代为商代晚期,通高 15.4 厘米。器物造型为写实山羊,羊头有盘曲巨角,尖嘴细眼。羊背为尊盖,盖细长,盖面饰饕餮纹,盖上有一立体夔龙,将羊首与背相连,后有一立鸟,均圆眼、弓背,形态生动。既可用作盖钮又可提拎,四蹄足,圆臀后有细尾下垂。羊身及腿部满饰夔纹与云雷纹。此尊所塑羊的形态生动,身体各部位比例准确,纹饰及高浮雕都很精美。

此外,还有殷墟中期的四羊首铜瓿、三羊铜罍,三星堆出土的商代晚期三鸟三羊铜尊和四羊铜罍,西周的提梁卣,春秋战国的羊首辕饰,汉代错金银铜羊、羊首铜刀、跪卧羊铜灯(图 2 - 11)等,不一一赘述。

① 来自中国国家博物馆官方微博。

图 2－11　汉代跪卧羊铜灯①

动物崇拜始自新石器时代，先秦青铜器上的羊造型或纹饰与以羊作牺牲的习俗有关。青铜器上的羊造型，通常凛若冰霜，正容亢色，显然体现的不是温顺的造型特征。以盘羊为主，盘羊俗称大角羊，体型庞大，四蹄陡直，善于攀爬的标志性符号是雄性盘羊的角，其呈螺旋状扭曲，外侧有明显的环棱，是造型上一个非常突出的特点。而商代青铜器上的羊造型通常会配以雄姿英发的羊角，角作为雄性标志，是力量、权力的象征，在一定意义上是先民崇拜的体现，因此常常用夸张的手法表现出来。

（四）画像石

画像石，狭义上就是汉代地下墓室、墓地祠堂、墓阙和庙阙等建筑上雕刻画像的建筑构石，这种汉代的器物文明，属于丧葬礼制性建筑。《孟子》云：“养生者不足以当大事，惟送死可以当大事。”②汉代人对天地鬼神的敬畏、对长生的渴望超过以往任何时期，尤其是“事死如事生”的观念，呈现于汉代画像石中，如贵族宴飨、骑射巡行、民间杂耍等场景的再现，翦伯赞称之为雕刻在石头上的“绣

① 赵颖摄于西安羊文化博物馆。

② 孟子．孟子[M]．万丽华，蓝旭，译注．北京：中华书局，2012：175.

像汉代史”。本书所涉及的羊造型,在墓石上的庖厨、狩猎骑乘等生活场景中都有展现。

画像石中较有代表性的是墓穴门楣上的羊首造型,《杂五行书》云:“悬羊头于门上,除盗贼。”《新言》云:“初年悬羊头磔鸡头以求富余……”这些都有避害祈福的含义。四川三台郪江东汉崖墓中有羊首画像石,中江玉桂乡东汉崖墓中门楣和棺床上有三幅跪羊图,川南叙永东汉崖墓中和川东合川东汉画像石墓内亦有羊首和卧羊画像石。此外,汉墓中的青石条上象征力量与权力的大盘羊首深沉雄大,荡人心魄(图 2-12、图 2-13)。

图 2-12　单羊首青石条①

图 2-13　双羊首青石条②

---

① 西安羊文化博物馆提供。

② 赵颖摄于西安羊文化博物馆。

两汉时期崇尚厚葬，死后要带大量陪葬品，很多画像石中都选择羊作为牺牲，如墓中宰杀猪、牛、羊三牲，捆缚鸡、鸭、鹅三禽于地，即“三牲通天，三禽达地”。三牲同时供奉是上礼，可以把信息传达到上天；三禽用来献祭居住在地上的神灵。禽畜可使真穴余气汇集，所以陪葬坑中必葬禽畜，以顺星宫、理地脉。

汉代是画像石最为丰富和成熟的时代，除了作为牺牲或者祈福，羊的另一个作用是可以作为升仙工具，《列仙传·修羊公》记载魏国人修羊公的经历：“语未讫，床上化为白羊，题其胁曰：‘修羊公谢天子。’后置石羊于灵台上，羊后复去，不知所在。”①《列仙传·葛由》曰：“葛由者，羌人也。周成王时，好刻木羊卖之。一旦，骑羊而入西蜀，蜀中王侯贵人追之，上绥山，在娥媚山西南，高无极也。随之者不复还，皆得仙道。”②诸如“羽人骑羊”“双羊与胜”的主题在画像石上频繁出现。从先秦至两汉，道家思想与民间神仙信仰互动。道家思想为神仙信仰提供了理论支持；神仙思想中的传说丰富了道家思想的内涵，使之更容易为民间所接受。如道家养生体系和对于超越生死的追求迎合了贵族阶层对于长生、往生的追求，这种思想被工匠们呈现为一幅幅旨趣怡然的画像。

二、社会规范层面的羊文化

孟子曰：“源泉混混，不舍昼夜，盈科而后进，放乎四海。有本者如是，是之取尔。”③儒家文化作为中国传统文化的主体，影响根深蒂固，具有顽强的生命力。像儒家文化这样的伦理型文化，主要是通过一系列的伦理符号和仪式规范来维护社会秩序的。礼是儒家治国最重要的手段。礼有五种，祭礼是最重要的一种。儒家文化重“礼”，《礼记·祭统》云：“凡治人之道，莫急于礼。礼有五经，莫重于祭。”④儒家的礼，体现在祭祀、祭神的活动中。《说文解字》对“礼”的解释是：“礼，履也，所以事神致福也。”⑤所谓“事神致福”是通过虔诚恭敬地侍奉鬼神达到的，如《荀子·礼论》中谈到祭祀：“故丧礼者，无它焉，明死生之义，

---

① 王叔岷. 列仙传校笺[M]. 北京：中华书局，2007：90.

② 王叔岷. 列仙传校笺[M]. 北京：中华书局，2007：50.

③ 孟子. 孟子[M]. 万丽华，蓝旭，译注. 北京：中华书局，2012：177.

④ 礼记[M]. 陈澔，注. 金晓东，校点. 上海：上海古籍出版社，2016：551.

⑤ 许慎. 说文解字[M]. 杭州：浙江古籍出版社，2016：2.

送以哀敬而终周藏也。故葬埋，敬藏其形也；祭祀，敬事其神也。”①《礼记·曲礼》亦谈道：“天子祭天地，祭四方，祭山川，祭五祀，岁遍。诸侯方祀，祭山川，祭五祀，岁遍。大夫祭五祀，岁遍。士祭其先。凡祭，有其废之，莫敢举也；有其举之，莫敢废也。非其所祭而祭之，名曰淫祀。淫祀无福。”②按照规范进行的祭祀是有福的。

中国自周以降，重视礼仪，礼被视为治国之根本，用来判是非、察秋毫、定制度、分亲尊。礼作为一种伦理观念，必然需要通过仪式和符号传递，中国传统农业社会中，农业和畜牧业生产关系到民生休戚，是立国之本。羊作为农耕文化和游牧文化中的重要组成部分，在各种以礼为核心的社会活动中扮演着重要角色。

原始社会中，人类需要通过采集或者狩猎的方式获得初级资源，在狩猎以及后来驯养的过程中，对动物皮毛或者肉的依赖，促使一些与动物相关的宗教仪式产生了。当然，笔者认为另一个原因是，人类对动物的获取并非百发百中，总是有一些不确定的因素在其中，人类早期将这种不确定的因素归结为神灵的恩赐或惩罚，进而形成动物图腾崇拜。虽然今天的考古和文献不能断定图腾崇拜的具体时间，但是岩画、龟甲、牺牲多多少少可以帮助我们梳理羊在中国的发展轨迹。

人类社会伊始，将自身无法解决的问题归结为神灵，继而产生祭祀的观念和行为。在上古时期开始的巫觋时代，以部落为单位的祭祀活动盛行，颛顼命令重为南正专管神鬼祭祀一事，将民事与神事分开的同时，王权与神权相统一。早期祭祀多以“羊”为牺牲，如《山海经·西山经》记载：“凡西山之首，自钱来之山至于骢山，凡十九山，二千九百五十七里。华山，冢也，其祠之礼：太牢。”③郭璞注：“牛羊豕为太牢”“冢者，神鬼之所舍也”。④ 由此可知，这里用“羊”作为牺牲来祭祀神鬼。《西山经》中还有羊祭祀的论说，如“自钱来之山至于骢山，……其祠之礼：太牢。……其余十七山之属，皆毛牷用一羊祠之”⑤。即自钱来之山到骢山为西方第一系列山脉，共十九座山，华山是山之宗主，祭祀时要用猪、牛、

① 荀子.荀子[M].张晚林，译注.长沙：岳麓书社，2022：345.

② 礼记[M].陈澔，注.金晓东，校点.上海：上海古籍出版社，2016：51.

③ 山海经[M].方韬，译注.北京：中华书局，2011：34.

④ 山海经[M].郭璞，注.沈海波，校点.上海：上海古籍出版社，2015：40.

⑤ 山海经[M].方韬，译注.北京：中华书局，2011：34.

羊齐全的太牢。其他十七座山的祭祀仪式相同,用一只完整的羊祭祀。《东山经》中也有类似的活动:"凡东次三山之首,自尸胡之山至于无皋之山,凡九山,六千九百里。其神状皆人身而羊角。其祠:用一牡羊,糈用黍。"①即东部第三个系列的山脉,从尸胡山到无皋山,共九座山,长达六千九百里。这些山的山神都是人身羊角。祭祀时祭品是一只公羊,用黄米饲养。

殷商时期祭祀权力完全掌握在商王及贵族手中,通过频繁的占卜和祭祀沟通人神关系。殷人眼里的神鬼,充满自然神秘的力量,因此殷商社会形成一种将神鬼置于人类之上的风气。如《礼记·表记》:"殷人尊神,率民以事神,先鬼而后礼。"②在社会规范层面,羊主要出现在占卜、祭祀和交际礼俗中。

(一)占卜

羊在中国文化中,除了作为基本的生产资料,在占卜和祭祀中亦起到沟通人神的符号性作用。羊头或羊首用于祭祀仪式,羊骨则用于占卜(图 2-14),例如甘肃、青海等地墓葬中的羊骨,包括骨架、下颌骨等,极具价值的就是羊肩胛骨制成的卜骨,这种卜骨在龙山时期遗址、商代遗址、羌族文化遗址等地均出现了。尤其是在齐家文化地区,马家窑文化发现 10 件羊肩胛卜骨,寺洼文化发现 7 件羊肩胛卜骨,沙井文化发现 4 件羊肩胛卜骨,四坝文化发现 2 件羊肩胛卜骨。

图 2-14　羊骨法器③

① 山海经[M]. 小岩井,译注. 杭州:浙江教育出版社,2019:177.

② 礼记[M]. 陈澔,注. 金晓东,校点. 上海:上海古籍出版社,2016:608.

③ 赵颖摄于四川省博物馆。

羊卜是我国古代西戎族用羊骨或者生羊占卜的方法。宋代沈括在《梦溪笔谈》中专门谈道:“西戎用羊卜,谓之‘跛焦’,卜师谓之‘厮乩’。以艾灼羊髀骨,视其兆,谓之‘死跋焦’……又有先咒粟以食羊,羊食其粟则自摇其首,乃杀羊视其五藏,谓之‘生跋焦’。”①

北宋曾巩《隆平集》卷二十《西夏传》记载西夏人的习俗:“每出兵则先卜。卜有四:一、以艾灼羊脾骨以求兆,名‘炙勃焦’;二、擗竹于地,若揲蓍以求数,谓之‘擗算’;三、夜以羊焚香祝之,又焚谷火布静处,晨屠羊,视其肠胃通则兵无阻,心有血则不利;四、以矢击弓弦,审其声,知敌至之期与兵交之胜负。”②《辽史》卷一百一十五《西夏传》所载略同:“凡出兵先卜,有四:一、炙勃焦:以艾灼羊胛骨;二、擗算:擗竹于地以求数,若揲蓍然;三、咒羊:其夜牵羊,焚香祷之,又焚谷火于野,次晨屠羊,肠胃通则吉,羊心有血则败;四、矢击弦:听其声,知胜负及敌至之期。”③这一行为在今青海、内蒙古等地区仍有存留。

羊骨占卜的习俗多出现在畜牧业发达地区,这是由于羊和人们的生活息息相关,羊的繁殖生产甚至决定人们的生活水平,进而产生了寄希望于动物骨骼以通达神灵的观念。史前精神世界的建构需要用其维系,不能简单地将羊骨占卜视为巫术,近代考古学将卜骨用于历史研究,亦借其考察民族文化史。先民尊神的行为以占卜和祭祀两种方式体现,祭祀有时会更加庄重严肃,共性在于羊在这些行为中表现出沟通人神的作用。

何谓之神?段玉裁在《说文解字注》中将其定义为:“神,天神,引出万物者也。”神具有生生之意,可以“引出万物”,是天人合一与天神同构的体系。人神关系的指涉存在于生死之间、人神之间、故人与当下之间,神在中国文化中更类似于人死后的精神性化身。殷周肇始,人神关系以“礼”之形式构建神圣与世俗沟通的场域,人可以通过一定的仪式和神祇进行沟通,神祇的意志可以影响人们的现实世界。《尚书·周书·吕刑》云:“乃命重、黎,绝地天通,罔有降格。群后之逮在下,明明棐常,鳏寡无盖。”④所谓“绝地天通”,就是要保证神的绝对性地位,人与天之间需要建立一种秩序,由于人不能直接与神、天发生关系,所以沟通人神关系需要凭借一定的媒介或符号等形式来实现,即具有宗教性意义的

① 沈括.梦溪笔谈[M].上海:上海书店出版社,2009:154.

② 韩荫晟.党项与西夏历史资料汇编[M].银川:宁夏人民出版社,2000:95.

③ 西夏志略校证[M].胡玉冰,校注.兰州:甘肃文化出版社,1998:5.

④ 曾国藩.诏令之属[M]//曾国藩.经史百家杂钞:上.长沙:岳麓书社,2009:370.

祭祀仪式,仪式需要特定的制度、次序做保证。

殷商之际,具有宗教性质的占卜活动在祭奠神灵与获取“天”的意旨方面频繁出现,并衍化为君王决策的重要手段之一。其中,礼、祭、卜筮、灌、禅、六壬是人与神沟通的方式。祭神以求福为礼。祭,包括祭礼、祭仪,是祭祀的仪式。卜,通过烧灼龟甲、兽骨,根据其裂纹走向预测吉凶。筮是通过蓍草占卜。灌是祭祀时奠酒献神的一种仪式,斟酒浇地以求神。禅为帝王祭祀土地山川的仪式。六壬是用阴阳五行占卜吉凶祸福的方法。唐朝诗人王建的《贫居》诗:“近来身不健,时就六壬占。”《尚书·商书·太甲上》云:“先王顾諟天之明命,以承上下神祇、社稷、宗庙,罔不祗肃。”①上天崇拜与祖宗崇拜是先民信仰世界最重要的宗教样式。

(二)祭祀

在中国历史上,“国之大事,在祀在戎”,祭祀和戎兵是国家治理最重要的两件事,祭祀直接上升到国事层面,贯穿人类足迹所在,已然是传统社会文化中的重中之重。《礼记·祭统》曰:“凡治人之道,莫急于礼。礼有五经,莫重于祭。”②封建统治阶层通过郊天祀地等各种祭祀活动,确立政权的合法性,建构君主权威。因此,祭祀是权力的体现,祭祀的等级意味着权力的等级。《礼记·王制》曰:“天子祭天地,诸侯祭社稷,大夫祭五祀。”③祭祀的重要功能,就是通过祭祀的等级次序强化等级观念,维护国家政权的稳定。

西方社会语境中关于“替罪羊”的说法是代人受过。羊是古代祭祀中必不可少的祭品。羊除了用作献祭上帝的牺牲,还承担了一项任务,就是给人类“替罪”。而在中国除了民间传说“沉香救母”中,为了惩罚杨戬,又不至于对其造成伤害,曾以“羊”代“杨”。更多的则是对生命伦理和儒家文化、社会规范的讨论,这一讨论来自“以羊易牛”的典故,即:

(孟子)曰:“臣闻之胡龁曰:王坐于堂上,有牵牛而过堂下者,王见之,曰:‘牛何之?’对曰:‘将以衅钟。’王曰:‘舍之!吾不忍其觳觫,

---

① 林之奇.尚书全解[M].陈良中,点校.北京:人民出版社,2019:255.

② 礼记[M].陈澔,注.金晓东,校点.上海:上海古籍出版社,2016:551.

③ 礼记[M].陈澔,注.金晓东,校点.上海:上海古籍出版社,2016:149.

若无罪而就死地。’对曰:‘然则废衅钟与?’曰:‘何可废也? 以羊易之。’不识有诸?”(王)曰:“有之。”(孟子)曰:“是心足以王矣。百姓皆以王为爱也,臣固知王之不忍也。”

王曰:“然。诚有百姓者! 齐国虽褊小,吾何爱一牛? 即不忍其觳觫,若无罪而就死地,故以羊易之也。”(孟子)曰:“王无异于百姓之以王为爱也。以小易大,彼恶知之? 王若隐其无罪而就死地,则牛羊何择焉?”王笑曰:“是诚何心哉? 我非爱其财而易之以羊也。宜乎百姓之谓我爱也。”(孟子)曰:“无伤也。是乃仁术也,见牛未见羊也。君子之于禽兽也,见其生,不忍见其死;闻其声,不忍食其肉。是以君子远庖厨也。”

王说,曰:“《诗》云:‘他人有心,予忖度之。’夫子之谓也。夫我乃行之,反而求之,不得吾心。夫子言之,于我心有戚戚焉。此心之所以合于王者,何也?”(孟子)曰:“有复于王者曰:‘吾力足以举百钧,而不足以举一羽;明足以察秋毫之末,而不见舆薪。’则王许之乎?”曰:“否。”“今恩足以及禽兽,而功不至于百姓者,独何与? 然则一羽之不举,为不用力焉;舆薪之不见,为不用明焉;百姓之不见保,为不用恩焉。故王之不王,不为也,非不能也。”①

在这个典故中,齐宣王为维护衅钟之礼,需要杀牛。但是出于“恻隐之心”以羊易牛,既保全牛的生命,又不违背衅钟之礼。牛羊同为生灵,皆有性命,何以“以羊易牛”呢? 笔者以为,一方面,“以羊易牛”是由于“见牛而未见羊”。朱熹在《孟子集注》中说:“然见牛则此心已发而不可遏,未见羊则其理未形而无所妨。故以羊易牛,则二者得以两全而无害,此所以为仁之术也。”另一方面,需要考虑羊在儒家文化中的意义,联系孔子的“尔爱其羊,吾爱其礼”,羊的德行、礼节赋予其牺牲的内涵。

用羊进行祭祀陪葬由来已久,许慎在《说文解字》中将“祭”解释为:“祭祀也。从示,以手持肉。”②甲骨文中的“牲”字,左边是正面所视的羊头形象,羊在祭祀中被大量地使用,《周易·夬·九四》说:“臀无肤,其行次且,牵羊悔亡,闻

① 曾国藩.论著之属一[M]//曾国藩.经史百家杂钞:上.长沙:岳麓书社,2009:3.

② 段玉裁.说文解字注[M].上海:上海古籍出版社,1981:3.

言不信。”[①]所谓“牵羊悔亡”是指牵活羊以祭祀也，后来也代指投降。又如《礼记·王制》曰：“天子社稷皆大牢，诸侯社稷皆少牢。大夫士宗庙之祭，有田则祭，无田则荐。”[②]祭祀时将肉献于天地神。考古发现，在距今5000年左右的马家窑文化遗址发现了随葬的羊下颌和骨架，在距今4000年左右的齐家文化中发现了随葬的绵羊种群和肩胛骨。二里头遗址至商周时期出土的羊骨主要位于黄河中下游及渭河流域，西北地区、西南地区、东北平原、辽河流域、海河流域、淮河流域以及长江中下游地区亦有分布。殷墟遗址商代墓葬中常见随葬整羊或羊肢骨，同时考古发现了多座羊坑。除了前期有部分野山羊，后期家羊数量逐渐增长。这个过程伴随人口增加、聚居和生产工艺的成熟而来，一方面是羊皮、羊肉、羊乳皆可物尽其用，另一方面是羊的数量相对有限，因此对羊的占有成为贵族身份地位的象征。

中国传统文化中，太牢是古代帝王祭祀社稷时，牛、羊、豕三牲全备的标准。只用羊、豕的叫“少牢”，是诸侯祭祀所用，即祭祀时，天子用牺牛，诸侯用肥牛，大夫用索牛，士用羊、豕。四时宗庙祭祖，《礼记·玉藻》中说道：“君无故不杀牛，大夫无故不杀羊，士无故不杀犬豕。”[③]《大戴礼记·曾子天圆》中亦有所述：“诸侯之祭牲，牛曰太牢；大夫之祭牲，羊曰少牢。”[④]《国语·楚语下》曰：“天子举以大牢，祀以会；诸侯举以特牛，祀以太牢；卿举以少牢，祀以特牛；大夫举以特牲，祀以少牢；士食鱼炙，祀以特牲；庶人食菜，祀以鱼。”[⑤]祭祀祭品的使用体现身份之差。如山西侯马各处祭祀遗址皆以羊为主，牛和马的数量则要少很多，应该和墓主的身份地位有关。

又如《国语·楚语下》中所言，天子食太牢，牛、羊、豕三牲俱全；诸侯食牛，卿食羊，大夫食豕，士食鱼炙，庶人食菜。大夫虽是贵族，但是从政治身份上来说仍然没有吃羊的权力。

即便到了西周，人们意识到天命靡常、天不可信，但依然以“天”为归依。周朝统治者将祭祀的意识规范化，羊用于祭祀，在《诗经》中多有记载，如《豳风·七月》：“二之日凿冰冲冲，三之日纳于凌阴。四之日其蚤，献羔祭韭。九月肃

① 周易[M].冯国超，译注.北京：华夏出版社，2017：239.
② 礼记[M].崔高维，校点.沈阳：辽宁教育出版社，1997：43.
③ 礼记[M].陈澔，注.金晓东，校点.上海：上海古籍出版社，2016：337.
④ 宋长宏.中国牛文化[M].北京：民族出版社，1997：83.
⑤ 左丘明.国语[M].上海：上海古籍出版社，2015：373.

霜,十月涤场。朋酒斯飨,曰杀羔羊。跻彼公堂,称彼兕觥,万寿无疆!"①再如《小雅·楚茨》:"济济跄跄,絜尔牛羊,以往烝尝。或剥或亨,或肆或将。"②等等。人们端庄恭敬地把那些牛羊涮洗干净,拿去奉献。有人宰割,有人烹煮,有人分盛,有人捧献。司仪祭于庙门之内,祭祀仪式隆重。子孙诸人期盼神灵保佑、万寿无疆。《周颂·我将》也有记载:"我将我享,维羊维牛,维天其右之。"③按照《礼记·王制》所载,一年四时都有祭祀:"天子诸侯宗庙之祭,春曰礿,夏曰禘,秋曰尝,冬曰烝。"④此外,还有祭天、祭五岳、祭四方之神,如《小雅·甫田》:"与我牺羊,以社以方。"⑤羊作为牺牲在祭祀中出现,有极为严苛的要求。

首先,参与祭祀的时间、数量都有严格的规定。先秦文献中,祭祀活动中使用的牺牲有丰富的记载,较详细的记录来自《周礼·秋官·大行人》:

> 上公之礼:执桓圭九寸,缫藉九寸,冕服九章,建常九斿,樊缨九就,贰车九乘,介九人,礼九牢;其朝位,宾主之间九十步,立当车轵;摈者五人;庙中将币,三享;王礼再祼而酢,飨礼九献,食礼九举,出入五积,三问三劳。诸侯之礼:执信圭七寸,缫藉七寸,冕服七章,建常七斿,樊缨七就,贰车七乘,介七人,礼七牢;朝位,宾主之间七十步,立当前疾;摈者四人;庙中将币,三享;王礼壹祼而酢,飨礼七献,食礼七举,出入四积,再问再劳。诸伯:执躬圭,其他皆如诸侯之礼。诸子:执谷璧五寸,缫藉五寸,冕服五章,建常五斿,樊缨五就,贰车五乘,介五人,礼五牢。⑥

关于选择羊作牺牲的要求,先秦文献多有记载:

如《周礼·夏官·羊人》:"羊人掌羊牲。凡祭祀,饰羔。祭祀,割羊牲,登其首。凡祈珥,共其羊牲。宾客,共其法羊。凡沈、辜、侯禳、衅、积,共其羊牲。"⑦

① 诗经 楚辞[M].孔一,标点.上海:上海古籍出版社,1998:50.
② 诗经 楚辞[M].孔一,标点.上海:上海古籍出版社,1998:80.
③ 诗经 楚辞[M].孔一,标点.上海:上海古籍出版社,1998:117.
④ 王云五,朱经农.礼记[M].上海:商务印书馆,1947:13.
⑤ 诗经 楚辞[M].孔一,标点.上海:上海古籍出版社,1998:82.
⑥ 周礼译注[M].吕友仁,译注.郑州:中州古籍出版社,2004:507.
⑦ 周礼译注[M].杨天宇,译注.上海:上海古籍出版社,2016:574.

《礼记·少仪》："其礼，大牢则以牛左肩臂臑折九个，少牢则以羊左肩七个，犆豕则以豕左肩五个。"①

《诗经·周颂·我将》："我将我享，维羊维牛，维天其右之。仪式刑文王之典，日靖四方。"②

《帝王世纪》："汤问葛伯何故不礼，曰：'无以供牺牲。'汤遗之以羊。"③

其次，羊作为牺牲，有近乎苛刻的选择标准。如《礼记·月令》记载："乃命宰祝，循行牺牲，视全具；案刍豢，瞻肥瘠；察物色，必比类；量小大，视长短，皆中度。五者备当，上帝其飨。"④对牺牲的选择标准包括"肥瘠""物色""比类""小大"和"长短"。

最后，关于祭祀之所，或坛或庙，都是有一定的仪式的，构成仪式的除了规定的行动、空间、顺序，还有用度。通过这些设计将行为规范让渡于社会伦理。在中国历史上，自有文字记载以来，祭羊是一种很重要的仪式，如"告朔"之礼。依周礼，天子每年秋冬之际，颁布次年历书给诸侯，诸侯藏于宗庙，并于每月初一告宗庙，杀一只羊以献，表示天子开始听政了。《周礼·春官·大史》："颁告朔于邦国。"郑玄注："天子颁朔于诸侯，诸侯藏之祖庙，至朔朝于庙，告而受行之。"⑤诸侯将历书奉于祖庙，每月初一到祖庙告祭听政。告朔时会以羊进行祭祀，后来鲁国自文公开始已不亲自告祭，子贡提出将祭品"饩羊"去掉。孔子就有了"尔爱其羊，我爱其礼"的说法。在孔子看来，羊不能省，羊在祭祀中是一种精神符号，礼坏乐崩，必须有精神的象征。类似的"爱礼存羊"出自《论语·八佾》：

> 子贡欲去告朔之饩羊。子曰："赐也！尔爱其羊，我爱其礼。"
>
> 子曰："事君尽礼，人以为谄也。"
>
> 定公问："君使臣，臣事君，如之何？"孔子对曰："君使臣以礼，臣事君以忠。"⑥

---

① 礼记[M]. 崔高维，校点. 沈阳：辽宁教育出版社，1997：120－121.

② 冀昀. 诗经[M]. 北京：线装书局，2007：334－335.

③ 杜凯月.《左传》"肉袒牵羊"考[J]. 西部学刊，2017(3)：36.

④ 礼记[M]. 陈澔，注. 金晓东，校点. 上海：上海古籍出版社，2016：196.

⑤ 于淮仁. 论语通解[M]. 兰州：甘肃人民出版社，2014：38.

⑥ 于淮仁. 论语通解[M]. 兰州：甘肃人民出版社，2014：38.

这种祭礼既是表达价值观念的仪式，又是维护和强化它们的手段，被视作治国之本。以孔孟为代表的儒家自觉或不自觉地以传承和规范祭祀流程为己任。从修德配天、人神分治的观念出发，注重祭礼在社会治理方面的作用，使其兼具政治功能与道德教化功能。先秦儒家将祭礼的核心规范为“敬”，从而将祭祀从传统的求福避祸转变为国家治理的忠诚意识。

先秦时期构建的儒家伦理一直影响至后世，汉代亦如是，例如《汉书》卷二十五《郊祀志第五上》记载：“祭日以牛，祭月以羊彘特。”[①]宋代宫廷祭祀活动众多：“凡大中小祀岁一百七，大祠十七，中祠十一，小祠十四，著礼令用日者五十九，有时月而无日者四十八。”种种祭祀中，都会宰杀羊。《宋史》卷一百一记载：“帝欲尽恭于祀事，五方帝位并亲献焉。朝庙用犊一，羊七，豕七；昊天上帝、配帝犊各一，羊豕各二；五方、五人帝共犊五，豕五，羊五；五官从祀共羊豕十。”[②]

宋代祭祀多用猪羊，这与宋代重视农业生产有关，农业生产需要用牛耕种，羊和猪就成了主要替代品：“开宝初，诏亲祠太庙共用一犊，又诏常祀惟天地用犊，自余宫大祀以羊豕代之。嘉祐中，仁宗亲祫，即每室用太牢，自余三年亲祀，八室共用一犊，有司摄事，惟以羊豕。”[③]祭祀是国家政治生活中的大事，对于献祭的羊依然有苛刻的要求，必须是毛色纯正，20斤以上肥美者，饲养时有专门的羊圈，并且不得捶打，甚至有专门的涤宫保证献祭牲畜的卫生。

宋朝祭祀活动结束后，通常将祭祀贡品胙肉分赐给百官，即“赐胙”。分配数量和质量的标准是官员等级。《宋会要辑稿》中记载如下：

> （景德二年）十二月二日，诏：南郊礼毕，从祀行事官当赐胙者，五使、亚献、终献、司徒、司空、太常卿、亲王、枢密院凡十六段并赐犊，使相至知杂御史凡五十二段并赐羊、豕。
>
> 六日，诏光禄寺：自今祀天地、社稷、宗庙，牲牢等俟礼毕，有司方得进胙，分赐臣僚。[④]
>
> （元丰四年）十一月十日……本朝亲祠赐胙，自宰臣等而下之至祝

① 班固．汉书［M］．北京：中华书局，2007：185.

② 脱脱，等．礼志［M］//脱脱，等．宋史．北京：中华书局，1977：2468.

③ 王安石．议郊庙太牢［M］//王安石．王文公文集．上海：上海人民出版社，1974：360.

④ 徐松．宋会要辑稿［M］．北京：中华书局，1957：592.

官,虽有多少之差,而无贵贱之等。伏请三师、三公、侍中、中书令、尚书令、尚书左右仆射、亲王。亲王、亚、终献同。开府仪同三司、门下侍郎、尚(书)中书侍郎、尚书左右丞、知枢密院事、同知枢密院事、礼仪使、仪仗卤簿顿递使:牛肩、臂、臑五,不足,即以正脊、横脊、正胁、短胁、代胁及肺代。羊肩、臂、臑五,豕肩、臂、臑五。太子三师、特进、观文殿大学士、太子三少、御史大夫……:牛肩、臂、臑三,不足即以正脊、正胁代。羊肩、臂、臑三,豕肩、臂、臑三。入内内侍省、内侍省押班、副都知、光禄、监祭、礼官:博士:牛脊、胁三,不足即以脾、膊、胳代。羊脊、胁三,豕脊三……应执事、职掌乐工、门干、宰手、驭马、御车人并均给。髀、肫、胳、觳及肠、胃、肤之类。有司摄事:执政、亲王、宗室、使相、礼部、户部尚书、礼部侍郎、宗室节度使正任以上:羊肩、臂、臑五,豕肩、臂、臑五;应用牛牲处,除进胙外,加牛肩、臂、臑五。不足,即以正脊、直脊、横脊、横胁、短胁、代胁及肺代……应执事、职掌乐工、门干、宰手、驭马、从人以上并均给。髀、肫、胳、觳及肠、胃、肤之类。①

除打割合造神食外,余胙肉太官令监视牛羊司封闭用锁。候行事收彻毕,监察御史到,开锁。同太官令以余胙并奠余酒之类,令牛羊司等人依元斤重数目呈验,秤量俵散,不得退换喧争。②

到了明朝,太常寺负责牺牲的祭祀,其中羊占的比重极大,所选之羊必须精细喂养,至少"山羊每只重二十斤,绵羊每只重三十斤"。祭祀所用牲畜,还有鹿、牛、猪等,鹿肉稀缺时可用羊做替换。

羊在祭祀中沟通人神,参与祭祀的活动,沿袭至今,如当下陕北民间羊参与祭祀有两种情况,一是按照传统方式将羊献给死者,二是承袭中国传统的祈神活动,祭祀地点安排在庙宇,仪式进行时,将水浇在身上,如果灵羊浑身发抖,表示神灵接受了祭者的请求,参与祭祀的人将羊宰杀,羊内脏分食,羊肉则可以进行售卖。人类在与作为"六牲"之一羊的互动中,产生了朴素生命观和原始宗教信仰。羊引领人的灵魂"升天"的理念同样保存在宁夏南部地区和甘肃部分地区的葬俗里。主持葬礼的人念完祭文以及参加葬礼人的名单后,就牵羊举行

① 徐松.宋会要辑稿[M].北京:中华书局,1957:613－614.

② 徐松.宋会要辑稿[M].北京:中华书局,1957:633.

"领羊"仪式。仪式通常在夜里举行，将冷水喷洒在羊身上，如果羊抖毛摆头则示意死者对人生很满意，死者亲属就可获得心灵的慰藉。如果给羊洗个冷水澡，它也不摆头，再换几只羊亦如是时，葬礼主持人就得祷告安慰那位心怀遗憾的死者，让死者的儿女及亲属哭天抢地去检讨自己的不是。这种仪式是生者与死者灵魂借助羊进行的最后一次对话，此后阴阳两隔。

而在川西北羌人的信仰里，羊不仅可以沟通生者与死者，还有"替罪羊"的意味，羌人相信通过解剖羊，能够了解死者的病因，当活人生病时，释比可以"羊替人命"，将病人的衣服披在草人上，把草人和一只羊送到墓地，杀羊焚草，释比祷告，羊替人死，草人代替病魔远去等。古羌人在行冠礼和送葬仪式中，脖子要系羊毛绳，以表示与羊同体。丧礼中宰杀一只羊为死者引路，即"引路羊"。这种习俗在山东苍山东汉墓前室东壁车马画像中亦有呈现。该画像描述的场景分为三部分，前有引导车队的骑吏，中有坐在车中的妻妾，最后是运载死者的羊车。

羊所起到的沟通人神的作用，在人类心智发展的巫术与宗教过渡阶段，存在着一种人的生命与自然生命息息相关的思维哲学，以羊来献祭的行为，是人类潜意识里试图通过二者的关联来祈祷未来或控制衰败的方式。

数千年来，牺牲以各种方式参与祭祀，其根源在于在人类社会观念中，自然界出现的种种符号都与社会发展、人生起伏具有某种神秘联系。这种超越自然、世俗的力量，构建远古人类的精神信仰，甚至支配和主宰人类社会的演进，无论是何种参与祭祀的物种，陆地食草性哺乳动物永远是主角，而且从出土的文物和文献可以看出，与人类生活愈密切，参与这类祭祀的频率就越高。

不难看出，人们通过祭祀构建了一个与现实世界并行的虚幻世界，通过有秩序的"仪式"呈现出对另一个空间的想象，在这个过程中，人类需要思考如何取悦于形形色色的天地君亲师，赢得他们的庇佑。最直接的手段，就是将人类社会那些被视为美好的物质奉上，努力凭此与神灵进行沟通，羊作为主角，将不同群体和世界勾连，展现出作为祭祀符号象征的重要意义。

（三）交际礼俗

根据湖北云梦睡虎地和甘肃天水放马滩出土的秦简记载，先秦时期已有较为完整的生肖系统存在。东汉王充的《论衡》中则更完整地记录了与当下生肖系统相同的体系。十二生肖作为十二地支的形象化代表，伴随社会发展、产业融合逐步渗入中国传统民间信仰观念之中,在婚丧嫁娶等事项上构建系列相生相克的阐释系统,羊在人类社会活动中直接与物质生活发生关系,在交际礼俗上的意义源远流长。

羊与人类生活密切,因此在中国古代还有作为挚礼的意义。周代见面礼仪中有见面执挚之说,挚通贽,即礼品。周人拜谒尊长"执挚"具备一定的社会规范,执何种物品为挚由各自身份而定,收到馈赠后还需要回礼,即所谓的"礼尚往来,往而不来,非礼也;来而不往,亦非礼也"①。《左传・庄公二十四年》:"男贽,大者玉帛,小者禽鸟,以章物也。女贽,不过榛、栗、枣、修,以告虔也。"②《仪礼・士相见礼》:"下大夫相见以雁……上大夫相见以羔。"③《周礼・春官・大宗伯》:"以禽作六挚,以等诸臣。孤执皮帛,卿执羔,大夫执雁,士执雉,庶人执鹜,工商执鸡。"贾公彦疏:"羔,小羊,取其群而不失其类者,凡羊与羔皆随群而不独,故卿亦像焉而不失其类也云。"

羊作为"礼"的表征,承载秩序人伦,《战国策・中山策・中山君飨都士大夫》记载,中山君飨都士大夫,司马子期在焉。羊羹不遍,司马子期怒而走于楚,说楚王伐中山,中山君亡。有二人挈戈而随其后者,中山君顾谓二人:"子奚为者也?"二人对曰:"臣有父,尝饿且死,君下壶餐饵之。臣父且死,曰:'中山有事,汝必死之。'故来死君也。"中山君喟然而仰叹曰:"与不期众少,其于当厄;怨不期深浅,其于伤心。吾以一杯羊羹亡国,以一壶餐得士二人。"④中山君宴请群臣,司马子期因没分到羊羹,一怒之下跑到楚国,游说楚王攻打中山。所谓患均而不患寡,宋代梅尧臣《杂兴》曰:"主人有十客,共食一鼎珍,一客不得食,覆鼎伤众宾,虽云九客沮,未足一客嗔。古有弑君者,羊羹为不均,莫以天下士,而比首阳人。"⑤此后《左传・宣公二年》中《郑败宋师获华元》再次因羊羹不均而引起祸事:"将战,华元杀羊食士,其御羊斟不与。及战,曰:'畴昔之羊,子为政,今日之事,我为政。'与入郑师,故败。"⑥宋、郑两国交战之前,宋军主帅华元为犒赏三军,杀羊熬羊羹,分赏给众将士,却遗忘了给华元驾车的羊斟。开战之际,

① 礼记[M].陈澔,注.金晓东,校点.上海:上海古籍出版社,2016:4-5.

② 杨伯峻.春秋左传注[M].北京:中华书局,1981:250.

③ 曾国藩.典志之属一[M]//曾国藩.经史百家杂钞:下.长沙:岳麓书社,2009:928.

④ 刘向.战国策[M].上海:上海古籍出版社,2015:686.

⑤ 朱东润.梅尧臣传[M].武汉:华中科技大学出版社,2019:148.

⑥ 左丘明.左传[M].蒋冀骋,点校.长沙:岳麓书社,2006:104.

羊斟怀恨在心,驱车陷敌,华元被俘,宋军告败。《左传》言:“君子谓:羊斟非人也,以其私憾,败国殄民,于是刑孰大焉?《诗》所谓‘人之无良’者,其羊斟之谓乎?残民以逞。”

先秦以来,战争中的投降仪式都有“牵羊”这一行为。《左传》中,郑国国君郑伯投降楚国时“肉袒牵羊以迎”。使用羊是由于其性格温顺,成为表达投降诚意的符号。春秋时秦国著名政治家百里奚被称为“五羖大夫”,是因为其是用五张山羊皮所赎回的。

这一礼制沿袭至汉,《续汉书·礼仪志》:“每岁首正月,为大朝受贺。其仪:夜漏未尽七刻,钟鸣,受贺。及贽,公、侯璧,中二千石、二千石羔,千石、六百石雁,四百石以下雉。”①刘昭注引《决疑要注》:“古者朝会皆执贽,侯、伯执圭,子男执璧,公执皮帛,卿执羔,大夫执雁,士执雉。汉魏粗依其制。正旦大会,诸侯执玉璧荐以鹿皮,公卿以下所执如古礼。”②汉代礼俗中羊的使用,多与皇室有关。《汉书》记载:“卢绾,丰人也,与高祖同里。绾亲与高祖太上皇相爱,及生男,高祖、绾同日生,里中持羊酒贺两家。及高祖、绾壮,学书,又相爱也。里中嘉两家亲相爱,生子同日,壮又相爱,复贺羊酒。”③卢绾与汉高祖刘邦不仅是同乡而且同日生,乡邻为祝贺两家生子,杀羊喝酒以贺。两人长大后关系要好,再次杀羊喝酒以贺。

魏晋南北朝时期,天子诸侯仿照周制和汉制在婚礼中使用聘礼,史书记载,太康八年有司奏:“婚礼纳征,……大夫用玄纁束帛,加羊。古者以皮马为庭实,天子加以穀珪,诸侯加大璋,可依周礼改璧用璋,其羊雁酒米玄纁如故。”④

同时期的游牧民族也以羊为礼,进行封赏纳征,520 年,柔然发生内乱,阿那瓌战败后投降北魏,北魏对阿那瓌等人进行封赏时,除了粮食,还有牛、羊、马之类的牲畜。晋孝武纳王皇后时,则“纳征羊一头,玄纁用帛三匹,绛二匹,绢二百匹,兽皮二枚,钱二百万,玉璧一枚,马六匹,酒米各十二斛”⑤。

---

① 范晔. 后汉书[M]. 西安:太白文艺出版社,2006:738.

② 马端临. 文献通考[M]. 杭州:浙江古籍出版社,1988:957.

③ 班固. 韩彭英卢吴传第四[M]//班固. 汉书. 北京:中华书局,2007:385.

④ 房玄龄,等. 志第十一[M]//房玄龄,等. 晋书:卷一八—卷二三. 南京:金陵书局,1871:171.

⑤ 房玄龄,等. 志第十一[M]//房玄龄,等. 晋书:卷一八—卷二三. 南京:金陵书局,1871:177.

唐代有新“六礼”之说，《唐前期书仪》：“何名六礼？雁第一，羊第二，酒第三，黄白米第四，玄纁第五，束帛第六。”婚礼用“羊”解释为：“汉末之后然始用。羊羔在母腹下胡跪饮乳之志。妇人产子，彼有恭敬之心，是故婚礼用羊。”而且羊“须用丝作笼头，槌栓覆之，三寸版子系着角门，题云礼羊”①。杜佑在《通典》中引《百官六礼辞》，列举了30种礼物，其中就有羊。杜羊的意义在于“羊者祥也，群而不党”②。

宋元时期，羊的聘礼之用从庙堂流向民间。《宋史・礼志》记载了诸王纳妃的情况：“宋朝之制，诸王聘礼，赐女家白金万两。敲门，用羊二十口、酒二十壶、彩四十匹。定礼，羊、酒、彩各加十……纳财……羊五十口，酒五十壶，系羊酒红绢百匹。”③民间有财力者亦如是，插钗之后，往女家报定。富裕之家，“以珠翠、首饰、金器、销金裙褶，及缎匹茶饼，加以双羊牵送，以金瓶酒四樽或八樽”④。关汉卿《窦娥冤》第二折云：“又无羊酒段匹，又无花红财礼；把手为活过日，撒手如同休弃。”⑤羊酒彩礼的有无和品质，自宋元时期开始已经与婚后的生活是否幸福相关联。

明时，由于羊和酒在中国日常生活中的作用，朝廷赏赐时多用，并沿袭宋以来的称谓。赏赐时，将御厨制作的美味羊肉称为“大官羊”，该物由良酝署接收自浙江等处解纳的羊进行饲养，供大官署支用而得名。将朝廷御赐封赏的酒称为“光禄酒”，该酒为粮食酒，因酒瓶由南京光禄寺征收运至北京，或北京光禄寺自制酒具而得名。如明代永乐宣德年间，陈琏诗作中记载：“十瓻初颁光禄酒，八蹄兼赐太官羊。”⑥（《恩赐宝楮四十定绵羊二羫黄封十瓶白粲二斛》）根据《明会典》所载，一二品官员任期考满可获羊、酒等赏赐。《弇山堂别集》卷七十六《赏赉考上・特赐》记载明世宗时期张居正所获赏赐：“今上之赐江陵公张居正，则不一而足。其可考者，……考六年满正，赐羊三只……酒三十瓶；考九年满正，赐羊三只……酒三十瓶；考十五年满正，赐羊十只……酒六十瓶……”⑦嘉靖

---

① 吴丽娱. 敦煌书仪与礼法[M]. 兰州：甘肃教育出版社，2013：290.

② 李湘. 国学经典[M]. 呼和浩特：远方出版社，2006：335.

③ 脱脱，等. 宋史[M]. 北京：中华书局，1977：2735.

④ 吴自牧. 梦粱录[M]. 杭州：浙江人民出版社，1980：186.

⑤ 顾学颉. 元人杂剧选[M]. 北京：人民文学出版社，1956：20.

⑥ 来自古诗词网（https://www.gushici.net/shici/369/369595.html）。

⑦ 贾亿宝，杨永康. 试论明代赏赐活动中的羊酒[J]. 史志学刊，2016(6)：26.

时期,官员温纯考满获赐赋诗《西台满考谢赐羊酒钞锭》,其对封赏羊的过程有所记录:

> 朱衣使者降从天,下拜欢承雨露偏。楮币何缘分内帑,纶音似欲赦前愆。
>
> 委蛇愧乏羔羊节,醉酒深惭饱德篇。不是作霖逢大旱,投醪漫想古人贤。①

明清以后,羊礼在民间,尤其是北方民间的聘礼中更为普遍,直至当代,太行山地区有送羊于外嫁的女儿或孙辈的习俗。除了与羊具有财富意义有关,也与羊自身在历史上的文化内涵有关,例如,在蒙古族的婚礼上,新郎新娘多互赠羊骨,寄寓爱情忠贞。新疆伊犁地区的锡伯族民间还曾有"抢羊骨"的婚俗。男方抢到羊骨寓意新郎勤劳能干,家庭美满幸福;女方抢到羊骨则寓意新娘会持家,家庭和睦兴旺。"羊头敬客"是新疆许多少数民族的习俗,吃饭时先端上熟羊头,羊脸面向客人一方。青海河湟地区的汉族,有跪羊以志哀习俗,取自"羔羊跪乳"的孝顺形象。先辈去世,女儿女婿和直系血亲的甥侄吊唁时以整只羊作为祭奠,而收到的祭羊,羊头面向灵堂,前腿做跪状,以示晚辈的孝子之情。彝族礼仪中,红白喜事只宰杀绵羊,招待客人除宰杀牛外,也以宰杀绵羊作为最高礼节。礼数上,四只绵羊和一头牛的级别是一样的。凉山彝族还有特别的剪羊毛活动,每年的 4 月、8 月和 11 月,分别在彝族祭师选定的吉祥日子里,牧民会提前两三天给绵羊洗澡,再把羊群赶到山坡上去,一边放牧,一边剪羊毛。而一般公羊和骟羊的毛是不能全部剪完的,颈部和臀部的毛都要留着,而母羊和小羊颈部到臀部的毛全部剪完。如彝族谚语所说:"姑娘不美,戴上首饰就美丽;骟羊不美,臀部留着羊毛就美丽。"

礼在中国文化中蕴含并体现了极强的人伦和谐和文化秩序,礼的主体意识与人们的生活息息相关,凭借羊这个符号传递出的礼俗观念,是中华民族传统文化奉献给世界文化的宝贵财富。

---

① 来自古诗词网(https://shici.com.cn/poetry/0x17b9dbde)。

三、中国历史上的掌羊官职与牧羊机构

《周礼》中负责羊的官员主要是掌管祭祀的，最早管理饲养羊的机构是《周礼》中的圉人，“圉人掌养马刍牧之事……职方氏掌天下之图，以掌天下之地，辨其邦国”（《周礼·夏官·大司马》）。圉人掌管放牧，职方氏因地制宜规划牧场。

负责放牧六畜，供给牺牲的是牧人。《周礼·地官·牧人》：“牧人掌牧六牲，而阜蕃其物，以共祭祀之牲牷。”①郑玄注：“六牲谓牛、马、羊、豕、犬、鸡。”②江永曰：“国有祭祀，牧人共之。于王朝，牛入地官牛人、充人及司门；羊入夏官羊人，豕入冬官豕人，犬入秋官犬人而豢于地官之槁人，鸡入春官鸡人，马入夏官圉人。”③

羊人是周朝执掌羊牲和祭祀割牲的官职，其下士二人、史一人、贾二人、徒八人。羊人负责供应羊作为牺牲，祭祀时，牧人将羊交给“羊人”管理，《周礼·夏官·羊人》：“羊人掌羊牲。凡祭祀，饰羔。祭祀，割羊牲，登其首。凡祈珥，共其羊牲。宾客，共其法羊。凡沈、辜、侯禳、衅、积，共其羊牲。若牧人无牲，则受布于司马，使其贾买牲而共之。”④羊人掌管羊牲和祭祀时杀羊的各项事务，在举行祭祀时，羊人需要洗刷羔羊，宰杀羊牲并将羊头献入室中。遇到衅庙礼时，羊人除了供给祭祀所需的羊，还需要根据宾客身份供给羊。

《周礼》中和羊相关的还有庖人、宰，负责宰杀、烹饪羊，《周礼·天官·宰夫》：“凡朝觐、会同、宾客，以牢礼之法，掌其牢礼、委积、膳献、饮食、宾赐之飧牵，与其陈数。”⑤郑玄注：“三牲牛羊豕具为一牢。”“飧，客始至所致礼。”⑥庖人还需掌管在不同季节食用不同的牲肉，《周礼·天官·庖人》：“凡用禽献，春行羔豚，膳膏香。”⑦郑玄注：“用禽献，谓煎和之以献王。”“膏腥，鸡膏也。羔豚，物

---

① 周礼译注[M]. 杨天宇，译注. 上海：上海古籍出版社，2016：246.
② 周礼译注[M]. 杨天宇，译注. 上海：上海古籍出版社，2016：247.
③ 傅亚庶. 中国上古祭祀文化[M]. 长春：东北师范大学出版社，1999：392.
④ 周礼译注[M]. 杨天宇，译注. 上海：上海古籍出版社，2016：574－575.
⑤ 周礼译注[M]. 杨天宇，译注. 上海：上海古籍出版社，2016：58.
⑥ 周礼译注[M]. 杨天宇，译注. 上海：上海古籍出版社，2016：58.
⑦ 周礼译注[M]. 杨天宇，译注. 上海：上海古籍出版社，2016：73.

生而肥。”[①]春季是食用羊羔肉和猪肉的最佳时节。《周礼·天官·食医》:“凡会膳食之宜,牛宜稌,羊宜黍,豕宜稷,犬宜粱,雁宜麦,鱼宜苽。”[②]食用羊肉时搭配黍饭最为相宜。

当羊作为食物呈现在餐桌时,以食为天的中国人,对于食物的应季和饲养有着极为缜密的设计。掌客一职在宴会上根据来客身份分配不同的食物,如《周礼·秋官·掌客》:“掌客掌四方宾客之牢礼、饩、献、饮食之等数,与其政治。王合诸侯而飨礼,则具十有二牢,庶具百物备。诸侯长,十有再献。王巡守、殷国,则国君膳以牲犊,令百官百牲皆具。从者,三公视上公之礼,卿视侯伯之礼,大夫视子男之礼,士视诸侯之卿礼,庶子壹视其大夫之礼。”[③]

春秋战国时期,以铁制农具和牛耕为主要生产手段,通过精耕细作产生集中化程度较高的定耕农业,中原地区以家庭圈养的方式发展以羊为主的畜牧业,从而形成男耕女织的家庭农业自然经济体制。秦朝通过中央集权完成了以领主制封建经济为基础的宗法封建制向宗法郡县制的过渡。小农经济成为主要生产方式的同时,农业文明以华夏族为主体不断融合周边少数民族,形成了以儒家文化为主体的东亚文明圈。

商鞅变法后,针对农业人口数量不足的情况,吸纳三晋之民入秦耕作,并通过徭役赋税减免的策略招诱秦国附近的游牧民族开荒垦殖。周边部分游牧民族由此向农业生产方式转移,促使边境各民族和平稳定和民族融合。除了招募的方式,秦国强大之后,仍然不断向周边的戎狄游牧民族发动战争,通过战争获取的战俘,成为秦国发展必需的劳动力。人口和畜牧数量的增长,极大地促进了产业发展,推动了相关产业结构和官职的调整。

国家层面的牧羊机构出现于汉代,汉代构建了从中央到地方分层管理的体系。中央由太仆的属官——六牧师苑令管理全国的畜牧业。六牧师苑令辖有36所牧师苑,每苑具体由苑监管理,金字塔底层负责饲养的人为啬夫。《汉书》记载:“太仆,秦官,掌舆马,有两丞。属官有大厩、未央、家马三令,各

---

① 十三经注疏·周礼注疏[M].北京:中华书局,1980:138.

② 周礼译注[M].杨天宇,译注.上海:上海古籍出版社,2016:91.

③ 周礼译注[M].杨天宇,译注.上海:上海古籍出版社,2016:775-776.

五丞一尉……”[①]《汉官六种 · 汉旧仪补遗卷上》载:“太仆牧师诸苑三十六所,分布北边、西边、以郎为苑监,官奴婢三万人,分养马三十万头,择取教习给六厩,牛羊无数,以给牺牲。”[②]

汉代在和匈奴的战争中,收缴了大量的羊作为战利品。魏晋时期,太仆寺下设典牧都尉,安排羊牧丞专管羊牧。《汉书 · 匈奴传》:“其与中国殊章服,异习俗,饮食不同,言语不通,辟居北垂寒露之野,逐草随畜,射猎为生,隔以山谷,雍以沙幕,天地所以绝外内也。”[③]作为游牧民族的匈奴,以牛、马、羊为主要饲养品种。与此同时,少数民族纷纷建立自己的政权,成立官营牧场,如后秦姚兴的官营牧场,再如北魏时期的河西牧场,为国家发展提供了充裕的经济基础。北周根据《周礼》中的“羊人”一职设立了“典羊中士”,主管羊牧事宜。北齐则沿袭前朝,在太仆寺下设司羊署,《唐六典》:“北齐太仆寺统左。右牝、驼牛、司羊等署令、丞。”北齐的政治核心主要为六镇流民及关东世族,而六镇流民偏向鲜卑化以及统治者自身的原因,使北齐有鲜明的鲜卑文化,重视农业、畜牧业。

隋朝将司羊署与司牛署合并为牛羊署。牛羊署在唐朝改称典牧署,不仅负责牧羊任务,还负责收纳地方送来的羊只,“羊二十给丁一人”。唐代《厩牧令》对牧羊的组织管理做出相对完善的规定。唐开元年间,陇右监牧羊数量已达到20 万,数量最多时竟有 60 万。

宋在光禄寺下设立牛羊司,并有巡羊使臣、巡羊员僚、巡羊十将等官职,主要负责饲养、供应宫廷祭祀宴请活动中所用的羊。当时饲养规模最大时,养羊数量高达 14 万只。[④] 据《宋会要辑稿》统计,宋代宫廷御宴每年用到1.4—10.22万只羊,遇到重大节日时,一次就会杀掉 3000 只羊。

辽金元等少数民族政权更是以部落形式承担畜牧工作。辽金均设置群牧所,元先承袭群牧所之责,后沿汉制设立太仆寺。元朝建立了“十四道牧地”,“火里秃麻道牧地,元朝十四道牧地之一。世祖忽必烈时期建置,隶太仆寺。典

① 班固.百官公卿表[M]//班固.汉书.北京:中华书局,2007:104.
② 高敏.中国经济通史:魏晋南北朝经济卷[M].上海:上海人民出版社,1996:796.
③ 王文光.王文光民族史论文自选集[M].昆明:云南大学出版社,2016:67－68.
④ 张显运.宋代畜牧业研究[M].北京:中国文史出版社,2009:158.

掌御位下、大斡耳朵马匹。地在贝加尔湖以西，安加拉河、勒拿河上游。以其地居火里（又作豁里）、秃麻（又作秃马惕）部人，故名。太胜忽儿曾执掌其事"①，动辄向皇族派发羊，以10万为数。

明代承袭太仆寺，其出于军事目的重视马政，太仆寺的职责重在牧马，牧羊相比之下只是附属，甚至是负担，对此朱元璋曾减免牧民牧羊劳役，赦免牧民因生活所困私自出售羊只之罪："太仆寺左少卿祝孟献奏：'……留守等卫又令上元、江宁马户牧养官羊，间有私易羊者，法司逮治其罪，当谪云南。'……上曰：'既令养马，责其课驹，又令牧羊，是重其役也。宜免其牧羊，其易羊之罪，悉宥勿问。'"②光禄寺作为执掌朝廷物品消耗的管理机构，负责羊等其他物资的封赏、调拨等。但是到了明中后期，由朝廷直接赏赐的羊经光禄寺提供，而致仕官员、使臣等人所获的羊经朝廷批准，由受赏者所在地布政司提供。

此外，明初藩王府也承担部分官羊的牧羊职能，但是伴随中央集权制的强化，为朝廷牧羊这一职能被剥夺，只有一些自用羊得以存留。仅此也受到中央集权制的忌惮，如当时的陕西虽然没有连绵的大型草场，但是秦地河流纵横，山地交错，适合羊群的散养。朱元璋曾敕谕其次子，即秦地藩王朱樉"潼关西，凤翔东，沿河滩地牧马，高原山坡牧羊"。朱樉发展牧业，以此为契机中饱私囊，引得朱元璋心有不悦：

> 草场内羊见十五万有余，又听信库官人等将库内烂钞于民间强买羊只，却回街上货卖。又军人每五家散羊一只，要新钞七贯。③
>
> 每年剪下羊毛差人骑坐驿马，起百姓车辆装载，于河南、凤翔、凤阳、扬州等处货卖。④
>
> 将库内烂钞于民间买羊来卖，有同商贾，岂王所为？……尔本府每岁剪下羊毛，不下百十余万。若将此等羊毛，捍成毡衫毡袄，散与军

---

① 高文德. 中国少数民族史大辞典[M]. 长春：吉林教育出版社，1995：395.

② 明太祖实录[M]. 台北："中央研究院历史语言研究所"，1962：5861.

③ 张德信. 太祖皇帝钦录及其发现与研究辑录[M]//朱诚如，王天有. 明清论丛：第6辑. 北京：紫禁城出版社，2005：84.

④ 田培栋. 陕西社会经济史[M]. 西安：三秦出版社，2016：384.

士御寒过冬,其军士岂不感恩思报?[①]

进入清朝,内务府下设庆丰司,主管牛羊的饲养和放牧。清初名为三旗牛羊群牧处,乾隆年间,太常寺的牺牲所亦并入内务府庆丰司。由值年大臣执掌,下设郎中、员外郎、主事、委属主事、笔帖式,分别掌管司内各项事务。所属京内牛羊圈由厩长、厩副、厩丁管理,京外张家口外牧场设管理三旗牛羊群都统兼总管一人,下设小总管、副总管、协领等,口外牧群由牧长、牧副、牧丁等管理。盛京牧场由盛京将军管理,打牲乌拉牧场则由打牲乌拉总管管理。另设置了防御、骁骑校、护军校、护军等保护牧场安全。[②] 庆丰司在京城、张家口外的察哈尔、东北的盛京、打牲乌拉等地设有牛羊牧场。清廷养羊除了食用肉、奶,还用于祭祀和聘礼,如奉先殿遇上圣诞忌辰及清明、端阳、重阳、霜降等四节致祭,每次供羊 2 只。皇子婚礼,成婚用羊 45 只,合卺用羊 5 只。

在漫长的历史中,羊作为一个符号,即便是周边民族的牧羊官职,也是主体承袭汉制,做出因地制宜的调整,这是中华民族变迁的一个缩影,印证着历史的沧海桑田与点滴变迁。

① 张德信.太祖皇帝饮录及其发现与研究辑录[M]//朱诚知,王天有.明清论丛:第 6 辑.北京:紫禁城出版社,2005:96.

② 徐莉.专为皇帝饲养牛羊的机构:清朝内务府庆丰司[J].中国档案,2014(11):79.

第三章 风发泉涌：产业流播语境下的羊

在中国的产业发展史上，畜牧业生产的单一性与不稳定性，使之对农业有更大的依赖性，农业也需要畜牧产品来丰富生产的多样性。农业和畜牧业两大经济体系相互依存，相互渗透，在中国传统经济上形成互补。例如游牧民族带来的新经济、新文化推动中原民族经济、文化的整合发展，扩大并巩固中国的疆域。

羊在中国涉及的产业横跨农业和畜牧业，以羊为出发点，不仅可以纵览中原农业生产区和少数民族牧业生产区的产业互动，还可以审视丝绸之路沿线产业流播的方式。

一、"六畜"与农业文明

羊作为"六畜"之一，属于人类最早驯化的动物，在一定程度上可以被看作农业文明的符号，所谓"五谷丰登，六畜兴旺"，六畜是中国传统农业社会重要的物质基础。关于六畜的说法，一是从文献的角度而言，《周礼·天官·庖人》中有"掌共六畜、六兽、六禽，辨其名物"的记载。郑玄注曰："六畜，六牲也。""始养之曰畜，将用之曰牲。"①后来牲畜或畜牲联用，泛指家畜。《左传·昭公二十五年》："为六畜、五牲、三牺，以奉五味。"②杜预注曰："马、牛、羊、鸡、犬、豕。"宋王应麟《三字经》："马牛羊，鸡犬豕。此六畜，人所饲。"六畜在农业社会的共同点在于，都是经过驯养可以服务于人类社会的物种，而每一个物种又承担不同的功能，马用于交通运输，牛可以耕种，羊在祭祀中大量使用，鸡司晨报晓，犬看家护院，猪则宴飨民众。

---

① 十三经注疏·周礼注疏[M]. 北京：中华书局，1957：136.

② 左丘明. 左传[M]. 蒋冀骋，点校. 长沙：岳麓书社，2006：298.

二是从中国神话解读,以羊为代表的“六畜”源于人类在社会实践中的探索,中国早期神话说:“却说太昊伏羲氏,成纪人也……身长一丈六尺,首若蛇形。生有圣德,人民感戴,推之为君……又教民养马、牛、羊、鸡、犬、豕六畜。”[①]此后,炎帝作为农耕文明的开拓者,为解决食物短缺问题,历经千辛万苦,取得种植谷物的经验,开始了最初的农耕文明。炎帝神农氏发明耒耜等农业生产工具,首创种植业。班固《白虎通·五行》:“其帝炎帝者,太阳也。”另外,炎帝姜姓部落又是羊图腾崇拜,“姜”与“羊”字形和音韵相似。羊在中原地区的农业生产中占据重要地位,“三皇”中以农业生产方式为代表的伏羲、神农氏最早都以“羊”为部落图腾,《夏小正》中有通过羊记录农事的记载:“二月:羊盖非其子而后养之,善养而记之也。或曰:夏有煮祭,祭也者用羔。是时也,不足喜乐,喜羔之为生也而记之,与羊牛腹时也。”[②]“三月:羚羊。羊有相还之时,其类羚羚然,记变尔。或曰:羚,羝也。”[③]孔子发现《夏小正》之前,它在民间流传了几千年,正如我们今天农谚的流传一样,不仅证明夏朝时中国就已经有了养羊产业,也说明羊和农业生产关系密切。

在一定程度上,羊不仅是畜牧业的主要内容,还与农耕文明密切相关。此外,历代有关羊的传说很多,如传说教先民种植庄稼的后稷也与羊有关,其母姜嫄生下后稷曾将其遗弃在陋巷,幸有牛羊自动前来哺乳,后稷才得以生存。这些说法影响中国的民俗生活,羊为六畜之一,中国年俗中,正月初一鸡日,初二狗日,初三羊日,初四猪日,初五牛日,初六马日,六畜排完了,才轮到初七“人日”。在这个顺序中,物质生产是人类繁衍的必要条件。这一思想如《诗经·小雅·无羊》中借助羊表示农业生活:

谁谓尔无羊?三百维群。谁谓尔无牛?九十其犉。尔羊来思,其角濈濈。尔牛来思,其耳湿湿。

或降于阿,或饮于池,或寝或讹。尔牧来思,何蓑何笠,或负其餱。三十维物,尔牲则具。

尔牧来思,以薪以蒸,以雌以雄。尔羊来思,矜矜兢兢,不骞不崩。

---

① 吕抚,等. 历代兴衰演义[M]. 北京:中国文联出版公司,1998:11-12.

② 顾凤藻. 夏小正经传集解[M]. 北京:商务印书馆,1936:6.

③ 顾凤藻. 夏小正经传集解[M]. 北京:商务印书馆,1936:8-9.

麾之以肱,毕来既升。

牧人乃梦,众维鱼矣,旐维旟矣,大人占之;众维鱼矣,实维丰年;旐维旟矣,室家溱溱。①

又如,《诗经·王风·君子于役》曰:

君子于役,不知其期。曷至哉?鸡栖于埘。日之夕矣,羊牛下来。君子于役,如之何勿思!

君子于役,不日不月。曷其有佸?鸡栖于桀。日之夕矣,羊牛下括。君子于役,苟无饥渴?②

文化具有整合社会的功能,是民族的重要标志,一个民族共同体的稳定需要共同的民族文化维系。商朝末年,周武王联合羌、蜀等其他族群共同伐商。建立政权后,对外通过分封功臣、血缘宗亲,团结周围族群维护统治。对内则通过文化认同的建构实现族群的融合,不同的族群基本不属于同一血缘亲族,但却可以属于同一文化系统。相同信仰的人通过认同实现文化融合。在这个过程中,羊作为基本的生产资料,可用度极高,羊肉可食,羊毛可保暖,羊汤可御寒。因此,在农业生产中,羊更多的时候是财富的象征,在历代文献中,与羊相关的典故也多从这一方面进行阐释,在此列举几处:

"羊酒不均,驷马奔镇"意为处事不公,人们就会离心离德散去。《金瓶梅》第九十五回:"常言道:溺爱者不明,贪得者无厌。羊酒不均,驷马奔镇;处家不正,奴婢抱怨。"③

"千羊之皮不如一狐之腋"意为千人易得,一贤难求。汉司马迁《史记·赵世家》:"赵简子有臣曰周舍,好直谏。周舍死,简子每听朝,常不悦,大夫请罪。简子曰:'大夫无罪。吾闻千羊之皮不如一狐之腋。诸大夫朝,徒闻唯唯,不闻周舍之鄂鄂,是以忧也。'"④

"羊肉不曾吃,空惹一身膻"比喻做某件事没得到好处,反而招来麻烦。清

① 诗经:下[M].陈戍国,导读、校注.长沙:岳麓书社,2019:232.

② 诗经:下[M].陈戍国,导读、校注.长沙:岳麓书社,2019:81.

③ 何学威.中国古代谚语词典[M].长沙:湖南出版社,1991:266.

④ 司马迁.赵世家第十三[M]//司马迁.史记.北京:中华书局,2013:2148.

代吴敬梓《儒林外史》第五十二回："我也想一分八厘行息，我还有几厘的利钱。他若是要二分开外，我就是'羊肉不曾吃，空惹一身膻'。"①

"羊毛出在羊身上"，清李宝嘉《官场现形记》第二十七回："凡事总要大化小，小化无。羊毛出在羊身上，等姓贾的再出两个，把这件事平平安安过去，不就结了吗。"②

"羊羹虽美，众口难调"比喻不容易使所有的人都满意。宋释普济《五灯会元·庐山开先善暹禅师》："僧问：'一雨所润，为什么万木不同？'师曰：'羊羹虽美，众口难调。'"③

农业是中国传统社会的主要经济部门，原始社会到春秋战国时期是农业文明的起步阶段。农业也是绝大多数陆地国家早期文明的最主要形态，要提高农业文明，就必须有意识地增强劳动生产力和扩大耕地面积。中原地区自春秋战国时期，就以铁制农具和牛耕为主要生产手段，推动精耕细作集中化的定耕农业发展，这种在自然生产基础上形成的以家庭为农业单位的自然经济，奠定了中国社会发展的基础。战国以迄南北朝，是我国封建地主经济制度的形成发展时期。尤其是秦以中央集权制横扫六国，完成宗法郡县制社会的过渡，形成地主制小农经济，为中国千年来高效、集权的政体奠定根基。汉代是农业文明发展的一个过渡阶段，铁器的广泛使用对中原和周边民族地区的生产方式产生影响，封建地主制度逐步完善。一次次的发展维持着中国数千年农业社会结构的稳定。与此同时，中华农业文明以华夏为主体不断融合周边少数民族，逐步形成了以儒家文化为主体的华夏文明圈。整个历史演变过程，带来的影响是两方面的：

一是在核心—边缘的政治环境下，农业定居这种生产生活方式从农业中心地带逐渐向外传播，如魏晋南北朝时期，一些游牧民族军队进入中原，迫使中原人口大量南迁，中原地区的地主制生产关系随即拓展到长江以南，从地理上跨越了自然环境差异所造成的农牧业壁垒，融入农耕文化的核心区域。北方少数民族政权以军事力量入主中原以后，出于治理需要，无一例外地接受以儒家价值观为核心的中原文化传统，并构建一套与之相适应的政治制度和文化体系。

---

① 张鲁原. 中华古谚语大辞典[M]. 上海：上海大学出版社，2011：323.

② 李宝嘉. 官场现形记：注释本[M]. 高书平，注. 武汉：崇文书局，2015：279.

③ 张鲁原. 中华古谚语大辞典[M]. 上海：上海大学出版社，2011：323.

与此同时,北方的游牧民族很快接受了相对先进的地主制生产关系。因此,北方地区经济往往在战争结束后得到较快复苏,民族关系也因农耕化而融合。再如北宋末年的民族大迁徙,在空间上获得更大融合的同时,农耕文化持续向周边地区辐射。宋元时期,农耕区与游牧区对垒,文化交流的多样性使民族交流日趋频繁。纵观中国历史上的民族关系,一直保持在以儒家文化为中心的融合互动中。

二是封闭的地理环境使传统的农业文明独立发展成为可能,在这个相对封闭的空间中,由于幅员辽阔、生产资源丰富,即使与周边游牧民族有矛盾或冲突,整个庞大的文明体系也能够自我调节,不断融合扩散。而家庭作为中国传统社会自给自足生产样式的微观社会经济单位,尽管在天灾人祸面前极其脆弱,但由于其结构简单、易于复制,有很强的再生性,维系了社会结构的稳定。大一统思想构成中华文化的主流,同时在发展过程中兼容各民族的不同文化特点。在内外双重作用下,中国传统的农业社会形成稳定并不断进行自我调节的系统。

二、羊与中国牧业发展

羊是地球上最古老的动物之一,已经繁衍数万年之久。生物地理学研究认为羊是最早的驯化动物,伊拉克和伊朗之间的扎格罗斯(Zagros)山脉及其附近地区可能是人类山羊和绵羊的最早驯化地,而西亚地区大约在一万年前已经出现山羊放养现象。羊在西亚地区由野山羊驯化后,经欧亚草原向东传播,传入中国西北地区后,经河西走廊继续向东传播至中原地区,后逐渐在中国境内广泛传播。家羊在中国北方地区最早出现于甘肃天水师赵村遗址。师赵村遗址中齐家文化层考古发掘出羊的骨骼。羊的大规模出现和传播,促进相关地区产业变革,包括驯化豢养技术、草原养护与培育技术。中国南部产羊较北方少,尤其是内蒙古、新疆等地有天然牧场,因此产羊量较大。其他省份,如陕西、甘肃、宁夏、山西等,也是我国的产羊大省。与这种地理环境相关的是,在统一的多民族国家形成过程中,中原地区以农耕文明为主,养羊亦以圈养为主,由于羊的食草性以及资源的限制,农耕区养羊数量较小;边疆游牧民族以畜牧为主,平原地区圈养而山地放养,且数量庞大。同州地区(今陕西大荔县)草地丰盛,水源含矿物质,因沙苑羊闻名,苏轼《澄怀录》谓:“蒸烂同州羊,灌以杏酪,食之以匕,不以箸,亦大快事。"[①]陕西北部和山西地区是近500年的牧羊业中心。如《敕勒歌》中描述的宏大场景:"敕勒川,阴山下,天似穹庐,笼盖四野。天苍苍,野茫茫,风吹草低见牛羊。"

春秋末期,范蠡欲弃政从商,咨询陶朱公如何经营,陶朱公回答:"子欲速富,当畜五牸。"畜五牸,是财富的象征,更是致富途径,而且显然比通过农业生产推动经济发展更有效。

汉代卜式,牧羊致富,在上林苑中专为武帝牧羊。《汉书·卜式传》记载:"初式不愿为郎,上曰:'吾有羊在上林中,欲令子牧之。'式既为郎,布衣草蹻而牧羊。岁余,羊肥息。上过其羊所,善之。"[②]卜式总结的养羊方法,被后人称为卜氏养羊法。卜式致富后上书,愿捐一半家财以助边防军需,又助济贫民,受赐为御史大夫。笔者认为,在中国历史上,政治与财富的关系与家国一体观念是相关的。

位于河西走廊的敦煌,气候干旱少雨,草多林少的特征使其成为天然牧场。自汉代,敦煌地区成为军事重镇,国家配以人和财物,利用自身地理优势,开始发展牧业。目前出土的敦煌文献中,有30余份与牧羊业有关。文献中涉及的羊有白羊和黑羊之分,有母羊、羝羊(公羊)和羯羊(被阉割的公羊)之别;而在年龄划分的方式上,则是以牙齿的状态分为羊羔、二齿、四齿、六齿等。这种判定方式影响至今,在现在的牧区依然有"一岁始换牙,两岁一对牙,三岁两对牙,四岁三对牙,五齐、六平、七斜掉一牙"这样判定羊龄的方法。牧羊业延续至今,肉羊养殖产业依然是敦煌地区农业增效、农民增收的富民产业。

叶舒宪等学者研究证明,早在张骞出使西域之前的青铜时代,在东西两个文明板块之间已经有了比较畅通的"玉石之路"。绵羊与山羊,棉花、葡萄、西瓜、胡萝卜、胡椒等农作物,以及青铜、黄金、玉石等通过西域传入中国内地。中原的丝绸、瓷器等亦通过草原通道传到西域,甚至是西方。在通过丝绸之路长期交往过程中,沿线民族逐渐开始从事商业,关于羊的交易必不可少。元代后期朝鲜王朝正祖时期出版的中国语会话书《老乞大》中,呈现了元朝羊只交易的场景,并且可以看出当时山羊的价格是比不上绵羊的:

① 中国历史大辞典·科技史卷编纂委员会.中国历史大辞典·科技史卷[M].上海:上海辞书出版社,2000:272.

② 班固.汉书[M].北京:中华书局,2007:590.

……一个客人赶着一群羊过来。伴当,你这羊卖么。可知卖里。你要买时。咱们商量。这个羝羊、臊胡羊、羯羊、羖攊羔児、母羖攊,都通要多少价钱。我通要六定钞。量这些羊,索这般高价钱。好绵羊却卖多少?索的是虚,还的是实。你与多少?你这般胡索价钱,我那些个还呵。是你道的,是者那般者减了半定者。你来,你休减了半定。我老实价钱,则一句儿还你,我与你四定钞,肯时卖你,不肯时赶将去休。四定你更添半定。卖与你。添不得。肯时肯。不肯时罢。我是快性。捡好钞来。临晚也。贱合杀卖与你……①

羊生活在各种极端的自然环境中,牧羊成本在当下依然是庞大的,需要广袤的土地放牧,内蒙古的新巴尔虎右旗,20 亩地才能养活一只羊,300—400 只羊才能供养一个五口之家,因此一个牧民家庭需要 6000—8000 亩地。② 明以来,伴随社会经济发展,牧羊和圈羊都开始增加,尤其是北方的陕西、山西和甘肃等地,牧羊已经从肉食过渡为更为庞大的产业链,羊毛制品自用和销售极为普遍。

当然,作为"群"的羊,更容易成为牧业的主要对象,这种特性适应长途迁徙,迎合逐水而居,这种移动性生活方式促使部落之间没有清晰的边界意识。游牧民族无法像农耕民族那样固守一方,需要根据自然变迁进行流动,所谓庐帐而居,随水草畜牧,所考虑的重心不在于土质之膏腴,而是在于在逐水而居、随畜而移的生产方式中获得肉、乳等食物资源和皮毛等生活资源。但是游牧的局限性在于受制于自然环境的季节性转变,并且难以获得大规模的畜群。而畜牧业相对固定的生产场所,给粮草储存提供稳定空间,使得大规模的圈养得以实现。

三、农业与畜牧业的互动

人类通过对火和生产工具的掌握,提高在自然界的生存能力的同时,促进社会分工,农耕、畜牧、养殖和手工业逐渐成为人类社会主要的生产方式,并产

① 高启安."羖羊"及敦煌羊只饲牧方式论考[J].西北民族大学学报(哲学社会科学版),2013(2):41.

② 王明珂.游牧者的抉择[M].上海:上海人民出版社,2018:26.

生原始的社会组织方式。人类在自然界面前趋利避害,不同族群之间互换生产生活资料,继而在分配和交换过程中形成社会规范、推动产业流播。

中国东部为农业区,人口相对集中,西部主要是草原游牧区,人口相对稀疏。农耕与游牧产业的划分并非绝对,在中国历史上,鲜有单一的经济样式,即便是最早活动于中国北方的游牧民族匈奴,自古被称为"鬼方""猃狁"等,也仅是"始见于战国"。匈奴并非开始就是游牧民族,其从内蒙古大青山一带逐步向漠北迁移,而考古发现大青山以南的套北地区以及鄂尔多斯的东部、土默特平原一带的遗迹中除了农用器具,还出现家畜尤其是羊的骨骼,说明早期匈奴采用养殖的生存方式,亦有可能早期匈奴从事农业,由于气候变化导致部落迁徙后,出现农业生产和牧业生产相混合的形式,直至"专化游牧"。商以来,畜牧业和农业并行发展,才出现真正意义上的"六畜兴旺""五谷丰登"的社会生产局面。

农耕地区和游牧地区的主要矛盾在于生产方式的不同导致行为范式出现差异,《史记》在评价匈奴和汉族家庭伦理的差异时,归结于生产方式的区别:

> 汉使或言曰:"匈奴俗贱老。"中行说穷汉使曰:"而汉俗屯戍从军当发者,其老亲岂有不自脱温厚肥美以赍送饮食行戍乎?"汉使曰:"然。"中行说曰:"匈奴明以战攻为事,其老弱不能斗,故以其肥美饮食壮健者,盖以自为守卫,如此父子各得久相保,何以言匈奴轻老也?"汉使曰:"匈奴父子乃同穹庐而卧。父死,妻其后母;兄弟死,尽取其妻妻之。无冠带之饰,阙庭之礼。"中行说曰:"匈奴之俗,人食畜肉,饮其汁,衣其皮;畜食草饮水,随时转移。故其急则人习骑射,宽则人乐无事,其约束轻,易行也。君臣简易,一国之政犹一身也。父子兄弟死,取其妻妻之,恶种姓之失也。故匈奴虽乱,必立宗种。今中国虽详不取其父兄之妻,亲属益疏则相杀,至乃易姓,皆从此类。且礼义之敝,上下交怨望,而室屋之极,生力必屈。夫力耕桑以求衣食,筑城郭以自备,故其民急则不习战功,缓则罢于作业。嗟土室之人,顾无多辞令,喋喋而佔佔,冠固何当?"①

① 司马迁.匈奴列传[M]//司马迁.史记.北京:中华书局,2013:3483.

地主制小农经济自东周时期逐步形成。基于家庭成员简单协作的自给自足的生产方式具有高度的封闭性,家庭成为中国传统社会经济结构的基础。这种简单的排斥社会分工的经济结构的脆弱性显而易见,但是由于容易复制、重构,每逢天灾人祸,可维系社会经济功能不变,导致中国传统农业社会系统周期性停滞发展,就此形成的社会结构有家—宗族—国家这样的宗法关系。家国天下,家国一体,民间由家而形成的宗族具有重要的教化及社会控制与管理职能,官方则有官僚机构承袭严格的等级体制。

在处理统治权限内部事务时,遵循事君如事父的伦理原则,对维护小农经济和儒家思想具有调节作用。在丝绸之路沿线民族关系的处理上,如南北朝、五代十国、两宋夏金辽、元和明末等各个时期周边民族入侵中原时,一方面是经济社会文化受挫,另一方面是每次经济重启后带来文明的交流,促使士农工商各方面发展。

中国北有大兴安岭、小兴安岭、黑龙江、阿尔泰山等,南临太平洋,西南为天山、昆仑山、喜马拉雅山等。相对封闭的地理环境使中华农业文明独立发展成为可能。封闭的空间中幅员辽阔的地理条件,使得中原农耕文明面对周边少数民族的冲击,也足以自我调节持续发展。南北朝时期,游牧少数民族进入中原,迫使地主和农民大量南迁,这种生产关系随之迁至长江以南。少数民族也因此较快地接受了更为先进的生产关系。这就不难理解,为什么北方地区战乱频发,但是仍可以较快恢复。

由于中国牧区独特的地理环境,自然资源无法满足日益增长的人口需求,游牧民族就会向中原地区进犯,他们"渐慕华风",促使中华民族"滚雪球"式地扩容。正如爱德华·霍尔在《沉默的语言》中提出的:"文化即传播,传播即文化。"另一方面,受自然环境的限制,历史上维系传统经营模式的牧区多分散居住,于是构成部落、宗族、家庭的社会结构,鲜有部落能有雄厚的实力独立发展,但是牧业发展导致水、草资源的争夺,部落之间也会通过对抗、掠夺、战争等形式完成部落的聚合。值得玩味的是,这种聚合通常是为了抵御外侮的松散体,当外在威胁消解后,聚合体仍会回复到各自为政的状态,始终缺乏政治或军事上的"权威"。从匈奴至蒙古,聚合成庞大帝国,完成与中原文明的交互。这种趋势和游牧部族所处的环境极大相关,越是封闭、远离中原的地区,这种情况就越突出。这也能从另一个方面解释,在漫长的中国历史上,周边民族为何难以和中原政权分庭抗礼。

对游牧民族而言,无羊不成牧,羊的繁殖和广泛使用,确保牧民能够进行移牧生活。游牧民族的生产方式决定其根据部落盛衰、战争胜负、自然天灾等因素移动,迁徙至数十里或数千里之外。如影响历史进程的北匈奴西迁,历时300余年,被欧洲人称为“上帝之鞭”。

羊是游牧文明的灵魂载体与核心标志。羊是适应高原山地、平原地区、草原地区自然环境的食草动物,最早被驯养、驯化,并改变了人与自然间的绝对依赖的供给关系,使人类从攫取性原始生活方式过渡到以畜牧业经济为主的游牧文明。

农耕经济,男耕女织,靠天吃饭,自给自足。游牧经济更依赖于气候、植被和水源,内蒙古草原地区的牧民,会根据不同季节草场的生长状态,将草场分为春夏秋冬四个营盘,在不同季节吆赶着牛羊放牧。这背后朴素的生态主义色彩在于,牧民需要为来年的生活谋划,所以不会竭泽而渔,穷尽一个草场的资源。

历史上对游牧文明的偏见主要源于对生产方式的误读,在所谓“人定胜天”观念的影响下,认为游牧生产方式只能顺应自然、服从环境,而不能改造自然。埃及学者艾哈迈德·爱敏在评述游牧的阿拉伯人时说:“阿拉伯人的文化较邻族落后,这是事实。他们仍然过着部落的游牧生活……他们只知听候天时地利的支配;雨水好,就游牧而生,否则只好听天由命。这样的生活,绝不能致人类于文明进化之境,只有先安定了生活,然后动脑筋来改善生活,人类才会进化到文明的阶段。”①

通过丝绸之路,中原和少数民族的各种互动方式加强,农耕和游牧的边界逐渐模糊,如钱穆将人类文化分为发源于高寒的草原地带的游牧文化、发源于河流灌溉的平原的农耕文化、发源于滨海地带以及近海之岛屿的商业文化。笔者以为,研究历史或民族关系,不能站在中原的立场上思考,将少数民族地区文化评价为“落后”。文化的比较是为了交流而非优劣之争。农业文明的自给自足性,决定其保守的特点,而游牧文化和商业文化则是一种流动性的文化。中国历史上的游牧民族主要是阿尔泰语系的匈奴、鲜卑、柔然、突厥、回鹘、契丹、蒙古等,虽然在语言、地缘方面存在差异,但在生产方式和文化心理上却相互融合,形成很多共同传统,如以族兵制及十进制为主的军事化社会组织,自然崇

① 爱敏.阿拉伯伊斯兰文化史:第1册[M].北京:商务印书馆,2019:8.

拜、天地祭祀的精神信仰等。

对中国而言,历史学界在研究农耕与游牧的差异时,多以长城为边界,长城主体修建在农业生产和游牧生产交界或者交互的地区,很长时间以来,被视为中原地区抵挡游牧民族的屏障。而长城的战略作用,其实与游牧民族的活动方式直接相关,游牧民族多被视为“马背上的民族”,驱赶牲畜,逐水而居,人可以翻越城墙,攻城略地。牲畜被隔离在长城之外,人可以移动,但是生产方式却不能移动。游牧经济的另一个问题是,自身相对脆弱,由于对自然的绝对依赖,各种自然灾难都有可能将这一单纯的生产方式逼上绝境,因此与中原地区的交往在历史上呈现出强烈的攻击性,需要不断地通过交易或战争掠取生活资源。

受土地和资源限制,羊在中原地区多是放牧和饲料混合式饲养,因此丰富了农业的多样性。游牧是比农业更原始和传统的生产方式,而边疆地区主要以放牧为主,逐水而居,最终促进了游牧民族的构建。“往往而聚者百有余戎,然莫能相一。”①游牧民族逐水而居,草原难以满足人口增长和畜牧业发展的需求,于是边疆向中原发动掠夺性战争。历史上,由于王朝自身的封闭或者战略的选择,出现了和周边民族的被动融合。

民族生活方式的变动必然引起民族文化的变动,甚至是重塑。中国华夏农业文明借助丝绸之路与沿线民族文明长期互动。东周时期,匈奴人趁中原诸侯混战、周室衰落,统一大漠各游牧部落,以阴山为中心,与相邻的诸侯国交往。秦汉通过战争、和亲、贸易互通有无。魏晋南北朝时期,大量游牧民族趁汉末中原内乱南迁,促进了民族融和。中国文化中注入了多元性的民族文化。唐代形成以中国为中心的东亚文化圈,日本、高句丽、新罗、百济等借助海上丝绸之路向大唐学习,突厥、回鹘、吐谷浑等丝绸之路沿线民族在与唐朝互动的基础上积极汲取中华文化。

特别值得一提的是,外来文化此起彼伏,但中原地区始终保持自己文化的核心部分,维系文化独立性。就文化交流而言,认为文明总是由高级文化区向低级文化区传播的观点是偏颇的,中国历史上外来文明的输入不仅扩大了文化的包容性,更丰富了文明的内涵。如美国学者劳费尔所说:“中国人是熟思,通

---

① 司马迁.史记全本新注:全五册[M].张大可,注释.武汉:华中科技大学出版社,2020:1931.

达事理，心胸开豁的民族，向来乐于接受外人所能提供的好事物。”伴随丝绸之路文明往来，异质文化之间相互影响，并根据自身社会条件进行扬弃，或在中华民族共同体的范畴内相互包容。正是由于中国文化的稳定性源于其包容性，丝绸之路沿线文明互动与华夏文化内部整合，为文明注入了多元化的文化基因，使得农业文明和周边少数民族文化融合，推动中国历史一路向前。

第四章　睹微知著：民族交往与多元共同体的建立

中华民族的形成是历史的产物，是在同一空间下长时间地进行社会活动，并建立密不可分的经济文化联系，从而产生凝聚力和民族认同感的过程。幅员辽阔的中华文化共同体是在数千年的历史演进中逐步形成的。在这个过程中，中原农耕经济与游牧经济互补，华夏文化与周边民族文化交流融合，呈现出相互促进的历史轨迹。

以黄帝为首的部落联盟先后战胜了以炎帝为首的西方部落联盟和以蚩尤为首的东夷部落联盟，奠定了华夏的基础。夏商周时期，黄河中下游各部族通过战争实现了民族融合，最终秦灭六国一统天下，并北逐匈奴，西服西南夷，南降百越，统一疆域，完成大一统的多民族国家建构。汉朝时期，中国统一的多民族国家疆域基本奠定，汉高祖时，为消除匈奴侵扰，签订和亲协议，并承诺“岁奉匈奴絮缯酒米食物各有数”，促进了中原与匈奴的经济文化交流。文景期间在保持和亲政策的同时，鼓励与西域各国进行贸易往来。汉武帝时，派张骞两次出使西域，与西域各国建立了友好关系。另一方面，设置西域都护府，使广大西域地区成为汉的一部分。而匈奴也将游牧文化向中原渗透，实现了中原文化与少数民族文化的交流与融合。

经过三国魏晋南北朝的分裂与统一，民族交往日益密切，隋唐作为中国封建社会繁荣强盛的时期，西边突厥及薛延陀，东北契丹、室韦、靺鞨，北方铁勒诸部，西方西域诸国，先后臣服于唐。唐分别设置安东、安北、单于、北庭、安西、安南等都护府管辖，分隶于河北、关内、陇右、岭南四道。与此同时，继续扩大与西方交往的范围，拓宽与中西亚各国的贸易渠道，来自西域的各种元素，如胡乐、胡服、胡食在中原地区盛行，各地留学生聚集，各地文化融合。尤为重要的是，海上丝绸之路的发展对宗教文化交流产生重要影响，佛教、伊斯兰教、景教、摩尼教在这一时期传入中国，而中国的道教和民间信仰也传入东亚、东南亚各国。

宋、辽、金、元时期经历民族兴衰并建立统一帝国，设立乌斯藏行宣政院，西藏地区正式被列入中原王朝的行政区划。

明清时期，郑和七次下西洋，打通了从中国到东非的航路，将亚非的广阔海域连接起来，增进了中国与亚非各国的联系与交流。清朝茶马古道则与西南丝绸之路相接，马帮为中原、西南、印缅文化的交流创造了条件。而通过海上丝绸之路，中国主导的茶叶、丝绸和瓷器贸易，促进了中国与欧洲国家往来。雍正评价曰："中国之一统，始于秦，塞外之一统，始于元，而极盛于我朝。"①与此同时，不难发现中原王朝强盛统一的时期，通常是丝绸之路畅通，中原与周边及西域经济文化交流兴盛的时期，而中原王朝分裂割据时，则是周边各族势力强大，割据一方，阻塞丝绸之路时。

"驼铃古道丝绸路，胡马犹闻唐汉风。"丝绸之路是中国历史上民族交流、人心沟通的桥梁，通过关市、岁赐、战争与朝贡体系，民族间形成水乳交融的中华民族多元一体格局。

一、中华民族共同体的构建

古代中国没有十分清晰的国家边界意识，所谓"中国"，作为文化共同体的意义远远高于政治架构的意义。与之相应的"天下"作为一个完整的文化体系，不仅仅是一个地域空间概念，还是一种以中华文化为中心的政治秩序，这个体系以朝贡制度和差序格局维系稳定。

在此，需要厘清的一个概念是"中国"。"中国"一词按照目前可考文献，最早出现在1963年出土的西周武王时期文物——青铜器何尊的铭文里："唯武王既克大邑商，则廷告于天，曰：余其宅兹中或，自兹乂民。""中或"就是"中国"。我国古代"国"字作"域"或"邦"解。"中国"就是"中央之域"或"中央之邦"。《诗经·大雅·民劳》中也提到了"中国"："民亦劳止，汔可小康。惠此中国，以绥四方。"这里的"中国"与"四方"相对。当时周人认为自己位于大地的中央，四周的民族被他们称为蛮、夷、戎、狄。在当时，"华夏"也和"中国"一词一样，用于区别四方部落。《左传》中记载了孔子的论述："裔不谋

① 刘源．清代中央政府与蒙古藩部周边传播考［M］．北京：新华出版社，2019：199．

夏,夷不乱华。”因此,“中国”一词原指中原。随着中原不断向边陲扩散,同时边陲不断向中原汇聚,中国所表示的范围也就日益扩大,其意义几同天下。《汉书·陆贾传》中记载了陆贾对刘邦建汉的评价:“统天下,理中国。”自秦汉开始,“中国”逐渐变成正统朝代的指称。如南北朝和宋代,对峙的双方国家都自称“中国”,但各朝代并不把“中国”作为国名使用。直到 1912 年中华民国成立,“中国”才作为“中华民国”的简称正式被使用,其也成为近代国家概念的正式名称。

因此,在中国历史上“中国”是个形容词,而不是一个专有名词。古代各个王朝都没有把“中国”作为正式国名。如汉朝的国号是汉,唐朝的国号是唐,以后建立的王朝国号有宋、辽、金、元、明等,清政府在与外国签订的条约上签署的国名是“大清”。所以历史上出现的“中国”字样,并非我们今天所说所指的中国。

梁启超在《中国史叙论》一文中,将中国民族的形成分为三个时代:“第一上世史。自黄帝以迄秦之一统,是为中国之中国,即中国民族自发达、自争竞、自团结之时代也。……第二中世史。自秦一统后至清代乾隆之末年,是为亚洲之中国,即中国民族与亚洲各民族交涉繁赜、竞争最烈之时代也。……第三近世史。自乾隆末年以至于今日,是为世界之中国,即中国民族合同全亚洲民族,与西人交涉竞争之时代也。”①

中国自古以来的“天下”观念以“中国”为中心,由内向外形成差序格局。最核心的由郡县制度所辖,向外一层则是以册封、羁縻、土司等制度进行统治的边疆区域,第三层是朝贡国,如朝鲜、越南等,最外一层就是尚未开化的蛮夷之地。这种同心圆结构中,距离同心圆越远的区域越野蛮。所谓“内华夏而外夷狄”,如葛兆光所言,古代中国的“华夷 ”观念,至少在战国时代已经形成,也许更早些时候,中国人就在自己的经验与想象中建构了“天下”,他们想象自己所在的地方是世界的中心,也是文明的中心。② 那么文明是什么,处于核心地带的文明是以什么为标准的?在中国历史上,衡量的标准是儒家纲常伦理。

西周时期实行同姓分封,诸侯王族在王畿之外统治疆域,国土之西之北

① 梁启超. 梁启超中国历史研究法 梁启超中国历史研究法补编[M]. 长春:吉林人民出版社,2012:148.

② 葛兆光. 宋代“中国”意识的凸显:关于近世民族主义思想的一个远源[J]. 文史哲,2004(1):5-12.

有玁狁、犬戎、义渠及以羌为主的西戎诸族,此种以周王朝为中心的夷夏观在《礼记·王制》中有所陈述:"中国、戎、夷、五方之民,皆有性也,不可推移。东方曰夷,被发文身,有不火食者矣。南方曰蛮,雕题交趾,有不火食者矣。西方曰戎,被发衣皮,有不粒食者矣。北方曰狄,衣羽毛穴居,有不粒食者矣。中国、夷、蛮、戎、狄,皆有安居,和味,宜服,利用,备器。五方之民,言语不通,嗜欲不同。"①在这个体系中,周王朝居于同心圆的中心,其以农耕为主,疆域辽阔,北至燕山,南到长江,西达河西走廊,东临大海,所及之处,土地肥沃,而周边各族多是长期处于狩猎和游牧状态,被视为化外之民,这种以自我为中心的思想延宕至后世,如何尊铭文中的"中国",商朝王畿卜辞中的"中土"。

西周政权稳定后,除同姓封侯、分封功臣外,对异族也进行分封。如武王伐纣时,尊西南方的庸、蜀、羌等部落首领为"友邦家君",封鬼方首领为"鬼侯",封犬戎首领为"犬侯"等。因此,《吕氏春秋·观世》有"周之所封四百余,服国八百余"之说。

与此同时,西周对待周边民族时因俗而治,设"职方氏"和"象胥"等官职处理中央政权与各族之间的关系。据《礼记·王制》所载,华夏与东夷、西戎、南蛮、北狄"五方之民"共构"天下",由于"五方之民,皆有性也,不可推移",因此需要"修其教不移其俗,齐其政不易其宜"。西周王朝对周边游牧各族的要求是按期纳贡,尊崇西周政权即可。如要服之地的蛮夷每年纳贡一次,六年朝王一次。荒服之地的戎狄要尊周天子为王,其部落首领一世朝见周天子一次。如果出现"不贡""不王"的现象,先通过"修名"与"修德"感化,再考虑刑、伐、征、讨等严苛的手段。例如,朝贡制度是基于周王朝的国力,一旦自身式微,周边民族就会出现叛周、不贡之事。《左传·成公二年》有如下记载:"蛮夷戎狄,不式王命,淫湎毁常,王命伐之,则有献捷。"②蛮、夷、戎、狄不向西周天子臣服进贡,西周随即进行征讨,于是蛮、夷、戎、狄又再次臣服、进贡。西周的政权统治,是在周边民族承认周天子天下共主地位的基础上的朝贡体系,所谓"溥天之下,莫非王土;率土之滨,莫非王臣",这些制夷、联夷和融夷的民族政策,促使各方交流互动,推动庞大政权体系的建立。但是,这种民族问题处理方式也在加深民族矛盾,犬戎侵镐与此有关。甲骨文"夷"皆作"尸","尸"为人屈膝之形,属于溯

① 礼记[M].陈澔,注.金晓东,校点.上海:上海古籍出版社,2016:153.

② 左丘明.左传[M].蒋冀骋,点校.长沙:岳麓书社,2006:129.

其为臣的蔑称。

另外,西周华夏中心意识影响深远,在这一意识影响下,民族保守的一面和与外来文化的隔膜在数千年的发展中逐渐凸显。"异域"这个概念,是近代以来才有的概念。中国传统社会认为自己是世界的中心,世界格局从这个中心以同心圆的形式向外辐射,从民族融合的角度看,所谓中华民族,是由各个民族之间交往互动促成的。由于华夏文明较早地摆脱了蒙昧状态,对周边社会产生一定影响,只要接受了华夏的文化即成为华夏的子民。中国传统社会习惯根据文明的类型来划分民族,华夏以外则被视为夷狄、戎蛮。东周时期,用蛮、夷、戎、狄形容四方民族,《礼记・王制》中谈道:"中国、戎、夷、五方之民,皆有性也,不可推移。东方曰夷,被发文身,有不火食者矣。南方曰蛮,雕题交趾,有不火食者矣。西方曰戎,被发衣皮,有不粒食者矣。北方曰狄,衣羽毛穴居,有不粒食者矣。"①西周东北的民族肃慎长期与周天子保持着友好关系,承认西周天下共主地位,周成王时,周公平定武庚、"三监"、奄和淮夷叛乱,肃慎派使者前来祝贺,成王命荣伯作《贿肃慎之命》以谢。

汉初对内休养生息,对外政策收缩,针对北方边境威胁,采取和亲政策,馈赠财物,"约结和亲,赂遗单于,冀以救安边境"②。武帝时乌维单于评价:"故约,汉常遣翁主,给缯絮食物有品,以和亲,而匈奴亦不复扰边。"③汉用和亲和物质财富换取边境的安定。面对南方边境威胁,承认割据局面、册封土长为王侯和采用通关市等绥抚政策。随后出现"骑羊"的场景,李益《登夏州城观送行人赋得六州胡儿歌》:"六州胡儿六蕃语,十岁骑羊逐沙鼠。沙头牧马孤雁飞,汉军游骑貂锦衣。"贯休《塞上曲二首》:"锦袷胡儿黑如漆,骑羊上冰如箭疾。蒲萄酒白雕腊红,苜蓿根甜沙鼠出。"到汉武帝时,"开广三边",进行了长达 43 年的征战,在北方征讨匈奴,在南方灭两越、服西南夷,置初郡。汉武帝时期的民族政策建立在武力征服之上,采用纳贡、册封少数民族上层、土流并治等政策以维持这些地方的稳定。通过几十年的南征北伐,汉代实现了"华夷一统"的目的,民族矛盾暂时平息,边境形势趋于安定,但也间接导致西汉王朝国力空虚,继任的诸帝调整对外政策,维持巩固汉武帝的既得成果,采取相对和缓的民族

---

① 礼记[M]. 陈澔,注. 金晓东,校点. 上海:上海古籍出版社,2016:153.

② 班固. 汉书[M]. 北京:中华书局,2007:949.

③ 班固. 汉书[M]. 北京:中华书局,2007:930.

政策。

费孝通认为“民族是一个具有共同生活方式的人们共同体,必须和‘非我族类’的外人接触才发生民族的认同,也就是所谓民族意识”①,所谓族群意识是在与其他族群交往过程中形成并逐渐强化的。基于这一意识,完成中华民族共同体的初步建构。

二、贸易与民族交往中的羊

中国是一个相对独立的地理单元,北面戈壁沙漠人烟稀少,西面和南面高山巍峨,东临大海有漫长的海岸线。陆地区域幅员辽阔,几条大河及其支流构成密集的网状结构,历来人们逐水而居,和外界交易以换取生产物资,移动的居住方式更便于经济,尤其是畜牧经济的发展。在这个过程中,各族人民一直保持着各种形式的交流,除了牛羊牲畜和棉花丝绸的直接往来,汉族如滚雪球一样日渐庞大。

汉初国力贫弱,匈奴进攻太原和晋阳时,刘邦率领 32 万人亲征失利,遇白登之围,之后采用刘敬和亲之策,与匈奴结为兄弟,允许开关互市,为西汉和匈奴的交往定下基本的政策。此后通过公主和亲,每年给匈奴一定数量的基本生活用品,双方以长城为界分而治之,准许汉族和匈奴在边境进行集市贸易和交往。这些措施,促进了民族交流和融合。

汉族与匈奴的生存环境不同,这就决定了民族经济样式的差异,也为二者交流提供可能,匈奴游牧经济中的肉、奶、毛皮等物产相对单一,中原农耕区的粮食、茶叶、丝绸等物产丰富,二者存在巨大互补性,匈奴从汉朝获得生产资料,汉朝从匈奴获得牲畜、皮毛。但是二者之间存在必然的贸易逆差,匈奴对汉朝的依赖性更强,因此采用互市、馈赠甚至掠夺等各种方式获取生产资料。司马迁的《史记・匈奴列传》记载匈奴人:“儿能骑羊,引弓射鸟鼠;少长则射狐兔:用为食。士力能弯弓,尽为甲骑。其俗,宽则随畜,因射猎禽兽为生业,急则人习战攻以侵伐,其天性也。其长兵则弓矢,短兵则刀铤。利则进,不利则退,不羞遁走。”②

---

① 费孝通. 美好社会与美美与共:费孝通对现时代的思考[M]. 北京:生活书店出版有限公司,2019:214.

② 司马迁. 匈奴列传[M]//司马迁. 史记. 北京:中华书局,2013:3461.

此后,随着西汉国力的强大和国家政策的改变,汉武帝时期加强对匈奴的防御,以确保河西走廊的安全,保护丝绸之路的畅通。西汉在西域实行了切实有效的民族政策:和亲通好、宽抚厚禄、屯垦戍边、从其国俗等。互市只存在于相对和平时期,战争掠夺间歇性作为替代形式。和亲这一措施对双方相对友好温和,通过与乌孙和亲,将势力深入西域,巩固西汉王朝在西域的统治地位,最终战胜匈奴统一西域,设立西域都护府,使西域正式被纳入西汉版图。

东汉的民族政策及其对于民族关系的处理是,怀柔与羁縻并重,对羌人及南方各族起义进行镇压。《汉官六种 · 汉旧仪补遗卷上》记载:"太仆牧师诸苑三十六所,分布北边、西边、以郎为苑监,官奴婢三万人,分养马三十万头,择取教习给六厩,牛羊无数,以给牺牲。"①张骞出使西域时,汉武帝"拜骞为中郎将,将三百人,马各二匹,牛羊以万数,赍金币帛直数千巨万"②,助其联络西域各族合击匈奴。汉武帝时常惠和匈奴一战俘获羊 60 余万头。

汉朝的民族关系主要是在大一统政权下推行的民族互动,互动的数量和质量由汉朝的民族政策决定。两汉时期作为大一统政权的主体民族汉族形成,这是与其他各民族不断交往与融合的结果,汉族在与匈奴、西域各族、西羌和南方各族的长期交往中,通过政治往来与贸易交流、通好与和亲等方式,建立各民族统一体。

魏晋南北朝时期是中国历史上第二次大分裂大动荡时期,民族矛盾尖锐的同时,民族融合又一次达到高峰。各少数民族纷纷以人口迁移或战争等方式入主中原,建立政权。这个时期的民族关系已不仅是中原政权与边疆少数民族之间的二元关系,而是多民族政权之间的关系。不仅是民族间的文化交流,更是彼此之间的互动与共生。2003 年洛阳偃师县出土的永康元年的西晋墓,陪葬品有包括陶羊在内的各类陶制牲畜和生产工具。更为重要的是发掘了一块刻有"永康元年二月廿一日,安文明妻支伯姬丧"的铭文砖。③ 根据铭砖透露的墓主信息以及其时西域胡人留寓洛阳的历史,墓主夫妇应系安国粟特胡人与月氏胡姓裔民组成的家庭。伴随血缘融合与文化交流,少数民族逐步融入统一的中华民族,成为不可分割的有机组成部分。

---

① 高敏. 中国经济通史:魏晋南北朝经济卷[M]. 上海:上海人民出版社,1996:796.

② 班固. 张骞李广利传[M]//班固. 汉书. 北京:中华书局,2007:609.

③ 洛阳市第二文物工作队,偃师商城博物馆. 河南偃师西晋支伯姬墓发掘简报[J]. 文物,2009 (3):36 – 40.

羊作为传统社会中重要的资源,在对少数民族的战争中作为战利品被收缴,鲜卑族畜牧业发达,西晋在与其的战争中:“琨(并州刺史)子遵先质于卢,众皆附之。及是,遵与箕澹等帅卢众三万人,马牛羊十万,悉来归琨。”“箕澹谏曰:‘此虽晋人,久在荒裔,未习恩信,难以法御。今内收鲜卑之余谷,外抄残胡之牛羊,且闭关守险,务农息士,既服化感义,然后用之,则功可立也。’”①前凉张寔政权多从西域和鲜卑征得羊等牲畜转送中原,“遣使称藩,献马一千五百匹,牛三千头,羊十万口”②。

鲜卑族早期在东北地区活动,东汉时期因与东汉政府联合抗击匈奴而和中原王朝发生联系,匈奴式微,鲜卑雄起,进入河套地区,并逐渐开始威胁到东汉北部。汉安帝永初三年(109)九月、汉顺帝永建七年(132)十一月、汉桓帝延熹九年(166)七月发动几次战争,鲜卑在与汉朝军队交战的同时,与其他少数民族形成合力。建安年间,“鲜卑大人轲比能复制御群狄,尽收匈奴故地,自云中、五原以东抵辽水,皆为鲜卑庭”③。鲜卑族拓跋部进入河套地区后,同样面临发展经济的问题,单纯的游牧经济难以维持一个王朝的稳定,拓跋王朝认识到农耕文明和贸易往来的重要性,开始与黄河流域农耕民族交往,并力求向农耕民族转变。392年,拓跋珪征服大夏武烈帝赫连勃勃的父亲,十六国时期匈奴支系铁弗部首领刘卫辰占据五原。“收其积谷,还纽垤川……自河已南,诸部悉平。簿其珍宝畜生,名马三十余万匹,牛羊四百余万头”,“使东平公元仪屯田于河北五原,至于棝杨塞外”。④ 鲜卑政权在占据五原,即今内蒙古后,全面发展农耕经济。农业经济在中国历史上绝非一种单纯的经济模式,其后蕴藏着农耕文明以及基于土地的封建制国家架构,鲜卑在经济模式变革的背后,承袭了汉族王朝的政治文化。

一种非常具有代表性的管理模式是,北魏政府采取了融合中原和游牧民族两种行政体制的政治设计,即汉族地区的郡县管理体制与游牧民族传统的军镇管理方式相结合。例如,文成帝太安二年(456),北魏在河套地区设立代名郡,

① 房玄龄,等.晋书:卷三七—卷八一[M].曹文柱,等标点.长春:吉林人民出版社,2012:1000.

② 房玄龄,等.晋书:卷三七—卷八一[M].曹文柱,等标点.长春:吉林人民出版社,2012:1631.

③ 陈寿.魏书·乌丸鲜卑东夷传[M]//陈寿.三国志.武汉:崇文书局,2009:376-377.

④ 魏收.太祖纪[M]//魏收.魏书.延吉:延边人民出版社,1999:6.

下设呼酋县,同时又设置沃野镇、怀朔镇、武川镇和抚冥镇等四个军镇。这一模式背后的政治设计是为了解决北魏向农耕经济过渡时统治基础薄弱的问题。军镇的军事化管理,有利于推行农业经济。“朕承天子民,忧理万国,欲令百姓家给人足,兴于礼义。而牧守令宰不能助朕宣扬恩德,勤恤民隐,至乃侵夺其产,加以残虐,非所以为治也。今复民赀赋三年,其田租岁输如常。牧守之徒,各厉精为治,劝课农桑,不得妄有征发。有司弹纠,勿有所纵。”①纵观鲜卑的政权建立,更似一连串的连锁反应,通过战争占据河套地区,通过便利的水利灌溉发展农业经济,实现游牧经济向农耕经济的让渡,摆脱原始部落发展的羁绊,向以儒家文化为核心的中原文化转移。

周边少数民族在向中原王朝发动战争的同时,也需要借战争手段完成生产资料的积累。北魏从柔然掳得牲畜:“二月癸丑,征西大将军、常山王遵等至安定之高平,木易于率数千骑与卫辰、屈丐弃国遁走,追至陇西瓦亭,不及而还。获其辎重库藏,马四万余匹,骆驼、牦牛三千余头,牛、羊九万余口。”②

对周边民族的战争和牲畜的征缴,带来的后果是:①中原地区牲畜价格下降;②周边民族势力下降;③物质财富的迁徙,导致向中原文化融合;④中原地区饮食习惯发生变化。“泰始之后,中国相尚用胡床貊槃,及为羌煮貊炙,贵人富室,必畜其器,吉享嘉会,皆以为先。”③再如,秦汉以降,丝绸之路沿线各族交流发展,通过互市、朝贡、贸易等方式,优良畜种传入中原。张骞通西域,中亚饮食之法传入汉室,较有代表性的是“胡羹”的做法,由于它的用料与制法和汉族有别而称胡羹。北魏末年成书的《齐民要术》之“羹臛法”记载了胡羹的制法:“作胡羹法:用羊胁六斤,又肉四斤,水四升,煮;出胁,切之。葱头一斤,胡荽一两,安石榴汁数合,口调其味。”④《齐民要术》中还有关于羊肉灌肠的做法:“有灌肠法,细锉羊肉,及葱盐椒豉,灌而炙之。”制成之后,“两条夹而炙之,割食甚香美”。

十六国和南北朝打破了原先的民族分布格局,形成了多民族杂居的局面,历代统治者大都采用恩威并济、羁縻怀柔与扩张的策略,而少数民族政权除了

---

① 魏收.魏书:卷一—卷二一[M].仲伟民,等标点.长春:吉林人民出版社,1995:63.

② 魏收.魏书:卷一—卷二一[M].仲伟民,等标点.长春:吉林人民出版社,1995:27.

③ 房玄龄,等.晋书:卷三七—卷八一[M].曹文柱,等标点.长春:吉林人民出版社,2012:467.

④ 贾思勰.齐民要术校释[M].缪启愉,校释.北京:农业出版社,1982:464.

保留本民族原有的统治方式，需要仿效汉制以适应中原地区政治生态的需要。魏晋南北朝时期，中国一面是封建政权割据，风云雄霸天下，一面是割据政权之间民族交往活跃，交往氛围宽松，促进了丝绸之路沿线各个民族文化交流的畅通。这种包容、充满活力的历史时空，为后来隋唐帝国走向鼎盛奠定了基础。

隋唐时期的民族关系呈现出愈发紧密的特点，这是和合思想引领下中华民族共同体建构的完整过程。不同民族，无论来自高原草莽还是山川河流，在处理矛盾和冲突时，都认可民族的同一源头，即炎黄二帝，这是中国在经历魏晋南北朝近400年的分裂和政权对峙后，依然能够建立规模庞大、人口众多、民族多样的帝国的原因。唐朝周边分布众多民族，北有突厥、薛延陀、回鹘、铁勒等，东北有契丹、奚、室韦、高句丽等，西北有西突厥、突骑施、党项、羌、吐谷浑、焉耆、龟兹、疏勒、于阗等，西南有吐蕃、南诏等。隋唐时期，面对更加纷繁复杂的民族关系和周边众多的民族政权，中央王朝在继承前代民族政策的基础上，通过设置羁縻府州、和亲、纳质宿卫、互市贸易和征伐等措施，有力地促进了统一多民族国家的发展和各民族间的交流。尤其是唐朝经过南北朝时期政治大动荡、民族大融合之后，推行系列开明的民族政策。如高宗诏令云："百蛮执贽，万国来庭，朝野欢娱，华夷胥悦。"①

一方面，李唐王室祖先世代在鲜卑人建立的北朝做官，母系数代是鲜卑人，李渊之母是北周独孤信的第四女，独孤信裔出鲜卑族拓跋氏，李渊之妻窦氏系北周窦毅的女儿，窦姓即鲜卑族纥豆陵氏。李世民之妻长孙皇后，其先为拓跋氏，后为宗室长，因号长孙，李唐王朝前期三帝都有浓厚的少数民族基因。另一方面，唐之前社会经历数年动荡，边塞未宁，特别是突厥对西北边疆安定构成威胁。为了巩固新兴政权，高祖武德二年（619）闰二月下诏："画野分疆，山川限其内外，遐荒绝域，刑政殊于函夏。是以昔王御世，怀柔远人，义在羁縻，无取臣属。……有隋季世，黩武耀兵，万乘疲于河源，三年伐于辽外，构怨连祸，力屈货殚。朕祗膺宝图，抚临四极，悦近来远，追革前弊，要荒藩服，宜与和亲。……分命行人，就申好睦，静乱息民，于是乎在。"②唐代政权追革前弊、静乱息民、怀柔远人的系列民族政策为国家稳定、民族交流奠定坚实基础。

---

① 刘昫，等．旧唐书：卷一—卷三五［M］．长春：吉林人民出版社，1995：547.

② 周绍良．全唐文新编：第1部 第1册［M］．长春：吉林文史出版社，2000：8.

在互市的开设和朝贡贸易的推行方面,隋设“交市监”统一管理与西北各族的互市,这一机构沿袭至唐,贞观六年(632)改隋“交市监”为“互市监”,执掌诸蕃交易之事。设互市之所,并有专人看守,约定交易时,交易双方“各将货物畜产,俱赴市所,官司先与蕃人对定物价,然后交易”①。隋唐时期与吐谷浑、突厥、吐蕃等均进行互市交易,用汉族地区的丝绸、茶叶、农作物换取马、牛、羊等牲畜,为宋代茶马互市奠定基础。如唐初,经过长期战乱,民间牛羊等十分匮乏,通过与吐谷浑、突厥之间的互市,解决了当时牲畜不足的困境,对中原地区的生产发展起到了推动作用。除开设互市外,各民族上层遣使朝贡。贞观年间常常出现数百人同时朝贡的景象。朝贡是双方同时进行的,朝廷通常根据边疆民族贡物的品种和数量,回赐价值更高的物产。由此带动农耕文化和游牧文化的交流,客观上促进中原与边疆一体化进程。

唐以前就出现北方少数民族不断南迁,中原地区汉胡杂居的景象。自魏晋时期开始,由于战乱等原因,鲜卑、乌桓、匈奴和羌族等不少边疆民族迁至中原发达地区。十六国时期,少数民族纷纷建立自己的政权,为获取兵源和人力,经常掠夺各族人口,这个时期政权更迭频繁,政治中心转移的同时带来人口的大规模流动,以至“关东豪杰及诸杂夷十万户于关中”。民族迁徙流动,交错杂居,不断融合。统治集团中的胡人及胡化之汉人内迁之后,受汉文化影响,逐渐融入汉文化之中,如改郡望、族望之事时有发生,《隋书·经籍志》记载:“后魏迁洛,有八氏十姓,咸出帝族。又有三十六族,则诸国之从魏者;九十二姓,世为部落大人者,并为河南洛阳人。……又以关内诸州,为其本望。”②鲜卑望族的长孙无忌以洛阳为其郡望。窦威自视为窦章之后,以示在族望上为华夏之正宗。突厥阿史那大奈被唐高祖赐姓史,阿史那思摩被太宗赐姓李。

在与吐蕃互市时有互市监的人员管理交易,进贡物品的价值由鸿胪寺估价:“诸蕃夷进献,若诸色无估价物,鸿胪寺量之酬答也。”③对牲畜的交易有严格的规定:“诸互市监各掌诸蕃交易之事;丞为之贰。凡互市所得马、驼、驴、牛

① 冻国栋. 唐代民族贸易与管理杂考[M]//武汉大学历史系魏晋南北朝隋唐史研究室. 魏晋南北朝隋唐史资料:第九、十期. 武汉大学学报编辑部,1988:122.

② 白寿彝. 中国史学史:第3卷 魏晋南北朝隋唐时期:中国古代史学的发展[M]. 上海:上海人民出版社,2006:200.

③ 高子华. 唐代前期粟特人的经济活动[M]//中国中外关系史学会. 中外关系史论丛:第4辑. 天津:天津古籍出版社,1994:220.

等，各别其色，具齿岁、肤第，以言于所隶州、府，州、府为申闻。太仆差官吏相与受领，印记。”对于羊等的交易管理更为细化：“上马送京师，余量其众寡，并遣使送之，任其在路放牧焉。每马十匹，牛十头，驼、骡、驴六头，羊七十口，各给一牧人。”[①]此种管理对于加强唐王朝与周边诸族的经济联系，弥补各族生活所需极为重要，“甲兵休息，互市交通，国家买突厥马羊，突厥将（得）国家彩帛，彼此丰足，皆有便宜”[②]。

与唐朝进行贸易往来的还有回鹘人、粟特人。《以杜诗证唐史所谓杂种胡之义》：“始回纥至中国，常参以九姓胡，往往留京师，至千人，居赀殖产甚厚。”[③]由此可见，粟特人在作为回鹘的外交使者时多有获利，但是在民族间也会引起不满情绪：

> 九姓胡素属于回纥者，又陈中国便利以诱其心，可汗乃举国南下，将乘我丧。其宰相顿莫贺达干谏曰：“唐，大国也，且无负于我。前年入太原，获羊马数万计，可谓大捷矣。以道途艰阻，比及国，伤耗殆尽。今若举而不捷，将安归乎？”可汗不听。顿莫贺乘人之心，因击杀之，并杀其亲信及九姓胡所诱来者凡二千人。[④]

辽宋夏金对峙时期，中国民族关系呈现出两大特征。一是契丹、党项、女真等游牧民族与中原汉族在政治、军事上的对立和文化上的碰撞，表现出一种相对激烈的对峙状态。二是北方游牧民族与汉族农耕民族之间通过民族大迁徙，促进了民族一体化进程。辽宋夏金对峙时期，契丹和女真等北方游牧民族随着疆域的扩大不断南下，进入中原汉族聚居区。宋金对峙时期，金代的疆域已经拓展到秦岭和淮河一带与南宋接壤。一方面，大量的汉人因逃避战乱迁徙到北方，与契丹、女真等民族杂居。另一方面，伴随对峙双方的军事征伐，大批女真、契丹、渤海人由北方和东北进入中原地区。尤其是在辽取得幽云十六州后，为加强军事控制，大规模征调契丹贵族官员和平民向南京道、西京道境内迁移。

---

① 张九龄，等. 唐六典全译[M]. 兰州：甘肃人民出版社，1997：583.

② 周绍良. 全唐文新编：第 1 部 第 1 册[M]. 长春：吉林文史出版社，2000：510.

③ 陈寅恪. 以杜诗证唐史所谓杂种胡之义[M]//陈寅恪. 金明馆丛稿二编. 北京：生活·读书·新知三联书店，2001：57.

④ 刘昫，等. 旧唐书：卷一百八十七—卷二百[M]. 北京：大众文艺出版社，1999：2773.

而金朝在确立了淮河以北的统治地位后，为加强对新占领地区的统治，同样通过猛安谋克制度将大批女真人迁到原北宋统治地区。

北宋建立之后，西北党项、回鹘、吐蕃诸部遣使朝贡，宋采取怀柔绥抚政策进行封赏，维系五代以来形成的中原王朝与西北少数民族的良好关系。其意义表现在经济和军事两个方面：

经济方面，北方少数民族对农耕民族的茶叶、丝绸等生活用品需求较大。而对两宋王朝来说，由于战争和农业生产的需要，离不开游牧民族的马匹、牛羊和毛皮原料。于是，北宋于太平兴国二年(977)在镇、易、雄、霸、沧等州各置榷场，与辽朝进行官方贸易。即便是宋辽关系紧张时期，边贸互市仍然持续，这是因为双方都能从边贸互市中获利。澶渊之盟后，边贸互市快速发展，《宋史·食货志·互市舶法》《宋会要辑稿·蕃夷》等文献记载"河东沿边安抚司言，契丹于朔州南再置榷场"，双方达成协议后，在河北沿边陆续开放榷场。真宗景德二年(1005)，又于雄、霸州和安肃军置榷场，继又于广信军置榷场，用中原地区的茶叶、漆器、丝绸、瓷器等换取契丹的羊群和马匹，以至"终仁宗、英宗之世，契丹固守盟好，互市不绝"。北宋官方对双方边贸互市的地点、物价和交易种类都有所限制。景德三年(1006)，《老学庵笔记》中有"诏民以书籍赴沿边榷场博易者，非《九经》书疏悉禁之。凡官鬻物如旧，而增缯帛、漆器、粳糯，所入者有银钱、布、羊马、橐驼，岁获四十余万"[①]之说。南宋时期，宋金在西起秦州、东沿淮水广袤的分界线上广设榷场，进行贸易。当然，双方的榷场贸易随着战争与和平的交替而时兴时废，榷场的位置也随之变化。

军事方面，宋代与少数民族在边境进行着频繁互市，宋朝政府通过对榷场贸易的管理和民间贸易的限制，在经济上制约各少数民族。北方至西北地区的几个少数民族在这个时期迅速崛起，并不断侵扰宋朝边境，宋朝如果仅依靠战争或政治很难阻止其侵扰。宋以这些区域互市作为军事、政治的辅助，如逢少数民族与宋朝产生矛盾，宋可通过停止互市，迫使各少数民族停止战争。党项居于西北，自宋建立后，双方有着频繁互市。宋仁宗宝元元年(1038)，西夏建立自己的政权。李元昊不愿臣服于宋，意欲发动战争，宋廷"诏削夺官爵、互市"。李元昊在战场上获胜，但因物质资源和财力匮乏，庆历四年(1044)，上誓表臣

① 郑仲兵，孟繁华，周士元. 中国古代赋税史料辑要·纪事篇：上册[M]. 北京：中国税务出版社，2003：402.

服，宋置榷场于保安军及高平寨，进行互市。此后宋与西夏屡次发生矛盾，互市亦随时出现或消失。

明朝朱元璋自视为受天命眷顾的“天下大君”，要求诸友邦远国顺天命，事大君，周边民族要表示顺意，就要定期向中央朝贡以示诚心，明王朝通常回赐礼物。虽然学界对于周边朝贡体系的评价不一，但是从明廷开始，通过中央与外藩之间的外交与经贸实现政治认同是有自身设计的。明以前，西域与内地之间通过丝绸之路的商贸往来主要是民间行为，进入明以后，政府逐渐占主导地位，甚至成为朝贡贸易的主导者，民间商贸市易反而退居次要地位。

西域朝贡贸易是明朝治理西北边疆的策略之一，在西域朝贡贸易中，明朝获得了骆驼、羊、马等大量牲畜，以及矿石、土产和珍禽异兽等。这一“怀柔远人”政策不仅树立了明朝在西域地区的政治影响力，又防止了蒙古瓦剌与西域政治势力勾结，减轻了西北边疆的边防压力，巩固了明朝在西域和中亚地区的统治地位。如永乐三年(1405) 二月，帖木儿王朝准备兴师东征大明，这一军事情报被西域商人禀告给明朝政府，促使明成祖积极防范，做好边防准备。明成祖在给甘肃总兵官左都督宋晟的敕书中说：“回回倒兀言：撒马儿罕回回与别失八里沙迷查干王假道率兵东向，彼必未敢肆志如此，然边备常不可怠。……宜练士马，谨斥堠，计粮储，预为之备。”①虽然帖木儿东征最终并未实现，但是丝绸之路贸易在战争防范中起到的积极作用可见一斑。

此外，这种以贸易换稳定的策略在促进民族交流方面起到积极作用。对周边民族而言，西域各地实力有限，在明、蒙古和帖木儿王朝等强大政治势力的夹缝中生存，最明智的做法是投靠实力最强大的一方寻求庇护，明朝是博弈后的必然选择。尤其是当明朝经济进入稳定发展阶段，面对西域政局的动荡，穆斯林商使会选择在内地定居，形成独特的西域“归化人”现象。明朝则以更加积极的态度对待这批人，分拨土地、房屋，以礼相待。

明朝初期民族矛盾尖锐，边疆民族地区统治岌岌可危。明太祖根据形势调整民族政策，始终注重运用安抚政策，争取人心归附，公开宣称华夷无间，对明朝所辖各民族一视同仁，在少数民族地区实行不同的民族政策，因地制宜稳定少数民族的统治，为明朝统治的巩固、安定起到积极作用。

明蒙互市，除了基本的生产资料，由于蒙古地区畜牧业迅速发展，蒙古牧民

① 蓝琪. 中亚史：第 4 卷[M]. 北京：商务印书馆，2018：319.

可以通过控制羊的生育期增加牲畜产量,《北虏风俗》载:“大抵马之驹、牛之犊、羊之羔,每一年一产,产于春月者为佳。羊有一年再产者,然秋羔多有倒损之患。故牧羊者每于春夏时,以毡片裹羝羊之腹,防其与牝羊交接也。”[①]而就汉族地区而言,来自蒙古的优质牲畜,利于畜牧业的发展和农耕畜力的积累。

明永乐三年、宣德年间、正统年间,新疆柳城向明朝进贡羊。明隆庆和议后,在与北方游牧民族边境地带开设了互市,而且性质上更似民间互市。“大市”一年一次,各部落酋长和贵族参与交易;一般部族成员则参与“小市”贸易。所涉物品为:“边外复开小市,听虏以牛、羊、皮张、马尾换我杂粮、布帛,关吏得税其物,以充抚赏。”[②]

明朝的朝贡体系维持几百年,在宣扬国威方面带来无尽荣耀,并吸引各国参与中国海上丝绸之路的经济和文化交流。通过茶马互市,羁縻西北游牧民族和西南番族,使其心向明朝,并借此制约北方蒙古部落。

羊在丝绸之路上亦是朝贡体系下的外交工具,羁縻互市、封赏嘉奖皆有。“山西大同府知府栾瑄奏:‘瓦剌使臣朝贡道经大同,递年宴劳供馈,所需米麦牛羊诸物,俱系山西行都司并本府给官钱市用。……今岁使臣至者二千四百人,在府约六十余日,通费羊五千有奇,他物称是。’”[③]言及海上丝绸之路,明代成化年间有满剌加国的狮子进贡入京,弘治年间撒马尔罕与吐鲁番的狮子与老虎奉上,肉食动物的饲养,带来经济上的消耗:“闻狮子等兽,日用羊二只,饲养以十年计之,计用羊七千二百只。又常拨校尉五十名看守狮子房,见今做工缺人,以一月计之,人五十名日该五十工,以年计之,该一万八千工。此皆无益之费,所当省者。皇上若将此兽绝其羊只,免人饲养,听其自死。于以省费节工,天下人心无不痛快,传之千载实为美谈。”[④]种种往来,用羊数量之庞大,既是必需,也属无奈。

清朝对新疆的统一使得清朝政府长期统治下的西北诸族之间的关系有了极大的改善。随着新疆诸族的相继归顺,清政府采取一系列民族措施,较好地处理了民族争端。如1755—1759年,清朝平定阿睦尔撒纳与大小和卓之乱,统一新疆,致使准噶尔政权彻底瓦解。哈萨克中玉兹和大玉兹及布鲁特东西两部

---

① 明代蒙古汉籍史料汇编:第2辑[M].薄音湖,王雄,编辑、点校.呼和浩特:内蒙古大学出版社,2006:247.

② 余同元.明清社会与经济近代转型研究[M].苏州:苏州大学出版社,2015:104.

③ 李峰,张焯.明实录大同史料汇编:上[M].北京:北京燕山出版社,1998:145.

④ 田卫疆.《明实录》新疆资料辑录[M].乌鲁木齐:新疆人民出版社,2002:196.

先后投归清朝。在清政府的调解和安抚下，准噶尔与哈萨克、布鲁特等部逐渐中止了相互之间的敌对状态。

清廷鼓励边疆贸易，通过降低新疆各民族之间的贸易税率，对中亚地区商人来新疆贸易的免其纳税的政策，鼓励新疆维吾尔族商人与中亚各族商人进行贸易活动。在天山北部地区，哈萨克族商人与清政府在乌鲁木齐、伊犁、塔尔巴哈台等地开展大规模的官方贸易，“每年夏秋，其台吉头目等各率所属分运牛羊马匹，并由安集延所贩毡片牛皮等物至伊犁贸易，以绸缎布匹赏之。塔尔巴哈台亦然”①。

因而，从中国历史发展的整个过程来看，清朝是中国历史上最后一个封建王朝，也是我国统一的多民族国家最终形成和确立的时期。清朝对新疆的统一，增强了新疆各族的向心力与凝聚力。在清朝统一政权之下，较长期地抵御了沙俄对我国西北地区的侵略扩张，保持了一个和平稳定的社会环境。

三、以羊为图腾的羌族

羌族是古代西戎牧羊人，是最有代表性的与羊相关的民族，分布在我国西部各地。《说文解字·羊部》：“羌，西戎牧羊人也。从人，从羊，羊亦声。南方蛮、闽从虫，北方狄从犬，东方貉从豸，西方羌从羊。”②古代四境部族视虫犬豸羊为图腾。《风俗通》：“羌，本西戎卑贱者也，主牧羊，故‘羌’字从羊、人，因以为号。”

与“羌”有关的还有“姜”，作为姓氏氏族，二姓皆以羊为图腾，古文献将“羌”与“姜”联系在一起，传说共工氏系姜姓。章炳麟《检论·序种姓》说：“羌者，姜也。晋世吐谷浑有先零，极乎白兰，其子吐延为羌酋姜聪所杀，以是知羌亦姜姓。”“姜”是“羊”下有“女”。神农居姜水，因以为姓。周人的女性祖先为姜嫄，“姜”是周文王部族的王母，也是周武王部族的姓氏。“姜”可能来自上古母系氏族社会，《说文解字》注解为：“姜，从女羊声，男羌为羌，女羌为姜。”③“《水经注·渭水篇》注曰：岐水又东，径姜氏城南为姜水。按《世本》，炎帝姜姓。《帝王世纪》曰：炎帝，神农氏，姜姓。母女登，游华阳，感神而生炎帝，长于

① 祁韵士. 祁韵士集[M]. 太原：三晋出版社，2014：98.

② 许慎. 说文解字[M]. 汤可敬，译注. 北京：中华书局，2018：761.

③ 许慎. 说文解字[M]. 汤可敬，译注. 北京：中华书局，2018：2603.

姜水,是其地也。"[①]

图腾(totem)一词,原是北美印第安人 Algonkin 部落的语言,即"他的亲族"。英国民族学家弗雷泽(J. G. Frazer)给了图腾一个更明确的定义:"图腾崇拜是半社会-半迷信的一种制度,它在古代和现代的野蛮人中最为普遍。根据这种制度,部落或公社被分成若干群体或氏族,每一个成员都认为自己与共同尊崇的某种自然物象——通常是动物或植物存在血缘亲属关系。这种动物、植物和无生物被称为氏族的图腾,每一个氏族成员都以不危害图腾的方式来表示对图腾的尊敬。这种对图腾的尊敬往往被解释为是一种信仰,按照这种信仰,每一个氏族成员都是图腾的亲属,甚至是后代,这就是图腾制度的信仰方面。至于这一制度的社会方面,它表现在禁止同一氏族成员之间相互通婚,因此,他们必须在别的氏族中寻找妻子或丈夫。"[②]在弗雷泽看来,图腾崇拜是被人们看作与自己祖先有血缘关系的自然物,而对图腾物加以观念和行动上的支持所产生的。图腾意识的产生依赖于图腾物的存在。图腾物的选择取决于一个地区的物质条件,取决于该地生长的动物和植物。由于羊在社会经济生活中的地位和作用,羌族逐渐形成了对羊的崇拜的传统。羌族先民在对羊崇拜的过程中,逐渐给羊注入了人类特有的血缘或亲族观念,羊开始显示出它从来没有过的神圣性,并伴随着羌人部落集团自身的传说、人种的繁衍活动以及民族的社会组织和制度而发展,继而人们进入一个独特的"羊图腾崇拜阶段",这种崇拜是一种典型的氏族图腾崇拜。

羌以羊为图腾,羌人相信被神化的羊能够庇佑自己,将羊的形象移植于生活场景中,与游牧生活方式紧密联系,包括戴羊角、使用羊形图案、身穿羊皮、饰以羊骨羊齿等。似乎只有将羊的图腾符号贯穿全身,才能得到神羊的保护,从而使自己的部落与其游牧生产方式相映射,中国古代"羌人"分为"先古羌"(东羌)和"后古羌"(西羌),其共同的特点是以羊为图腾。而关于羌族无文字一说的解释是,传说岷江上游的羌族历史上曾有文字,后因羊偷吃经书导致文字失传,因此后世羌族释比诵经时要敲击羊皮鼓,这也从侧面证明了羌族与羊关系密切。古羌主要分布在青海东即黄河河曲及其以西以北地区。

神农氏最早建立了帝王典章制度,炎帝部落极早进入农业文明,羌族大规

---

① 郦道元. 水经注[M]. 长沙:岳麓书社,1995:273.

② 海通. 图腾崇拜[M]. 何星亮,译. 上海:上海文艺出版社,1993:2-3.

模进入中原。《水经注·渭水注》记载:“歧水又东径姜氏城南,为姜水,按《世本》炎帝姜姓,《帝王世纪》曰:炎帝神农氏姜母安登,游华阳感神而生炎帝,长于姜水。”①以此推断炎帝的母亲于羌族的领地姜水受孕,羌族以羊为图腾。炎帝姓“姜”,“姜”者,“羊女”也。按照当时从母姓的要求,“姜”姓应得之于古羌族的有蟜氏,学界有观点认为这一支亦属“女娲氏”,与伏羲氏族同属华胥氏。因此,炎帝可能出于古羌人。

羌族历史上活跃于我国西部,“羌”首见于商代甲骨文。《说文解字·羊部》:“西戎牧羊人也,从人,从羊,羊亦声。”羌族地域辽阔,商周时期居住地涵盖今天的陕西、甘肃、青海、西藏及四川北部、宁夏南部、河南西北部、山西西南部、太行山地区。早期羌人以游牧为主,《后汉书·西羌传》:“所居无常,依随水草。地少五谷,以产牧为业。其俗氏族无定,或以父名母姓为种号。十二世后,相与婚姻,父没则妻后母,兄亡则纳厘嫂,故国无鳏寡,种类繁炽。不立君臣,无相长一,强则分种为酋豪,弱则为人附落,更相抄暴,以力为雄。杀人偿死,无它禁令。”②

商代初期,羌人与商朝就有往来,《竹书纪年》:“成汤十九年,大旱,氐羌来宾。”《诗经·商颂·殷武》:“昔有成汤,自彼氐、羌,莫敢不来享,莫敢不来王。曰商是常。”③但是商周时期的羌族,并非今天意义上的民族,更类似于按照血缘关系而聚居的人群。此外,商朝甲骨卜辞中关于羌族的记载不在少数。羌人与商人的关系是战争与外交并存,甲骨卜辞第896“王于宗门逆羌”,即羌人首领朝商,受到商王的欢迎。甲骨文中还有征伐羌人的记录:有商王亲自征伐的“唯王裁羌”,有贵族和官吏领兵伐羌的“北吏伐羌”“西吏伐羌”等。战争期间,商朝获得大量羌人战俘做奴隶,甚至与牛羊一起被当作牺牲用于祭祀。据统计,发掘出的记有人祭的甲骨共1350片,卜辞1992条,至少被屠杀了14197人,而其中羌人有7426人。从考古资料中得知,另有5178人被用来殉葬。④

2011年入选第三批国家级非物质文化遗产名录的《羌戈大战》记述羌人最初居住在水草丰盛、牛羊兴旺的西北草原,因天灾战乱,被迫迁徙,羌人九支各奔一处。阿巴白苟率领的一支迁徙于今川青两省交界处的补尕山。不久又遇

---

① 王国维.水经注校[M].上海:上海人民出版社,1984:589-590.

② 范晔.后汉书[M].西安:太白文艺出版社,2006:667.

③ 袁梅.诗经译注:雅、颂部分[M].济南:齐鲁书社,1982:650.

④ 杨锡璋,杨宝成.从商代祭祀坑看商代奴隶社会的人牲[J].考古,1977(1):13-20.

敌人,再度被迫西迁,迁徙中敌兵追赶甚急,幸遇天女木巳丢下白石三块,变为三座雪山,阻挡住敌兵,羌人方幸免于难,迁至松潘草原。羌人在此游牧,又与另一称为戈基的民族发生争执,戈基人力大善战,羌人不敌,被迫继续迁往茂汶。羌、戈两族在茂汶相持多年,羌人屡战屡败,死伤很多,乃求助于天神木比塔。天神命两族于日补坝决战,并授羌人以白石,给戈基人以白雪块,使羌人首战获胜。天神再授羌人以藤条,给戈基人以麻秆,羌人再度战胜。最后,羌、戈决战于牙依山,羌人得天神之助,以计谋全胜戈基,并将残余的戈基人驱赶到四面八方。羌人在茂汶重建家园,得以兴旺发达,白苟将其九子以及十八首领分别派驻各地,形成了现今的羌人区域。为了报答神恩,羌人商议用白石作为天神的象征,供奉于每家房屋顶上,朝夕膜拜。从此,供奉白石和祭天就成为羌人的传统习俗。该诗有600余行,由"序歌""羊皮鼓的来源""大雪山的来源""羌戈相遇""寻找神牛""羌戈大战""重建家园"七部分组成。在叙述历史事件和描写战争场面的同时,也记述了羌族的民间信仰观念。该诗是羌族"释比"在祭祀时演唱的经典之一。

史诗的言说在现实中有所投射,在春秋战国时代,古羌人有从西北向西南迁徙的史实。西北羌人迫于秦的军事压力,在原来的向外流动路线的基础上,开始了更大规模、更远距离的迁徙,这是羌人以及我国西北、西南民族历史上的重要时期。

秦汉时期,由于统一的中央政权的建立,羌族多分布在甘青、内蒙古、青藏、云贵等高原地带。地理跨度之大,难以形成文化共同体,更多的是因地制宜消解或融入其他民族。如新疆地区的羌族逐渐融入匈奴、吐蕃,西藏地区的发羌和唐牦逐渐与当地族群相结合并发展为藏族,内蒙古的羌族融入匈奴、汉族,西南地区的羌族分别发展为藏族、彝族和普米族。两汉时期,大量羌族自西向东迁入内地。西汉时期规模和数量尚小。东汉时期规模和数量逐渐扩大,内迁的地区包括安定郡(今甘肃省镇原县东南)、北地郡(今甘肃省环县东南)、上郡(今陕西省绥德县南)、三辅地区(京兆尹、左冯翊、右扶风,管辖的范围东临黄河,南至秦岭,西到陕甘交界处,北到陕北高原)和河东郡(今山西省沁水以西、霍山以南的临汾、运城地区)。东汉时期大量羌族内迁是由于东汉末战乱频发,为扩大人口,尤其是军队,对羌族上层封爵授印,对底层民众减免赋税,并允许其维系原风俗习惯、生活方式等。

汉朝与西域的交往,始于张骞出使西域,汉通西域使得西域地区正式被纳入汉朝版图,大一统国家由此得以扩大。两汉对西羌的民族政策不尽相同。西汉对西羌的政策是通过设置河西四郡和护羌校尉、向河西大规模移民等,隔绝羌人与匈奴的联系。东汉与西羌的关系,则是和战无常,甚至随着羌人大量内迁和民族矛盾的激化,羌人起义斗争时有发生。

魏晋南北朝战争频发,羌人由于“男人兵死有名”的传统,被征战各方笼络。马超、姜维出自羌戎之地。西南部羌人在诸葛亮平定南中之后,“青羌万余家于蜀,为五部,所当无前,军号飞”(《华阳国志·南中志》)。对外,两汉时期朝廷的主要注意力在匈奴,出于边境稳定的原因,汉朝鼓励羌人内迁,羌人的政治参与促进了民族融合。

唐宋之际,白兰羌、白狗羌等众多羌人部落由大渡河上游的邛崃山区东迁进入岷江上游地区(今汶川县羌锋村、理县西山村等地羌族自称为白兰羌、白狗羌后裔)。岷江上游的羌族因唐宋庇护,得以留存。面对周遭吐蕃、南诏、金、辽等民族政权的盘根错节,羌族基本上是在夹缝中生存。被吐蕃征服的羌族,沦为属部或奴隶,邻近中原的羌族则被逐步汉化。此外,历史上亦有由内地迁入岷江上游的汉人与当地羌人融合。宋代羌族已有生熟之分:“接连汉界,入州城者谓之熟户;居深山避远,横过寇略者谓之生户。”(《宋史·宋琪传》)由此古老的羌族分化为两大部分:游牧羌人部落和定居羌人部落。游牧羌人部落相对保守并固守传统,对于佛教文化等异质文化采取排斥态度,这部分向东发展,成为今天的羌族。定居羌人部落风行佛教文化,并与其他民族融合成为新的民族共同体。

元、明、清时期,一方面,元代在羌族地区建立土司制度,明、清推行“改土归流”,直接推动经济发展和政治交流,包括大量汉人因屯戍、贸易、避乱等原因移民羌地;另一方面,在中央集权制影响下,统治者在羌族地区设立州学、推广儒学,促使羌人的文化认同感增强,因此,羌人进一步与汉族融合。目前羌族主要分布在四川省阿坝藏族自治州的茂汶县、汶川县、理县、黑水县、松潘县以及绵阳市的北川县、甘孜藏族自治州部分地区。

羌族是一个以羊为图腾的古老民族,它的发展史是一部民族融合的历史,本章以其为个案,关注的不仅是羊在羌族生活中的作用,更多的是以此检视羌族文化多样性的特点,此种多样性的根源在于祖源的多元和中华文化的厚重与包容,华夏疆域上的中华民族形成过程则是民族融合的漫长历程。

第五章　世俗与神圣:《圣经》中的“羊”符号解读

基督教、伊斯兰教和佛教并称为三大世界性宗教,其经典《圣经》是西方文明的重要源头之一,对西方乃至整个世界产生深远影响。

其中,基督教发源于1世纪罗马的巴勒斯坦省,即今天的以色列、巴勒斯坦和约旦地区,亦是丝绸之路的必经地区,基督教沿着丝绸之路传入欧洲,也沿着丝绸之路传入唐朝。唐贞观九年(635),基督教聂斯脱利派传入中国,称“景教”。本章以基督教经典《圣经》中的羊为着眼点,拉开基督教在世界范围内传播的序幕,并以此为脉络,讨论西方社会的价值演变。

《圣经》对西方的影响首先表现在英语语言中。英语中有大量俗语源自《圣经》,例如:eye for eye, tooth for tooth(《旧约·出埃及记》)寓意“以其人之道,还治其人之身”;thorn in the flesh(《旧约·以赛亚书》)寓意“眼中钉,肉中刺”;the salt of the earth(《新约·马太福音》)寓意“栋梁之材”;wolf in sheep's clothing(《新约·马太福音》)寓意“披着羊皮的狼”。以动物作为本体的谚语更是数不胜数,基督教中,耶稣诞生于马槽之中,因此,马槽被誉为基督教精神的源泉;在“There is a lion in the way, a lion is in the streets”(《旧约·箴言》)这句经文中,以“虎”和“豹”来比喻巨大的苦难,之后就有了a lion in the way即“拦路虎”的说法。

其次,以基督教思想为主题的文学作品在西方世界,尤其是欧美国家不胜枚举。以《圣经》为代表的基督教思想自1世纪诞生后,以雷霆之势迅速席卷欧洲,成为欧洲主流思想的根源,基督教也逐渐成为西方世界影响最大的宗教。自中世纪以来,西方文学界涌现出大批与基督教有关的文学作品,如但丁的《神曲》、弥尔顿的《失乐园》、班扬的《天路历程》、雨果的《巴黎圣母院》、陀思妥耶夫斯基的《罪与罚》等都是世界一流的文学作品,对西方和东方产生巨大的影响,成为世界文学宝库中璀璨的明珠。

最后,以基督教思想为主要代表的西方文化在16世纪通过海外殖民扩张走出欧洲,迈向世界。16世纪后,以欧洲为代表的西方世界开始大规模的海外殖民活动,西班牙和葡萄牙驾驶海上马车入侵东南亚,通过政教合一的方式对印度尼西亚、菲律宾、老挝、越南等国家实行殖民统治;英国、美国和法国等欧美资本主义国家以东南亚为前站,试图通过传教士、办报、慈善机构等方式进入中国。20世纪40年代,随着第二次世界大战的结束,亚洲国家纷纷扬起独立大旗,西方资本主义国家的殖民活动被迫终止。但长达两个世纪的传教活动给亚洲带来巨大的文化冲击,海上丝绸之路沿岸的菲律宾成为天主教国家,新加坡的基督教信徒大幅增加,中国广州、福建等东南沿海地区出现大量基督教信徒,基督教已然成为世界性宗教,对世界文化的影响力与日俱增。探究“羊”在西方世界中的形象和含义,《圣经》和基督教文化是研究的重中之重。

《圣经》中“羊”的形象共出现了747次,依据“羊”出现的场合和具体功能差异,可以将其大致分为三类:生产资料、祭祀祭品和隐喻喻体。

一、生产资料:财富的象征

在早期希伯来民族地区和欧洲世界,动物种类庞杂,羊并非唯一一种可以满足人类物质需求的动物,何以唯有羊进入《圣经》,成为宗教文化符号?羊在希伯来民族中到底有何特殊之处?这首先要从早期希伯来民族居住的地理环境谈起。

《圣经》世界的地理范围西至西班牙,东至波斯湾,北到黑海和里海,南到红海,在这个范围内,“无论从神学上说还是从地理上说,巴勒斯坦是《圣经》人物所知道的世界的中心,也是《圣经》故事的焦点”①。

《圣经》中的故事大多发生在“新月沃地”的地理范围之内。“新月沃地”狭义上是指从巴比伦南端到两河流域上游,经亚述向西,越过叙利亚草原,沿地中海东岸抵达巴勒斯坦南部的辽阔地带,因其形状像一轮弯月,因此被称为“新月沃地”;广义上的“新月沃地”是上述地带加上埃及的尼罗河流域所构成的一个更大的新月形地域。《旧约》中的地理区域就是广义上的“新月沃地”。

所谓“沃地”其实并非严格意义上水丰草肥的肥沃土地,而是这片区域相对

① 王新生.《圣经》精读[M].上海:复旦大学出版社,2010:2.

于周边贫瘠的山地和荒凉的沙漠而言是一片肥沃的土地。在中国这样以农业为主要生产方式的疆域中,能够被称为"肥沃"的土地大都分布于平原地区,且多有稳定的水源供给,如长江中下游平原、东北平原以及山东沿海地区的平原,地形单一。但在《圣经》的地理世界中,这片新月沃地地形地貌复杂多样。埃及沙漠面积日趋扩大,一直扩大到尼罗河畔,每年尼罗河泛滥时才能够阻止沙漠扩大的步伐。沿新月沃地亚洲区域的北边和东边前行,系列的山脉和高原形成了一个半圆形。在巴勒斯坦地区,肥沃的区域被横贯南北的山脉所分割,区域的亚洲部分则是无垠的荒漠。这片新月沃地,一部分是人类无法居住的荒漠,一部分是仅供少数游牧民族生活的半荒地。冬季,荒原得到充足的雨水滋润,游牧民族就可以在水草附近居住休息。夏季,被局限在荒漠中的绿洲,居住面积狭小,环境十分恶劣。

早期的希伯来民族就居住在这片土地上,大片的荒漠,不稳定的降水,稀少的水源,高原和山脉交叉的地势,使得这个民族难以凭借水稻和小麦等粮食种植活动满足温饱,只能依托草原发展畜牧业。羊是畜牧业的重中之重,是希伯来民族赖以生存的物质资料。

在《圣经》尤其是《旧约》中,牧羊活动几乎是人类劳动生活的全部。亚当和夏娃的儿子亚伯的职业就是牧羊;以撒和雅各与妻子相遇的契机就是妻子在河边放羊;雅各在决定返回家乡后,向拉班(他的舅舅和岳父)索要了绵羊和山羊中有点的、有斑的和黑色的作为自己服侍拉班的工钱和兴家立业的基础。在这些场合,羊是财富的代表,是基本满足人类生存和发展的物质资源。庞大的羊群代表充足的食物和服装原料,是生存的必需品。更重要的是,对于《圣经》中的民族而言,迁徙和战争都是为了寻找更为合适的草原,为牧羊活动或者生存劳动寻找更为合适的区域。"以上录名的人,在犹大王希西家年间,来攻击含族人的帐篷和那里所有的米乌尼人,将他们灭尽,就住在他们的地方,直到今日,因为那里有草场可以牧放羊群。"①因此,羊成为以畜牧业为重要生产方式的早期西方社会的财富象征。

二、沟通人神:神圣的祭品

除财富的象征外,羊在《圣经》中还充当祭祀祭品和隐喻喻体,由财富到祭

① 圣经·旧约[M].南京:中国基督教三自爱国运动委员会、中国基督教协会,2009:383.

品,从物质到精神,羊的形象进入宗教体系,成为宗教符号,最终成为宗教精神的象征,实现了由世俗到神圣的转变。

(一)祭与献祭

"祭",在英语中为 sacrifice,这个词最早出现在 13 世纪晚期,意为 offering of something (especially a life) to a deity as an act of propitiation or homage①,即向神献出某些东西(尤其是生命)以此表示献祭者的安抚或敬意;到 14 世纪中期,就演变成"被献祭的物品",也就是祭品的含义;直到现在,英语世界中的祭祀,主要是人为了表示自己的尊敬和信仰,向神献出一定的物品,而被献出的物品就是祭品。

羊在《圣经》中第一次出现是在《旧约·创世纪》中,亚当和夏娃的儿子亚伯的职业是牧羊。亚伯和兄长该隐一起向耶和华献祭(图 5-1),该隐献上了自己种的庄稼,亚伯献上了"羊群中头生的和羊的脂油"②,耶和华看中了亚伯的供物。羊第一次出现就越过庄稼和粮食,成为耶和华看中的贡物,这一结果反映的是当时社会生产活动中畜牧业对农业的胜利。亚伯拉罕向上帝献祭以撒,证明自己信仰的坚贞,耶和华晓谕亚伯拉罕用公羊代替以撒,作为祭品的羊出现在了耶和华为以色列民众设置的祭祀节日中。

图 5-1 亚伯和该隐献祭③

① 来自词源在线(https://www.etymonline.com/search? q = sacrifice)。

② 圣经·旧约[M].南京:中国基督教三自爱国运动委员会、中国基督教协会,2009:3.

③ 来自搜狐网(https://www.sohu.com/a/336228076_120303162)。

祭品,是人在祭祀活动中献给神的物品。羊作为祭品献给耶和华的场景在《出埃及记》和《利未记》中大量出现。第一个隆重的祭祀节日就是“逾越节”。在《出埃及记》中提到基督教的传统节日逾越节,“逾越”即“越过”,是耶和华为以色列人惩罚埃及人的节日:

> 你们要以本月为正月,为一年之首。你们吩咐以色列全会众说:本月初十日,各人要按着父家取羊羔,一家一只。若是一家的人太少,吃不了一只羊羔,本人就要和他隔壁的邻舍共取一只。你们预备羊羔,要按着人数和饭量计算。要无残疾、一岁的公羊羔,你们或从绵羊里取,或从山羊里取,都可以。要留到本月十四日,在黄昏的时候,以色列全会众把羊羔宰了。各家要取点血,涂在吃羊羔的房屋左右的门框上和门楣上……我是耶和华。这血要在你们所住的房屋上作记号,我一见这血,就越过你们去,我击杀埃及地头生的时候,灾殃必不临到你们身上灭你们。①

此后,所有的祭祀节日,包括赎罪祭、燔祭、赎愆祭、平安祭都需要把羊、羔羊或者山羊作为祭品献给耶和华。作为祭品的不仅仅是羊肉,羊毛、羊皮和羊角都是祭祀礼仪中必不可少的关键性物品。

首先是羊毛,在《旧约·出埃及记》中,耶和华晓谕摩西为他建造圣所,“你告诉以色列人当为我送礼物来,凡甘心乐意的,你们就可以收下归我。所要收的礼物,就是金、银、铜,蓝色、紫色、朱红色线,细麻,山羊毛,染红的公羊皮,海狗皮……又当为我造圣所,使我可以住在他们中间”②。在耶和华要求的圣所中,“你要用山羊毛织十一幅幔子,作为帐幕以上的罩棚”③,山羊毛是祭祀场所和祭品中的重要组成部分。

其次是羊皮,同样在《旧约·出埃及记》中频繁出现。在制作帐幕以上的罩棚时,羊皮是主要材料,但“又要用染红的公羊皮作罩棚的盖,再用海狗皮作一层罩棚上的顶盖”④,耶和华告诉摩西,他接受的礼物也包括染红的公羊皮。

---

① 圣经·旧约[M].南京:中国基督教三自爱国运动委员会、中国基督教协会,2009:63.
② 圣经·旧约[M].南京:中国基督教三自爱国运动委员会、中国基督教协会,2009:76.
③ 圣经·旧约[M].南京:中国基督教三自爱国运动委员会、中国基督教协会,2009:77.
④ 圣经·旧约[M].南京:中国基督教三自爱国运动委员会、中国基督教协会,2009:78.

最后是羊角,在《旧约 · 约书亚记》中,以色列人攻打耶利哥,耶和华告诉约书亚:

> 七个祭司要拿七个羊角走在约柜前。到第七日,你们要绕城七次,祭司也要吹角。①
>
> 嫩的儿子约书亚召了祭司来,吩咐他们说:“你们抬起约柜来,要有七个祭司拿七个羊角走在耶和华的约柜前。”……约书亚对百姓说完了话,七个祭司拿七个羊角走在耶和华面前吹角,耶和华的约柜在他们后面跟随。②
>
> 七个祭司拿七个羊角,在耶和华的约柜前,时常行走吹角,带兵器的在他们前面走,后队随着耶和华的约柜行。祭司一面走一面吹。③

约柜,至圣所(图 5 - 2)里面唯一的陈设物,是基督教最神圣的宗教所有物,象征耶和华的直接降临。在约柜之前,通过羊角为耶和华的活动做导引。虽然羊毛、羊皮和羊角出现的频率比较低,但是它们作为羊的一部分,在《圣经》中占据特殊的地位和作用,是祭祀活动中必不可少的一部分。

图 5 - 2 圣所透视图④

① 圣经 · 旧约[M]. 南京:中国基督教三自爱国运动委员会、中国基督教协会,2009:207.

② 圣经 · 旧约[M]. 南京:中国基督教三自爱国运动委员会、中国基督教协会,2009:207.

③ 圣经 · 旧约[M]. 南京:中国基督教三自爱国运动委员会、中国基督教协会,2009:207.

④ 来自基督复临安息日会先导纪念堂(http://vww. hksdachurch. org/BibleTruth/Judgementsc. htm)。

为什么是羊进入祭祀,成为人神沟通的媒介,成为具有神性的动物?羊作为基督教的一个宗教符号,在基督教世界中又象征什么?接下来笔者将从宗教仪式和宗教禁忌两个方面进行讨论。

(二)宗教仪式

以祭祀为代表的宗教仪式是宗教世界的重要组成部分,是宗教文化的表达与凝结。在宗教仪式中,参与者、祭品、活动场所都蕴含了浓厚的文化意味,成为一种文化符号。"羊"进入宗教仪式,通过祭祀活动的洗礼,被赋予宗教精神,成为一个典型的宗教文化符号。

1. 宗教文化的符号化

符号从人诞生起就存在于人的生活中,用符号来传达消息是人的本能,也是人所特有的能力。人使用符号的行为源于自然系统没有给人提供通用甚至说可用的表意形式,所以需要人自己从自然空间的客观事物中提取、总结、凝练出独特的表意形式。象征是符号的一部分,二者都是人与人之间交换信息的中介。不同之处在于,象征所代表的东西比符号更加深刻,它可以深入人最深层的精神和思想层面,含义更加丰富。符号只是一种实物与映象的媒介,符号最大的功能在于可以使人快速联想到它所指代的客观事物,它只存在于浅层事物的理解和沟通,深层的思想大多无法涉及;而对于象征来说,它的作用在于将客观事物与思想和精神联系在一起,它是一种比喻,更确切地说是一种隐喻。例如,在中国的传统诗歌中存在着一种被称为"意象"的媒介或者符号,诗人通过一种客观事物,来表达一种思想感情,是一种符号的象征,苏轼的《水调歌头》中,"月亮"不仅表示天上的明月,同样象征诗人在特定时间对家乡和亲人的思念,"思念"就是"月"这一符号的象征含义。如哈贝马斯所说,象征就是存在、体验或者自我表现。

现代符号学主要以索绪尔的语言学为中心,索绪尔关于语言"能指"和"所指"的理论作为符号学的基础被广泛运用于文化解读中。所有的文化符号都具有深层含义,必须传达精神思想,而且大部分文化依赖于语言进行传播,因此,我们可以采用能指和所指的方法理解宗教文化符号的象征。

首先,符号不限于语言的形式。在宗教文化中,整个宗教空间是一个想象中的象征符号。这一象征符号存在于人类的想象中,具有空间维度,是一个虚拟的符号空间。在这个空间里,存在大量与现实世界有映照或无映照的宗教符号,它们是一个完整的文化空间符号。

而在宗教文化中存在多种多样的符号,小到人的衣食住行,大到宗教世界中的山川河流,都可以被视为宗教文化的象征符号。宗教通过这些大大小小的象征符号传达独特的文化意义。另外,在宗教世界中,也同样存在一些现实世界中不存在,需要靠人类自己的想象来建构的文化符号,如基督教世界中的天堂和地狱、佛教世界中的轮回转世,都是一种纯粹的虚构,只存在于各自的信仰体系之中,但它们依旧传递宗教的文化意义和观念思想。总之,宗教世界通过这些符号化的象征,表现宗教对人的生活和生命的关怀。

确立了宗教符号与象征的存在,接下来要探究其内在意义。宗教仪式、宗教事务以及它们在民族和社会中的功能是寻找象征意义的路径,而非目的。寻找符号与象征的内在意义,是为了确定它们在民族精神或人类思想发展进步中的表现和作用,抽象出它们所代表的思想、情感、态度或信仰。

一种具体事物何以被赋予意义并进入宗教最终成为一个宗教象征符号?符号是人在群体交流中创造出来的抽象表达,在这种意义上,一种事物符号在创立初期所代表的仅仅只是它表面的浅层意义,比如“羊”在最开始仅仅指物质财富;随着人类文化和思想的发展,他们开始将“羊”符号的意义延伸、扩大,根据不同的场合创造出不同的深层意义,这些意义慢慢被固定下来,成为特定的象征,事物从符号到象征的过程就是如此。

2. 羊的宗教符号化

在符号创立初期,“羊”仅指代物质财富,随着人类文化的进步、民族宗教的建立,代表财富的“羊”进入宗教文化体系,成为祭祀祭品,被赋予一定的文化意味,宗教思想不断发展,“羊”的意义不断深入,最终成为宗教精神的象征。由此可知,宗教符号化在本质上是一个选择、赋予、深入和固定的过程,从这一角度来看“羊”的宗教符号化,需要解决的问题是:为什么是“羊”被选择进入祭祀以及“羊”被赋予了哪些意义,最终固定的象征又蕴含了何种精神意蕴?

第一,为什么是“羊”进入祭祀,成为人神沟通的符号?

羊是被神喜爱的礼物,是神主动接受的祭品。“该隐拿地里的出产为供物献给耶和华;亚伯也将他羊群中头生的和羊的脂油献上。耶和华看中了亚伯和他的供物。"[①]羊的脂油打败了粮食，成为神喜爱的礼物，羊代表的就是神的喜好。而被羊打败的是"地里的出产"——粮食，这一过程反映了当时畜牧业对农业的胜利，这个结果是由《圣经》世界的地理条件决定的。

《圣经》世界中的地理环境是复杂而多变的，"新月沃地"是一个高山、荒漠过渡地带，中间混合了少许草原，在这样的世界里，可以提供粮食种植的地方少之又少。因此，农耕绝不会成为这里主要的生产活动，反而是畜牧业所占比重更大，是可以维持庞大的部落生存的重要活动。出于这种现实要求，羊自然成为民族的财富，得到宗教世界的重视。

宗教祭祀的目的是实现人神互动。一旦人的要求得到了满足，举行祭祀活动的人便以为神接受了自己的礼物，人神沟通完成，祭品自然就被确定为人神沟通的媒介。因为人沟通的对象是神，这种媒介自然就具有了强烈的神性。在希伯来社会，羊是物质财富的象征，被默认为是最优秀的祭品，在人神沟通的过程中实现了由世俗向神圣的转变。

第二，羊在宗教仪式中具有哪些作用？

在基督教宗教仪式中，羊具有沟通人神，替代人类受罪，洗清人的罪责的功能。

《圣经》中对宗教祭祀仪式的详细描写主要记录在"摩西五经"，即《创世纪》《出埃及记》《利未记》《民数记》和《申命记》中，这些是律法书的部分，而其中关于宗教节日祭祀的部分又基本都在《出埃及记》和《利未记》中，尤其是《利未记》更被称为"祭祀法典"，他们是整个宗教社会行为的活动准则。在这些律法书中，出现了基督教中几个重要的祭祀活动，如燔祭、素祭、平安祭、赎愆祭、赎罪祭、逾越节，相关文献列举如下：

> 你们中间若有人献供物给耶和华，要从牛群羊群中，献牲畜为供物……人的供物若以绵羊或山羊为燔祭，就要献上没有残疾的公羊。要把羊宰于坛的北边，在耶和华面前；亚伦子孙作祭司的，要把羊血洒在坛的周围。要把燔祭牲切成块子，连头和脂油，祭司就要摆在坛上火的柴上。但脏腑与腿要用水洗，祭司就要全然奉献烧在坛上。这是

---

① 圣经·旧约[M].南京：中国基督教三自爱国运动委员会、中国基督教协会，2009:3.

燔祭,是献与耶和华为馨香的火祭。[①]

人向耶和华献供物为平安祭,若是从羊群中献,无论是公的、是母的,必用没有残疾的。若献一只羊羔为供物,必在耶和华面前献上,并要按手在供物的头上,宰于会幕前……人的供物若是山羊,必在耶和华面前献上。要按手在山羊头上,宰于会幕前……脂油都是耶和华的。在你们一切的住处,脂油和血都不可吃,这要成为你们世世代代永远的定例。[②]

官长若行了耶和华他神所吩咐不可行的什么事,误犯了罪,所犯的罪自己知道了,就要牵一只没有残疾的公山羊为供物,按手在羊的头上,宰于耶和华面前,宰燔祭牲的地方……民中若有人行了耶和华所吩咐不可行的什么事,误犯了罪,所犯的罪自己知道了,就要为所犯的罪牵一只没有残疾的母山羊为供物,按手在赎罪祭牲的头上,在那宰燔祭牲的地方宰了……人若牵一只绵羊羔为赎罪祭的供物,必要牵一只没有残疾的母羊,按手在赎罪祭牲的头上,在那宰燔祭牲的地方宰了作赎罪祭。[③]

他有了罪的时候,就要承认所犯的罪,并要因所犯的罪,把他的赎愆祭牲,就是羊群中的母羊,或是一只羊羔,或是一只山羊,牵到耶和华面前为赎罪祭。至于他的罪,祭司要为他赎了……人若在耶和华的圣物上误犯了罪,有了过犯,就要照你所估的,按圣所的舍客勒拿银子,将赎愆祭牲,就是羊群中一只没有残疾的公绵羊,牵到耶和华面前为赎愆祭……若有人犯罪,行了耶和华所吩咐不可行的什么事,他虽然不知道,还是有了罪,就要担当他的罪孽。也要照你所估定的价,从羊群中牵一只没有残疾的公绵羊来,给祭司作赎愆祭。[④]

亚伦为圣所和会幕并坛献完了赎罪祭,就要把那只活着的公山羊奉上。两手按在羊头上,承认以色列人诸般的罪孽、过犯,就是他们一切的罪愆,把这罪都归在羊的头上,借着所派之人的手,送到旷野去。

---

① 圣经·旧约[M].南京:中国基督教三自爱国运动委员会、中国基督教协会,2009:94.
② 圣经·旧约[M].南京:中国基督教三自爱国运动委员会、中国基督教协会,2009:95.
③ 圣经·旧约[M].南京:中国基督教三自爱国运动委员会、中国基督教协会,2009:96.
④ 圣经·旧约[M].南京:中国基督教三自爱国运动委员会、中国基督教协会,2009:97.

要把这羊放在旷野,这羊要担当他们一切的罪孽,带到无人之地。①

在这些节日和祭祀活动中,羊的重要作用是顶替人的罪责(图5-3),这也是英语世界中scapegoat(替罪羊)一词的由来。那么为什么是羊顶替人的罪责呢?在耶和华看来,羊是一种洁净的动物,它可以改变人的不洁净状态或把人的罪恶转移到自己身上,不洁净就会产生罪,因此人需要羊来代替自己赎罪,使自己恢复到洁净的状态。

图5-3 赎罪祭献祭羊羔②

因为这种纯洁性,羊被耶和华用来形容自己的子民。在《新约·撒母耳记下》中,大卫为耶和华建造了宫殿,耶和华认为不妥,派拿单对大卫说:"万军之耶和华如此说:'我从羊圈中将你召来,叫你不再跟从羊群,立你作我民以色列

① 圣经·旧约[M].南京:中国基督教三自爱国运动委员会、中国基督教协会,2009:109.

② 来自基督复临安息日会先导纪念堂(http://vww.hksdachurch.org/BibleTruth/Judgementsc.htm)。

的君。你无论往哪里去,我常与你同在,剪除你的一切仇敌……。’”①

耶和华向以色列人发怒,派灭民的天使去耶路撒冷降灾,大卫看见灭民的天使,就向耶和华祷告:“我犯了罪,行了恶;但这群羊作了什么呢? 愿你的手攻击我和我的父家。”②

以色列王就是否要攻打基列的拉末询问音拉的儿子米该雅,米该雅回答道:“我看见以色列众民散在山上,如同没有牧人的羊群一般。耶和华说:‘这民没有主人,他们可以平平安安地各归各家去。’”③

《诗篇》中,民众更是把自己比作羊群,将耶和华描述为羊群的牧人,以求得耶和华的庇护:

> 但如今你(指神)丢弃了我们,使我们受辱,不和我们的军兵同去。你使我们向敌人转身退后,那恨我们的人任意抢夺。你使我们当作快要被吃的羊,把我们分散在列邦中……我们为你的缘故终日被杀,人看我们如将宰的羊。④
>
> (亚萨的训诲诗)神啊,你为何永远丢弃我们呢? 你为何向你草场的羊发怒如烟冒出呢?⑤
>
> 你(神)曾借摩西和亚伦的手引导你的百姓,好像羊群一般……他(神)却领出自己的民如羊,在旷野引他们如羊群(指神帮助以色列人逃出埃及)……拣选他的仆人大卫,从羊圈中将他召来,叫他不再跟从那些带奶的母羊,为要牧养自己的百姓雅各和自己的产业以色列……这样,你的民、你草场的羊要称谢你,直到永远;要述说赞美你的话,直到万代……领约瑟如领羊群之以色列的牧者啊,求你留心听! 坐在二

① 圣经·旧约[M].南京:中国基督教三自爱国运动委员会、中国基督教协会,2009:296.

② 圣经·旧约[M].南京:中国基督教三自爱国运动委员会、中国基督教协会,2009:317.

③ 圣经·旧约[M].南京:中国基督教三自爱国运动委员会、中国基督教协会,2009:347.

④ 圣经·旧约[M].南京:中国基督教三自爱国运动委员会、中国基督教协会,2009:540-541.

⑤ 圣经·旧约[M].南京:中国基督教三自爱国运动委员会、中国基督教协会,2009:560.

基路伯上的啊,求你发出光来……因为他是我们的神,我们是他草场的羊……我们是他造的,也是属他的;我们是他的民,也是他草场的羊。①

最能体现羊与民众的相似性的表述在《新约·马太福音》中,耶稣反复讲述牧人丢羊和找羊的故事(图5-4),用"迷失的羔羊"形容他的信徒:"他看见许多的人,就怜悯他们,因为他们困苦流离,如同羊没有牧人一般。"②在这些文字里,反复用羊群来隐喻无辜的民众,将耶和华与耶稣当作牧人。在神看来,民众就像一群没有方向、没有领导者的绵羊,他们无辜而温顺,需要神的保护和引导。因此,羊在这里就承担了洁净、温顺和无辜的精神内涵。

图5-4 "牧人"耶稣为"迷失的羔羊"引导③

综上所述,由于"新月沃地"地理情况复杂,农业发展受到阻碍,畜牧活动成为以色列民族赖以生存的重要生产方式,在这种特殊的社会环境中,羊作为民族传承的一部分进入民族的宗教文化,并产生神性,成为人神交流的媒介;因为羊洁净,可以参与祭祀活动,具有承担人类罪责的功能,被用来隐喻耶和华的子

① 圣经·旧约[M].南京:中国基督教三自爱国运动委员会、中国基督教协会,2009:563.

② 圣经·新约[M].南京:中国基督教三自爱国运动委员会、中国基督教协会,2009:11.

③ 来自网易网(https://m.163.com/dy/article_cambrian/EVFRLECR0541A2Q0.html)。

民,最终成为洁净、无辜、温顺的宗教符号象征。

3. 善与恶:绵羊和山羊的符号所指

值得关注的一个现象是,在《圣经》中温顺、洁净、无辜的象征符号仅限于绵羊。而山羊在《圣经》中则常被视为“鬼魔”,是邪恶的象征:

> 他们不可再献祭给他们行邪淫所随从的鬼魔(原文作“公山羊”)。这要作他们世世代代永远的定例。①
>
> 耶罗波安为邱坛、为鬼魔(原文作“公山羊”)、为自己所铸造的牛犊设立祭司。②

《新约·马太福音》中基督在最后审判之时用“绵羊”和“山羊”来代表好人和坏人(图5-5):

图5-5　戈雅《女巫们的安息日》③

① 圣经·旧约[M].南京:中国基督教三自爱国运动委员会、中国基督教协会,2009:110.

② 圣经·旧约[M].南京:中国基督教三自爱国运动委员会、中国基督教协会,2009:419.

③ 来自黄泰华油画(http://www.youhuas.com/Artist/oilpainting1786.html)。

他要把他们分别出来，好像牧羊的分别绵羊、山羊一般；把绵羊安置在右边，山羊在左边。于是，王要向那右边的说："你们这蒙我父赐福的，可来承受那创世以来为你们所预备的国。因为我饿了，你们给我吃；渴了，你们给我喝；我作客旅，你们留我住；我赤身露体，你们给我穿；我病了，你们看顾我；我在监里，你们来看我。"①

在《圣经》中，山羊是典型的邪恶的代表，它本身不具有纯洁性，因此也不能成为祭品和替罪羊。

山羊与绵羊在性格上有显著的差异，绵羊相对于山羊更加温顺，性格温和，山羊更加活跃，更加好战。相对于好战的公山羊，温和的绵羊与基督教忍耐赎罪的基本教义更加契合，神性也更为浓厚。

（三）宗教禁忌

原始社会中，伴随着宗教世界和宗教思想的初步建立，宗教禁忌也随之出现。在人的成长过程中，宗教禁忌的确在一定程度上完成了对人的初步教化，促进了社会的规范化。

宗教禁忌，是原始社会人思想成熟的判定标准，标志着人类思想的进步。接受了宗教禁忌的人，会明白他们在宗教世界中被允许做的事和被禁止做的事，并且了解宗教世界的规则和秘密。只有接受宗教禁忌的人，才是宗教世界中具有美德的、遵守社会规范的、可以严格约束自己的"真正"的人。在这种意义上，宗教禁忌代表着宗教社会的文化和规范，并且是达到这个规范的手段，正如金泽在《宗教禁忌》一书中说道："在传统社会里，宗教禁忌既是文化模式与社会秩序的内容，又是其手段。"②宗教禁忌正是凭借着"禁忌"背后严厉的惩罚，以强制或潜移默化的方式，把人的观念和行为渐渐驯化为符合宗教规范的东西。它是人类文明的一部分，与人类社会的发展密不可分。

因此，作为社会规范的宗教禁忌归根结底就是一种文化表现，具有高度的文化性。人类一出生就面对着绝对物质化的自然界，面对着人与自然的对立，思想和技术均落后的人类明白他们无法从物质上改变自然，只能在精神和思想

---

① 圣经·新约[M].南京：中国基督教三自爱国运动委员会、中国基督教协会，2009：33.

② 金泽.宗教禁忌[M].北京：社会科学文献出版社，1998：2.

领域打败自然,寻找属于自己的自由,人类的历史就是一部不断争取精神自由的历史。康德在他的《答“何谓启蒙”之问题》一文中说道:“启蒙是人之超脱于他自己招致的未成年状态。未成年状态是无他人底指导即无法使用自己的知性的那种无能。”[①]这里的“知性”指理性,启蒙的状态是可以自由使用理性的状态,是一种自由的精神状态。

形成自我约束,争取精神自由,是人类约定宗教禁忌的根本目的。在人争取精神自由的过程中,必然要面临从“自然”人转变为“文明”人的过程,这一升华过程要面对和解决的就是自然欲望的宣泄。人要学会克制自己的某些欲望,克制的行为会给人带来约束和自律的收获。因此,人类从“自然”到“文明”的变化,最根本的就是将自我约束形成制度并自觉遵守,即社会化和内在化,再把多余的精力转到文化创造的事业上来。

宗教禁忌是一种人在与他人或世界的交往中主动建立的行为规范,目的在于约束人的言行,使人往更好的方向发展。一般的宗教仪式,也就是积极的宗教符号象征往往鼓励人们做什么,但是对于宗教禁忌来说,则是通过消极的符号象征告诉人们不许做什么,它也是宗教符号和行为的一部分。吕大吉在《宗教学通论》中说道:“宗教生活中的禁忌是一种常见的现象,本质上是人们信仰和崇拜神秘的异己力量和神圣的宗教对象的一种宗教行为。”[②]综上所述,宗教禁忌就是一种否定性的行为规范。

行为规范是宗教世界的一个组成部分。在《圣经》看来,通过实践肯定性的行为,信徒在死后会进入神圣的世界——天堂,而一旦实践了否定性的行为,人死后将进入世俗甚至说堕落的世界——地狱。这种神圣与堕落的区别,使得人在面对自然界或未知的物质世界时不会再感到茫然和混乱,在宗教影响下的世界将会是一个有组织、有秩序、有未来的光明世界。人在这样一种井然有序的世界中得以找到自己的地位,明确自己的目标,产生强烈的安全感。

人在避免宗教禁忌、严格按照宗教行为规范行事时会感到心灵的净化和追求神圣的满足感。玛丽·道格拉斯在 1966 年出版的《洁净与危险》一书中提出,《圣经》中反复提到神明的戒律,本质上体现了神圣就是一种有秩序而不是混乱的观念。这就是宗教禁忌的作用——创造一个安全的、秩序井然的世界。

---

① 康德.康德历史哲学论文集[M].李明辉,译注.桂林:广西师范大学出版社,2020:23.

② 吕大吉.宗教学通论[M].北京:中国社会科学出版社,1989:273.

在《圣经》中,与羊有关的宗教禁忌主要体现在食物和祭祀礼仪两个方面。

伊斯兰教和犹太教都禁食猪肉。在《旧约·利未记》中,根据活动的空间——陆地、水中和天上,将动物分为三类,这三类动物中又存在各自"正常"和"不正常"的动物,在耶和华看来,只有正常的动物是可以食用和接触的,"不正常"的动物则是不洁的。区分"正常"和"不正常"的标准如下:

> 在地上一切走兽中可吃的乃是这些:凡蹄分两瓣、倒嚼的走兽,你们都可以吃。但那倒嚼或分蹄之中不可吃的乃是骆驼,因为倒嚼不分蹄,就于你们不洁净……有鳍、有鳞的鱼类,你们都可以吃;但是没有鳍、没有鳞的鱼类,你们不可吃。你们要把它们当作不洁净的,不可吃它们的肉,连摸它们的尸体也不可……凡有翅膀的昆虫,除了会跳的,都是不洁净的……鼹鼠、老鼠、田鼠和蜥蜴,都要当作不洁净的。谁摸了它们或它们的尸体,谁就不洁净到傍晚……地面的小爬虫,无论是用肚子爬的,用四只脚走的,或用很多脚走的都不可吃。你们不可吃这些爬虫来玷污自己。①

这些动物成为禁食的对象,除去卫生的原因,更大一部分的原因在于宗教世界神圣的秩序,宗教中事物之间的分类界限和标准不能被破坏。如《旧约·申命记》中所言:"不可并用牛、驴耕地。不可穿羊毛、细麻两样掺杂料作的衣服。"②禁止穿羊毛和细麻混合做的衣服,不是因为这两样混合做的衣服不结实,而是因为这种混合消解了物与物之间的界限,影响了服装的纯洁性。上帝厌恶会破坏秩序的事物和行为,任何会破坏秩序、混淆界限的事物和行为都是被禁止的,这才会有上帝禁止食用具有模棱两可性质的食物,如猪、骆驼、兔子等,也禁止穿羊毛和细麻掺杂做的衣服。

因为这些事物和行为对界限的混淆和秩序的破坏影响了上帝对他所管理的宗教世界的设想,所以是被禁止的。吃了被禁止的食物,或者做了不被耶和华允许的行为就会成为不洁净的人,而不洁净的人是有罪的,有罪的人在死后

---

① 圣经·旧约[M].南京:中国基督教三自爱国运动委员会、中国基督教协会,2009:102-103.

② 圣经·旧约[M].南京:中国基督教三自爱国运动委员会、中国基督教协会,2009:148.

经过审判会进入地狱。与之相反,被耶和华提出的宗教仪式都是符合宗教世界秩序的,是洁净和圣洁的。《旧约 · 利未记》一直强调上帝是神圣、圣洁的,在宗教祭祀活动中直接与上帝接触的人和物,即祭司和祭品必须是洁净的和圣洁的。

祭司作为直接与上帝沟通的人必须保持洁净,才不会招致上帝的厌恶。要保持这种洁净,祭司必须做到以下四点:第一,除了自己的父母、儿女、兄弟和未出嫁的妹妹的葬礼,祭司不能参加其他的葬礼;第二,祭司必须保持身体的完美,不可以剃头、刮胡子、伤害自己的身体等;第三,祭司只能跟本族的处女结婚,不能和妓女、非处女或者离过婚的女子结婚,并且祭司的女儿不能成为妓女;第四,祭司身体不能出现残疾,“凡有残疾的,无论是瞎眼的、瘸腿的、塌鼻子的、肢体有余的、折脚折手的、驼背的、矮矬的、眼睛有毛病的、长癣的、长疥的,或是损坏肾子的,都不可近前来”①。

祭祀的祭品是献给上帝的,它们是民众用来取悦上帝的工具,必须是洁净的。“瞎眼的、折伤的、残废的、有瘤子的、长癣的、长疥的都不可献给耶和华”②,“肾子损伤的,或是压碎的,或是破裂的,或是骟了的,不可献给耶和华”③,在前文所说的燔祭、赎罪祭、平安祭、赎愆祭等祭祀活动中,都提出作为祭品的羊必须是无残疾的。

洁净、圣洁在《圣经》世界中意味着完美,完美包括“正常”,即必须符合秩序和界限,不会引起混乱。被献祭的动物不可有残疾,民众在进入圣所之前必须是洁净的,产妇要净身,麻风病人、皮肤病人要经过治疗和净化。

这种宗教禁忌的目的除了守护秩序和界限,另一个作用是将洁净和不洁净加以区分。《圣经》中明确指出,“洁净”是完美,没有残疾,没有缺陷,没有被污染和混淆;“不洁净”就是残疾的、有缺陷的、被污染和混淆的。作为神的子民,必须时刻注意保持自身的洁净,不可以行不被神允许的事,这样才能在死后通过审判来到天堂。《旧约 · 利未记》中说:“男子不可跟男子有性关系;这是上帝

---

① 圣经 · 旧约[M]. 南京:中国基督教三自爱国运动委员会、中国基督教协会,2009:114.

② 圣经 · 旧约[M]. 南京:中国基督教三自爱国运动委员会、中国基督教协会,2009:115.

③ 圣经 · 旧约[M]. 南京:中国基督教三自爱国运动委员会、中国基督教协会,2009:115.

所厌恶的。无论男女都不可跟兽类有性关系；因为这是逆性的行为，是对自己的侮辱。你们要遵守我的诫命。不可使不同类的牲畜交配；不可在同一块田里播下两样种子；不可穿两种原料织成的衣服。”①

在玛丽·道格拉斯看来，这里的“逆性”是希伯来词语 tabhel 一词的误译，这个词的本义应该是混合或者混乱。

> 神圣性要求每个人都符合他所归属的阶级或阶层；神圣性要求不同种类不同层次的事物不能混淆。宗教禁忌是神圣的卫士，它包含着正确的定义、界限、区别与秩序，捍卫神圣，实际上是捍卫创世诸范畴的独特性。②

从宗教禁忌角度看，羊作为被纳入宗教仪式中的动物和祭品，到底代表什么？如果说猪、骆驼和兔子被禁止食用是因为不符合秩序，混淆了界限，那么羊作为合理的食物必然因为它符合秩序，界限明晰。

“在地上一切走兽中可吃的乃是这些：凡蹄分两瓣、倒嚼的走兽，你们都可以吃。”③羊是一种符合规范的、洁净的食物，如何进一步成为上帝喜爱的祭祀品？《旧约·创世纪》中上帝在创造世界的第六日对他创造的动物有这样一段描述：“至于地上的走兽和空中的飞鸟，并各样爬在地上有生命的物，我将青草赐给它们作食物。”④在上帝看来，他所创造的动物就应该以青草为食物。也许羊也是因为这一点，才能进入上帝的眼中，成为上帝所喜爱的符合规范的祭祀品。上帝耶和华与民众的代表摩西立约，繁复但全面的条约就是为了尽可能解决民众生活中方方面面的问题，尽量减少民众因为无知而触犯禁令，成为不洁净的罪人。

宗教禁忌同样属于宗教文化的一部分，是宗教生活中具有否定性的行为规范。在《圣经》中，宗教禁忌主要有行为和食物两个方面，正是因为这些行为和

---

① 圣经·旧约[M]. 南京：中国基督教三自爱国运动委员会、中国基督教协会，2009：111.

② 金泽. 宗教禁忌[M]. 北京：社会科学文献出版社，1998：179.

③ 圣经·旧约[M]. 南京：中国基督教三自爱国运动委员会、中国基督教协会，2009：102.

④ 圣经·旧约[M]. 南京：中国基督教三自爱国运动委员会、中国基督教协会，2009：1.

食物破坏了宗教世界的秩序,破坏了人在宗教世界中的安全感,所以,羊被纳入宗教仪式之中,它所代表的就是秩序和规范,是人寻求安全的媒介。因此,从宗教禁忌方面来看,羊就是一种象征秩序和规范的文化符号。

“羊”进入《圣经》经历了一个符号化的过程。最初的羊是早期希伯来民族的温饱来源,是物质财富的代表;但随着民族文化的发展进步,以《圣经》为代表的宗教文化萌芽成长,“羊”作为人神沟通的媒介进入祭祀体系,完成了由世俗到神圣的转变;在以《圣经》为代表的基督教世界中,“羊”被拆分为绵羊和山羊两种,绵羊因其温顺的性格,成为基督教文化中忍耐牺牲、无辜纯洁的代表,象征对世界秩序的尊重,而山羊由于其好战的特质成为邪恶的代表。从财富到人神沟通的媒介再到善与恶、秩序与安全的象征符号,“羊”的文化意义在西方世界经历了一个意义转化的符号化过程。

三、基督教沿丝绸之路的传播

基督教从欧洲向外传播得益于航海大发展的时代,与殖民同步的是文化交流和融合。海上丝绸之路是航海时代的产物,在这条路上有探宝的各殖民帝国,展示中国明朝政府实力的郑和舰队,也有来往于中国和阿拉伯半岛的商贸队伍,更有 16 世纪之后雄心勃勃、意图殖民扩张的西方国家,机遇与风险并存,商业和文化碰撞,为西方文明和东方文明的碰撞架构起了一座伟大的桥梁。

(一)基督教在欧洲的融会贯通

基督教、佛教和伊斯兰教并称为世界三大宗教,是世界上信仰人数最多、分布最为广泛、影响最大的三个世界性宗教。基督教是两希文明融合下的产物,是西方文明的重要基石,也是西方世界最为重要的宗教。这样一个宗教在文明交流和交通相对闭塞的古代,是如何从遥远的欧洲和美洲传播到亚洲,并且与佛教和伊斯兰教并称为世界三大宗教,在亚洲,尤其是东亚地区占据一席之地的呢?这主要归功于丝绸之路尤其是海上丝绸之路的开辟,为传教士东进创造了必要条件。

基督教最早起源于 1 世纪左右的巴勒斯坦地区,最初它属于古希伯来传统宗教——犹太教的一个分支。古希伯来地区的犹太民族主要居住在巴勒斯坦地区,“新月沃地”是他们的聚集区。犹太人在长期的游牧生活中形成了他们的传统宗教——犹太教,主张信奉唯一的上帝耶和华,祈求唯一的救世主弥赛亚,

《圣经》是犹太教的经典,是希伯来人将从古至今所有的文献典籍综合起来经过祭司合并编撰的宗教教义集合,内容庞大复杂,包括民间故事、历史史实、歌颂战争和爱情的歌谣,以及以色列和犹太民族国王的编年纪、各种先知语录、国家法律,最重要的就是完整详尽的犹太教的教律和教义。这部犹太教经典《圣经》在基督教成立之后被称为《旧约》,与基督教创造的新的经文《新约》一起统称为《圣经》。

1 世纪的巴勒斯坦被来自北方的罗马帝国所攻陷并占领,罗马帝国在这个地区实行的严苛政策,激起居住在巴勒斯坦地区犹太人的不满,于是在 1 世纪 60 至 70 年代,发动了多次大规模的起义,对抗罗马帝国的统治。这段经历在历史上被称为"犹太战争",受到罗马政府的严厉镇压,上百万的犹太人被屠杀,犹太教的中心耶路撒冷的圣殿也被强制拆毁。这一时期,犹太人中盼望上帝耶和华派遣救世主弥赛亚拯救世界的思想越演越烈,也有犹太教民吸收古代波斯和古巴比伦的宗教观念形成各种各样的犹太教分支,这些分支虽然思想有细微差别,但总的来说主要分为两类:一类是坚持弥赛亚终将降临,解救众生,属于正统的犹太教徒;另一类则善于变通,相信耶稣就是弥赛亚的化身,属于基督教的早期教徒。目前我们所知的最早的基督教文献就是《约翰启示录》,它成书于 1 世纪后期。

基督教的创立者是散居各地的犹太教信徒,他们面临着国家被毁、圣殿被拆的灾难,极度仇恨罗马人的侵略,他们到处流浪,学习各地不同的宗教思想,吸收不同宗教的精华部分,形成了反对罗马帝国、吸纳社会下层人民的宗教机构,最初的基督教由此显出雏形。伴随基督教影响力的逐渐扩大,其开始吸纳不同的民族和国家,于是民族性慢慢被削弱,与之相随的战斗欲望也因此消减。逐渐扩大到不同民族的基督教,与犹太教的思想显示出越来越多的差别,渐渐成为新的宗教。

尽管如此,我们还是可以从基督教前期的成立和发展中看出,基督教最原始的思想基础,也就是它的教义、世界观、经典文献、仪式节日等很大程度上都是从犹太教中继承过来的,所以基督教在本质上与犹太教密不可分。但是,基督教在犹太教的基础上学习继承了古代希腊的哲学思想,主张人是神的奴仆,在神的面前人要忍耐顺从、忏悔禁欲等。基督教就在这样的思想融合中急速扩张,甚至在 392 年,即罗马皇帝狄奥多西一世统治时期,基督教成为罗马的国教。395 年,罗马帝国分裂为东罗马帝国和西罗马帝国。东罗马帝国又称拜占庭帝国,以君士坦丁堡为国都;西罗马帝国以罗马为首都,在476年被日耳曼民族占领,逐渐演变为众多封建国家。作为国教的基督教也因此分为东西两个派别,东基督教派被称为东正教,西基督教派被称为"公教",或者"罗马公教""天主教"。

东西基督教会分裂,罗马公教对东方教会虎视眈眈,拜占庭帝国的衰落使得基督教圣地耶路撒冷被伊斯兰教占领。于是罗马教皇鼓动民众组成军队前往耶路撒冷,保卫圣殿,进行"圣战"。此后200年,"圣战"均以失败告终,教皇权威严重下降,人民怨声载道。

与西欧的宗教改革同步的是商业的急速发展。中世纪欧洲的海上贸易急速发展,市民阶层迅速成长,他们要求更多的权利和自由,尤其是精神自由引导下的物质自由,反对教会的禁欲主义,追求个人欲望的发泄,追求享乐,这些思想在后世被称为"人文主义"。与此同时,他们也看到了教会的腐败和贪婪,所以由资产阶级领导的宗教改革运动在16世纪上半叶开始大规模爆发,产生了一批更适应资产阶级要求、更符合时代要求的新教:德国的路德派、瑞士的加尔文派和英国的圣公会。宗教改革的脚步并没有停止,直到20世纪,宗教改革依旧在继续进行,与宗教改革同步的是基督教一步步扩大,成为西方最大、最主要的宗教派别。

在近代,尤其是19世纪以来,伴随欧洲殖民主义的扩张,基督教走出欧美,向亚洲扩展,影响范围进一步扩大。

(二)基督教通过丝绸之路在东南亚的传播

海上丝绸之路的形成最早可以追溯到汉武帝时期,其主要是从中国的广州、泉州等东南沿海地区出发向西航行,路过香港、澳门进入印度洋领域,最终到达阿拉伯半岛地区。在海上丝绸之路的航行中,马来西亚、菲律宾、越南、缅甸、印度等东南亚国家成为关键枢纽。来自欧洲的基督教,在殖民者的航行中,沿着这条海上通道传播,并以东南亚为中转进入中国。

在16世纪之前的东南亚地区,宗教领域面临着佛教和伊斯兰教分庭抗礼的局面。缅甸、越南、老挝、泰国、柬埔寨等陆地国家流行的主要是佛教,而在菲律宾、马来西亚等海洋国家则是伊斯兰教独占鳌头。

基督教传播到东南亚地区的时间要晚于印度教、佛教和伊斯兰教。16世纪,当西方的传教士来到东南亚的时候,东南亚半岛地区的民众主要信奉中国文化、印度文化影响下的佛教文化，而海岛地区的民众主要信奉伊斯兰教，基督教可能的传播空间相对比较有限。同时，基督教在东南亚的传播与西方国家的殖民扩张活动、宗主国对传教活动的重视程度有着紧密的联系。虽然基督教在东南亚的传播时间相对较短，但在东南亚地区形成了以菲律宾和越南为中心的天主教影响区域。

16 世纪海上交通发达，欧洲国家海外殖民异军突起。西班牙和葡萄牙为争夺殖民在东南亚展开激烈对抗，最终达成的协议是：印度、马六甲、中国和日本成为葡萄牙的势力范围，菲律宾和拉丁美洲成为西班牙的领地。由此，葡萄牙开始在东南亚的殖民统治，基督教也在这片土地上生根发芽。

基督教是葡萄牙对东南亚进行殖民扩张的武器之一，紧随葡萄牙军队之后的是一大批传教士，其中最为著名的就是方济各·沙勿略（Francis Xavier）。1540 年，方济各·沙勿略受罗马教廷、耶稣会和西班牙国王的共同派遣，来到了东南亚的印度和马六甲地区，宣扬基督教的思想和教义，也为葡萄牙的殖民统治创造了思想条件。自此，基督教在印度、马六甲、印度尼西亚、泰国、缅甸等地区逐渐蔓延。与此同时，西班牙在菲律宾也迈出了宣教的脚步。与葡萄牙主要通过传教活动的手段不一样，西班牙在菲律宾的宗教统治主要是通过政治统治的方法实现的。西班牙占领菲律宾时主要实行政教合一的制度，这样一来，思想殖民和政治殖民彼此互为支柱。天主教在东南亚就此扎根并且迅速发展。

1588 年，英国海军击败了西班牙的无敌舰队，作为老牌殖民国家的西班牙开始没落，与此同时，英法等新兴殖民国家迅速崛起，取代了西班牙和葡萄牙，开始了它们在东南亚的传教活动和殖民统治。

法国信仰天主教，为了发展在东南亚的殖民势力，1615 年法国在越南成立了法国耶稣会，初见成效后又在 1658 年设立巴黎外方传教会，天主教在越南的影响力进一步加强，殖民统治愈加稳定。为了扩大殖民地范围，17 世纪法国带着天主教继续前往泰国，19 世纪深入柬埔寨，天主教在东南亚的势力日渐扩大。

槟榔屿是马来西亚北部的一个小岛，位于马六甲海峡北部，是东南亚一个重要的交通要塞。因其地理位置的重要性，1786 年英国占领槟榔屿，开启了其在东南亚的殖民统治。英国吸取葡萄牙和西班牙的经验，通过大力宣扬基督教思想巩固殖民统治，因此 1795 年伦敦传教会成立并进入东南亚。英国伦敦传教会是在伦敦成立的一个以海外传教为主要职责的基督教传教组织，它的成立标志着殖民活动影响下的基督教在近代海外传教活动中的兴起。伦敦传教会的快速发展加快了英国在东南亚殖民、传教的脚步,1819 年英国继续占领了新加坡,1824 年又从荷兰手中抢过马六甲。传教士和殖民军队的活动同步,多个教会组织在这时期成立。

美国进入东南亚的时间相比英国和法国而言较晚一些。19 世纪 30 年代,美国占领泰国和缅甸,效仿英国和法国迅速将浸礼会传入泰国和缅甸,但遭到了两国佛教的抵制,收效甚微。20 世纪美国进入菲律宾后迅速掌控菲律宾,在菲律宾境内大力发展、宣扬天主教思想,取得了卓越成效。菲律宾是目前亚洲唯一的一个天主教国家,是天主教在亚洲影响力最大的国家。

20 世纪下半叶,随着第二次世界大战的结束,西方资本主义国家在东南亚的统治宣告结束,基督教在东南亚各个国家的遗留程度也各有不同。对于菲律宾和新加坡这类海岛国家来说,由于其四面环海,文化氛围相对开放,对于基督教的接受程度较深。菲律宾是目前亚洲唯一的一个天主教国家,新加坡在殖民统治初期是基督教影响最小的国家,因为它的人口主要是来自中国南方的侨民,他们深受中国儒家思想的影响,对基督教接受较慢。但在二战结束后,新加坡成为除菲律宾外基督教影响最深的一个国家。在新加坡约有 20% 的国民成为基督教中新教的信徒,且其中绝大多数是华人。而对于老挝、越南、柬埔寨等陆地国家来说,封闭的地理位置及小乘佛教根深蒂固的影响或多或少地决定了其对于外来文化的接受程度,所以基督教对这些国家的影响力极其微弱,均未超过其总人数的 1%。而马来西亚、印度尼西亚则是伊斯兰教的领地,尤其是马来西亚,伊斯兰教是其国教,基督教传播受限。因此,基督教主要集中在殖民地力量集中的地方。

(三)基督教在中国的传播

基督教在中国的出现最早可以追溯到唐朝的景教。景教是当时东罗马帝国的基督教分支聂斯脱利派在中国唐代的名称。聂斯脱利派(Nestorianism)成立于 5 世纪的东罗马帝国,当时的东罗马帝国正面临着基督教三位一体的争论,东罗马主教聂斯脱利提出了“基督二性说”,遭到了正统派的反对,于是聂斯脱利及其追随者就被驱逐出境,流亡到了波斯。当时的波斯与罗马属于两个互相敌对的国家,聂斯脱利派的教徒就借此机会来波斯寻求庇护,并在波斯找到了属于自己的一席之地。后来,波斯在中亚通过武力扩大了自己的版图,聂斯脱利派也因此扩大了自己的势力范围,其传教士的分布范围从波斯到阿拉伯再到印度,影响力达到了巅峰。

6世纪初,聂斯脱利随着波斯的步伐途经中亚进入了中国,目前中国发现的最早的对于该派的记载是《大秦景教流行中国碑》(图5-6),该碑上记载景教于贞观九年,即635年进入中国。

图5-6 《大秦景教流行中国碑》①

景教进入中国得益于唐朝与中亚国家通过丝绸之路进行的商业和文化交流,所以景教在通过中亚进入中国这一路上,必然受到中亚文化的影响。其中最具有代表性的就是语言的转换,景教传播伊始采用叙利亚语言进行传教,但在中亚传播时,为了扩大景教的影响力,一路上将其分别翻译为婆罗钵语、粟特语和突厥语,来到中国后更是入乡随俗,将其翻译为汉语,同时融入了大量佛教和儒家词语、典故和故事表达思想。20世纪初在敦煌的藏经洞中曾发现《大秦景教三威蒙度赞》《尊经》《序听迷诗所经》《志玄安乐经》等相关文献记录景教当时在中国的发展状况和经文教义。虽然景教在唐代就传入中国,但是由于安史之乱后唐王朝迅速衰落,外来宗教生存环境恶劣,因此景教在当时并没有产生较大的影响。

基督教在中国的第二次传教是在元代,当时民间将天主教和聂斯脱利派称为"十字教"或"也里可温教",都是通过陆上丝绸之路从波斯传到中国,在中国国内缓慢发展。但由于元朝统治中国时间较短,景教的传教也随着元朝的灭亡受到打击,再度消失。

① 赵颖摄于西安碑林。

第三次传教是在明中期,这次的传教规模较前两次有了质的提升,包括耶稣会、方济各会、多明我会的建立和传教活动等。这个时期东南亚已经受到了西班牙和葡萄牙的政治殖民和宗教归化,所以东南亚的传教士才得以以东南亚为桥梁进入明代疆域,由于实行严苛的海禁政策,传教初期,传教士的布教活动均遭到失败。一个最具有代表性的例子,就是耶稣会的创始人方济各·沙勿略被葡萄牙国王派遣到东南亚进行宗教归化,在 15 世纪中期进入马六甲地区后意图进入中国传教,但顾忌中国严苛的海禁边防,只能转道日本,直到 1552 年方济各去世,都未完成进入中国传教的目标。完成方济各理想的是 30 年后来华访问的意大利人利玛窦,他也因此成为基督教在华传播的奠基者。16 世纪末,利玛窦来到中国,他先抵达澳门,然后经澳门进入中国东南沿海地区,并在当地大肆结交乡绅和官员,向他们献上了当时西方的各种书籍器物,最终获得了前往北京面见明神宗的机会。利玛窦向明神宗献上《圣经》《坤舆万国全图》等书籍和自鸣钟、八音盒等西方器物,得到了明神宗的喜爱,被允许在北京传教,并建立了一座天主教堂(今北京宣武门内的“圣母无染原罪堂”的前身)。利玛窦死后,明神宗下令将其葬在北京城外。利玛窦打开了传教士来华的大门,此后大批传教士陆续进入中国传教,传教士汤若望还曾掌管清朝钦天监印信。但这次的传教也未持续太长时间,17 世纪初,随着来华传教士数量的增多,引发了传教士和中国主流儒家文化之间的礼仪之争,这次争论持续了近一个世纪,最终以激怒乾隆皇帝,颁布驱赶传教士的律令结束。直到 1840 年鸦片战争战败,清政府签订《南京条约》,这 100 多年的时间内,基督教在中国的传播再次暂停。

基督教第四次进入中国是在鸦片战争后,《南京条约》的签订标志着西方列强彻底打开了中国的大门。1840 年之后,懦弱腐败的清政府在与西方列强的战争中屡战屡败,《南京条约》《辛丑条约》等一系列不平等条约的签订使西方国家在中国的野心和权利逐渐扩大、膨胀,教会在中国的势力和规模突飞猛进。直到 1949 年新中国成立,基督教在中国的传播都在进一步扩大,虽然在抗战期间受到影响,但总的来说,在这 100 多年里,基督教在中国的传播范围和深度都是以往任何时期望尘莫及的。

值得注意的是,基督教在东南亚和中国的传播经历了一个主动在地化的过程。16 至 20 世纪中叶,基督教进入东南亚和中国后受到了当地文化和宗教势力的排斥和抵抗,所以,当时的基督教传教士为了缓解与当地文化的矛盾,更好地传播基督教思想，主动将基督教典籍进行了翻译和改编，促进了基督教在异族的传播，这一特点在基督教进入中国后表现得尤为明显，具体表现为：

首先，景教作为一个外来宗教，能够在唐代成功传播，与唐代社会开放、政治环境宽容有很大的关系，景教注重处理与唐朝政府和中国本土文化的关系。在《大秦景教流行中国碑》中，从唐太宗到唐德宗，几乎所有的唐朝统治者都没有对景教表示出排斥和恶意。景教的教徒伊斯甚至还在“安史之乱”中加入了郭子仪的“朔方军”，对平乱做出贡献。此外，景教在翻译经典和传教的过程中，善于借助儒家和佛教的思想和故事，甚至在景教思想中加入了忠君爱国的思想。

其次，16 世纪之后来华的传教士大都学习了汉语和中国礼仪，并在翻译经典的时候避免与儒家文化产生冲突。1580 年来华的传教士罗明坚因为一口流利的汉语和得体的中国礼仪成为明朝第一位被批准在中国内地居住的传教士。之后 1583 年进入中国的利玛窦更是广泛结交清朝官员和士大夫，为自己在中国的活动谋求便利。1601 年利玛窦在北京见到了明神宗，被明神宗允许建立教堂。利玛窦在翻译基督教经典的时候，大量运用中国经典的篇章语句，缓和基督教思想与儒家文化的冲突，推进传播的速度，他还提倡“力效华风”和“融合儒家的道”，学习儒家礼仪，促进了天主教在中国的传播。

在地化是基督教在中国和东南亚传播的一个极为有效的途径，它在一定程度上缓解了两种文明之间的冲突，促进了文明的交流与融合。

虽然 16 世纪之后的基督教传教与殖民过程几乎是同步的，但不可否认的是，正是这样的经济和军事碰撞，才为世界带来了东西方文化的碰撞与融合。

在本章中，《圣经》中“羊”的形象的差异和变化，展现的是以畜牧业为重要产业的西方古代先民对世界的认识，从满足温饱的财富代表，到献给上帝耶和华的祭祀品，再到象征善与恶的宗教符号，最后成为秩序和规则的象征，这一切差异和变化的背后是一个民族不断发展和进步的文化内涵，是属于这个民族的独特的文化符号。16 世纪之后，海上航线的发展、殖民扩张更是为基督教的传播创造了必要条件，西方文明实现了与东方文明的碰撞和融合。丝绸之路不单单是一条沟通各个区域的商业贸易之路，应该看到它在这种文化交流中所起到的桥梁作用，而“羊”是丝绸之路上东西方文化交流的象征符号之一。

第六章　源远流长：从古希腊文化到近世欧洲的审美意识

前一章笔者以西方文明的发源之一——基督教《圣经》为切入点，探讨"羊"在《圣经》中的象征意义以及沿丝绸之路的符号化过程。对于以畜牧业为重要产业的西方社会来说，"羊"在古代西方人民看来是主要的生产资料。所以，羊最初的意义是财富的象征，这一点在《圣经》中也有充分的记载。羊的地位伴随社会发展在民族文化和历史中得到逐步提高，在这一过程中也被吸收进民族的宗教——基督教中，成为基督教世界神圣的祭祀品。审视基督教世界中羊的形象和意义，笔者主要从祭祀礼仪和宗教禁忌两个方面进行探讨，发现对于追求秩序和赎罪的基督教信徒来说，羊作为一种被上帝允许进入食品体系和祭祀环节的动物，信徒对它的重视和敬仰本质上就是对秩序和规则的坚持和尊重。

在《圣经》中有一处特别的典故：

> 伯沙撒王在位第三年，有异象现与我但以理，是在先前所见的异象之后。我见了异象的时候，我以为在以拦省书珊城中("城"或作"宫")，我见异象又如在乌莱河边。我举目观看，见有双角的公绵羊站在河边，两角都高，这角高过那角，更高的是后长的。我见那公绵羊往西、往北、往南抵触，兽在它面前都站立不住，也没有能救护脱离它手的，但它任意而行，自高自大。
>
> 我正思想的时候，见有一只公山羊从西而来，遍行全地，脚不沾尘。这山羊两眼当中有一非常的角。它往我所看见站在河边有双角的公绵羊那里去，大发愤怒，向它直闯。我见公山羊就近公绵羊，向它发烈怒、抵触它，折断它的两角。绵羊在它面前站立不住，它将绵羊触

倒在地,用脚践踏,没有能救绵羊脱离它手的……你所看见双角的公绵羊,就是玛代和波斯王。①

这是整部《圣经》中唯一一处摆脱了无辜和温顺的固有形象的绵羊,它和山羊战斗,并成为王者与王权的象征。这种用羊来代表王权的做法,在《圣经》中是一种独特的现象,但是在辉煌的古希腊文明中,却得到了浓墨重彩的强调和刻画。本章继续从古希腊文学入手,分析"羊"在古希腊文化中的形象、意义及影响。

现代西方文明有三大重要起源——基督教《圣经》、古希腊文明和北欧神话,其中《圣经》是西方影响力最大的宗教——基督教的经典,对西方文化产生重要影响。除了《圣经》,灿烂而辉煌的古希腊文明也是西方文明的重要源流之一,是欧洲文学的源头,对后世欧洲甚至整个西方文学产生极为深远的影响。

古希腊的地理条件与《圣经》中的"新月沃地"截然不同,它位于欧洲的南部、紧邻地中海,在地中海的东北部,包含巴尔干半岛南部、小亚细亚半岛西部以及爱琴海中的众多小岛。这种紧邻大海、土地分散且面积狭小的地理特点决定了古希腊人如果要将农业耕种作为主要的生产方式和主要的产业是十分困难的,古希腊人就在这样的环境下开始发展以海上贸易和陆地畜牧业为主的经济模式。狭小而分散的岛屿阻碍了他们彼此之间政治和经济联合的同时,形成了古希腊独特的城邦政治和小型的畜牧经济。必须指出的是,这里是畜牧不是游牧,古希腊人不需要像希伯来人那样到处游牧,他们的居住地是城邦,是一个固定的城市。其次,毗邻大海的地理位置是他们发展海上贸易、扩张殖民地的天然条件和优势。这种独特的地理条件综合起来在很大程度上孕育了古希腊人自由奔放、富有想象力、热爱冒险、崇尚力量的民族性格,也为古希腊人追求及时享乐、个人地位以及尊严的价值观念提供了土壤。在这样的条件下,古希腊民族有了肆意洒脱的童年时代,被后世的人们称为"正常的儿童"。

古希腊人民充分发挥自己的热情和想象力,创造出独特的民族文化。早在古希腊文明诞生之前,北非的埃及文明、西亚两河流域的苏美尔文明、古巴比伦文明等早期的文明体系或多或少都对古希腊文明产生了影响,古希腊人汲取它们的优势,融入自己的文化体系中,最终形成了独特的古希腊文明。文学作品

① 圣经·旧约[M].南京:中国基督教三自爱国运动委员会、中国基督教协会,2009:873-874.

是一个民族文明和文化最充分的表现,古希腊神话故事、《荷马史诗》、古希腊悲剧以及以苏格拉底、柏拉图和亚里士多德为代表的文学理论都是古希腊文学体系重要的组成部分。本章将从这些具有代表性的古希腊文学作品中分析“羊”的形象和象征意义。

一、善恶共存:希腊神话中的山羊形象

公元前12至前8世纪是古希腊神话产生和繁荣的黄金时期。这个时期的希腊社会面临从氏族公社制向奴隶制的艰难转变,新旧思想交错的社会氛围促进了文学的繁荣。古希腊神话故事是原始氏族社会的精神产物,是古希腊人集体的口头创作,是欧洲最早的文学形式。它在希腊原始初民长期口口相传的基础上建立基本雏形,在荷马、赫西俄德等人的作品中得到充分反映。古希腊神话是一个繁杂庞大的体系,关系脉络错综复杂,故事版本众多,各有差异;但毋庸置疑的是,它富有浓厚的家族色彩,具有一个以血缘为纽带的基本框架,主要可以分为两类:神的故事和英雄史诗。

神的故事主要讲述神的诞生、神的活动和神的成就。根据赫西俄德的代表作《神谱》,希腊众神及其关系如图6-1所示。

对于神,希腊人产生了与《圣经》完全不同的看法。《圣经》中的神耶和华是世界的完全掌控者,他超脱世俗,具有绝对的权威和神性,在他身上不存在人性的缺点和特征,他是纯洁和神圣的最高体现,甚至人在提到神的时候不能直呼其名。古希伯来人对神抱有极大的敬畏和崇拜,在撰写经文时把神的名字记作JHWH,这一名称只有辅音,没有元音,无法拼读出来,在读经或祈祷时,就用adhonay(阿特乃,意为“吾主”)来代替。后来基督教神学家把adhonay一词中的元音嵌入JHWH之中,拼写成Jehovah,读作“耶和华”,约定俗成,沿用至今。耶和华不是《圣经》中神的名字,而是神的信徒出于敬畏对神的尊称,这与古希腊神话中凡人在祭祀或者祈祷时直呼众神名字截然不同。

希腊人对神的意识的萌芽源于对大自然各种现象的认识和幻想。在希腊初民的想象中,人不是凭空产生的,也不是进化演变而来的,而是被神创造出来的。神拥有巨大的能力,创造整个世界,掌管万事万物。古希腊人在一代代的口口相传中对神的故事进行补充,最终形成了一个庞大但完整的神的谱系。

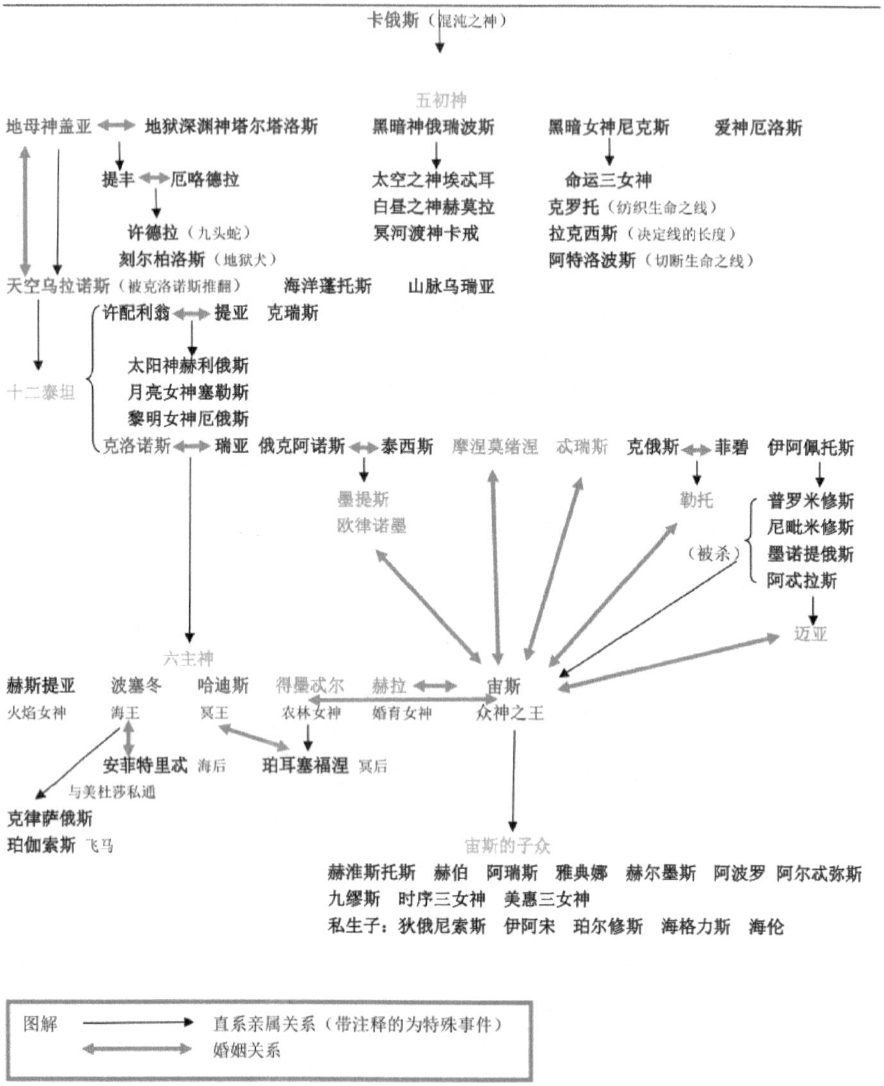

卡俄斯（混沌之神）
五初神
地母神盖亚
地狱深渊神塔尔塔洛斯
黑暗神俄瑞波斯
黑暗女神尼克斯
爱神厄洛斯
提丰
厄咯德拉
太空之神埃忒耳
白昼之神赫莫拉
冥河渡神卡戒
命运三女神
克罗托（纺织生命之线）
拉克西斯（决定线的长度）
阿特洛波斯（切断生命之线）
许德拉（九头蛇）
刻尔柏洛斯（地狱犬）
天空乌拉诺斯（被克洛诺斯推翻）
海洋蓬托斯
山脉乌瑞亚
许配利翁
提亚
克瑞斯
太阳神赫利俄斯
月亮女神塞勒斯
黎明女神厄俄斯
十二泰坦
克洛诺斯
瑞亚
俄克阿诺斯
泰西斯
摩涅莫绪涅
忒瑞斯
克俄斯
菲碧
伊阿佩托斯
墨提斯
欧律诺墨
勒托
（被杀）
普罗米修斯
尼毗米修斯
墨诺提俄斯
阿忒拉斯
迈亚
六主神
赫斯提亚
火焰女神
波塞冬
海王
哈迪斯
冥王
得墨忒尔
农林女神
赫拉
婚育女神
宙斯
众神之王
安菲特里忒
海后
珀耳塞福涅
冥后
与美杜莎私通
克律萨俄斯
珀伽索斯
飞马
宙斯的子众
赫淮斯托斯
赫伯
阿瑞斯
雅典娜
赫尔墨斯
阿波罗
阿尔忒弥斯
九缪斯
时序三女神
美惠三女神
私生子：狄俄尼索斯
伊阿宋
珀尔修斯
海格力斯
海伦
图解
直系亲属关系（带注释的为特殊事件）
婚姻关系

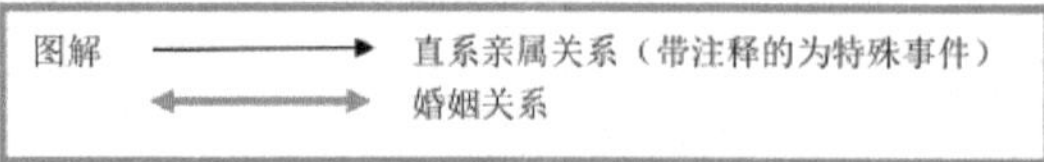

图 6－1　希腊众神谱系图①

希腊神话的第一个特点就是众神生活的阶层化。在古希腊人看来，神祇众多，却能各司其职，分工明确，每个人都有自己分管的领域，就像人类氏族社会各有分工一样，在这样的认知中，希腊众神是超人的存在。他们居住在一个固

① 来自人人文库（https://www.renrendoc.com/paper/104702047.html）。

定的区域——奥林匹斯山,但众神的地位和能力却不同,他们被划分成不同等级,享有不同权利,这和人类社会等级制度何其相似。最具独特性的是,希腊的众神虽然是超人的存在,凭借其强大的神力统治包括人在内的整个世界,但是他们却不是超脱物质的存在。古希腊神话故事中的神像人一样需要进食、喝水、睡觉,甚至像人一样感情充沛,有自己的私心和偏爱,有各种缺点,他们漫长的寿命只能通过补充具有神力的食物来实现。这些神与其说是人的信仰和崇拜,不如说是古希腊先民疲于与自然界抗争,于是创造了一个虚幻的世界,希望可以拥有神的生活,以此给自己生存的勇气。

古希腊神话的第二个特点在于古希腊的神是超自然性与社会性的统一体。古希腊神话中,神的生活实际上就是荷马时代(公元前12—前8世纪)人类社会等级制度的缩影。宙斯位于社会制度的顶端,掌握着王权,住在奥林匹斯山的顶峰。他召集众神举行隆重的会议,就像是人类社会的国王与各个大臣和贵族开会议政一样。宙斯的个人意志超越一切,但有时会遭到其他神的反驳或质疑,因此,宙斯的愿望和意志会受到环境的局限。并且,命运对于希腊诸神来说,具有绝对的力量和权威,它是秩序和规则的守护者,就连宙斯也必须服从命运,无法改变命运。这个命运,其实是社会发展的客观规律,但当时的古希腊人并没有完全理解其内在本质,只认为这是一种强大的神力。面对无法改变的命运,古希腊人并没有就此放弃,他们将反抗融入血液中,在他们看来,重要的不是通过反抗改变命运,而是通过反抗展示出他们永不放弃、追求自由的精神。

在古希腊神话中,充斥着无拘无束、无比强大的想象力。众神生活在奥林匹斯山上,居住在和人类房屋建造相似的宫殿里,日常活动是唱歌和跳舞,爱喝的玉露琼浆正是人类社会的美酒,这些都是古希腊人日常生活的映射。神与人的同形同性,给了人与神和睦相处、和谐共存的机会。神表现出与人类极度相似的性格和气质,除却神力,神与人似乎是一样的。所以,人很难对神表示出极度虔诚的信仰,这是古希腊神话和《圣经》的一个根本区别。如果神没有满足人的要求,人不但不会逆来顺受,还可能会怨恨神的漠视。所以,相较于《圣经》中基督教信徒为了表示对神的忠诚和尊敬,有许许多多程序烦琐、规则严格的祭祀仪式,古希腊人的祭祀、祈祷流程相对简单,甚至没有程式化的过程和要求,随时随地就可以进行。

虽然古希腊的神与人的距离感被弱化,但是神毕竟是人希望的化身和投射。在古希腊众神的生活中,我们能看到的是喝酒、跳舞、游历等娱乐项目,神不需要进行劳作也不会面临食物紧缺的问题。在神的故事中,羊作为财富符号的存在感被弱化。

神的故事的起源是卡俄斯,他是最原始的神,具有繁衍后代的能力,他生下大地女神盖亚、爱神厄洛斯、黑暗和黑夜女神厄瑞波斯和尼克斯。从此,神的家族谱系开始疯狂扩大。大地女神盖亚生下乌拉诺斯,乌拉诺斯后来成为盖亚的丈夫;黑夜女神生下了太空神、死神、睡神、苍老神和苦恼神,黑暗女神生下了光明神。

乌拉诺斯是天神,他和自己的母亲大地女神盖亚生下六男六女的巨人,也就是十二个提坦神。六个男提坦神是欧申纳斯、科俄斯、许珀里翁、克罗诺斯、克利俄斯和伊阿珀托斯;六个女提坦神是忒提斯、福柏、忒亚、瑞亚、摩涅莫绪涅和忒弥斯。

乌拉诺斯仇恨自己的儿子,盖亚对此表示愤怒,于是唆使最小的儿子克罗诺斯用镰刀杀了乌拉诺斯,乌拉诺斯在临死前预言克罗诺斯会被自己的儿子杀死。克罗诺斯因此把自己的儿子都吞到了肚子里,只有最小的儿子宙斯逃过一劫。宙斯的母亲瑞亚在克里特岛生下宙斯之后立即把他藏到了山洞里,用襁褓包着石头骗过了克罗诺斯。宙斯靠吮吸山羊阿尔泰玛亚的羊奶长大,他强大后迫使父亲把吞食的孩子吐了出来。在阿尔泰玛亚死后,宙斯将她的羊皮剥了下来包裹在自己的盾牌上,这块盾牌成为宙斯在提坦战争中的武器。

这是古希腊神的故事中山羊的第一次登场,山羊阿尔泰玛亚和她的羊奶给了宙斯生命的延续,山羊的形象在此被赋予生命的意义。神的故事中,虽然神需要进食来延续生命、获得成长,但是神不需要进行劳动耕种,神的食物通过人来获得满足,所以对于神,羊作为物质财富的意义被不断弱化,代表旺盛生命力、生命源泉的象征意义得到强调。一方面,为了获得充足的食物,神需要保护人的劳动和财产;另一方面,神话是人的创造,人需要劳动保证自身生存,人类将自身需求投射在神话故事上,增加了一个负责保护动物的牧神——潘(Pan)。

半人半兽的形象,是科学技术和思想认知落后的古代先民对动物生存能力崇拜的展现。在神话时期，原始先民的生产效率和认知能力极为有限，他们不了解雷电产生的原理，于是以人为原型想象出掌管雷电的宙斯；对于东升西落的太阳，他们幻想太阳神阿波罗驾着太阳神车飞过天空，神话在这些天马行空的想象中萌芽。山羊既是古希腊人重要的生产资料，又因其旺盛的毛发，在深林中敏捷的活动能力，成为生命力的象征。古希腊人将人类外貌与山羊的形象融合，创造出人羊结合的畜牧神和农业神——潘。

潘，拉丁语称他为法乌诺斯，他的名字最初来源于印欧语中的 Pas、Paus，意为“使多生殖”。希波战争后，潘被雅典人接纳，获得新的名字潘（Pan），意为“无所不能”“包罗万象”。潘是山岭和森林妖魔，是小动物的保护者，是牧人和猎人的佑护。古希腊神话中的潘往往是满脸的大胡子，一头蓬乱的散发，山羊蹄似的脚，头上有多个触角。他的日常活动就是在白天和仙女们走遍群山和深谷，中午睡觉，这一时间点也因此被称为农神时刻。等到晚上，他在山洞前吹奏古牧笛。这种牧笛是他自己制作的，通常由 7 个或 9 个芦笛按照大小排列而成，再用一根带子捆扎一道。罗马人把农神潘看作生育神法乌诺斯。法乌诺斯既是畜牧神，又是农艺神。

潘与酒神狄俄尼索斯是好朋友，二人经常结伴在各地游荡，由潘又衍生出另一个半人半兽的形象——精灵萨蒂尔（图 6－2）。

图 6－2　酒神的歌队（萨蒂尔为左二）①

① 来自搜狐网（https://www.sohu.com/a/130799743_261791）。

在古希腊神话故事中,长着山羊耳朵、山羊尾巴和山羊腿的萨蒂尔是酒神狄俄尼索斯最忠实的追随者。狄俄尼索斯是宙斯与大地女神塞墨勒的儿子,他长大后带着一群仙女和萨蒂尔在世界各处走动,传播葡萄作物和祭拜狄俄尼索斯的仪式,中间遭到了一些反抗,但萨蒂尔始终是狄俄尼索斯最忠诚的追随者。

现代西方哲学体系对酒神狄俄尼索斯的解读主要是认为其象征着热情、梦幻和欲望,是人类充足精神力的代表,半人半羊的萨蒂尔是酒神精神永远的追随者。换言之,在崇拜酒神的西方文明中,山羊代表着人类本能欲望主导下旺盛的热情和生命力,是人原始冲动的象征。这种生命力是古希腊文明狂热追求的目标,它可以是悲剧文学中伟大的酒神精神,也可以被赋予政治意义,肩负古希腊对王权强大和延续的渴望,成为古希腊世界至高无上的王权的象征。

18 世纪德国浪漫主义诗人古斯塔夫·施瓦布编写的古希腊神话集《希腊古典神话》一书中,山羊皮成为王权的象征,最具有代表性的两个故事是《阿伽门农的族第》和伊阿宋寻找金羊皮(阿耳戈英雄故事的主线)。

《阿伽门农的族第》主要讲述阿伽门农的父亲和叔叔之间的矛盾。珀罗普斯生有两个儿子——阿特柔斯(阿伽门农的父亲)和堤厄斯忒斯。阿特柔斯是迈肯尼的国王,堤厄斯忒斯统治亚哥利斯的南部地区。兄长阿特柔斯养了一头金毛羊,堤厄斯忒斯垂涎欲滴,千方百计要得到金毛羊。他诱骗兄长的妻子埃洛珀并与之通奸,从她那里得到金羊羔,最后堤厄斯忒斯遭到了阿特柔斯的报复。在这个故事中,阿特柔斯和堤厄斯忒斯将金羊羔看作尊严和权力的象征。

伊阿宋为了拿回属于自己父母的王权,踏上寻找金羊皮的路程,在这里讲述一下金羊皮的来历(图 6-3):

> 佛里克索斯是玻俄提亚国王阿塔玛斯的儿子。他受尽了父亲的妃子伊诺的虐待。为了保护儿子免遭妃子的迫害,佛里克索斯的生母涅斐勒跟赫勒共同努力,把儿子从宫中悄悄地抱了出来。涅斐勒是一位云神,赫勒是她的女儿,佛里克索斯的姐姐。涅斐勒让儿子和女儿骑坐在生有双翼的公羊身上。公羊的羊皮是纯金的。那是众神的使者、亡灵接引神赫耳墨斯送给她的礼物。姐弟两人乘坐怪骑在空中飞过了陆地和海洋。不料姐姐赫勒在途中一阵头昏目眩,竟从羊背上跌

落下去，摔在海里，淹死了。从此以后，那座海洋就被称作赫勒海，又称赫勒持滂。人们知道，它就是达达尼尔海峡的古称。

佛里克索斯平安地来到黑海海滨的科尔喀斯王国，受到国王埃厄忒斯的热情接待。国王把女儿契俄珀嫁给佛里克索斯。佛里克索斯用金羊祭供宙斯，感谢宙斯帮助自己成功地逃脱厄运。然后，他把剥下的金羊皮作为礼物，献给国王埃厄忒斯。国王把金羊皮祭供战神阿瑞斯。他命人把羊皮张开，用钉子钉在纪念阿瑞斯的神林里，再派一条火龙专门看守金羊皮，因为一则命运的谶语把他跟占有这张金羊皮紧密地联系在一起。①

图 6－3　金羊拯救佛里克索斯②

在这两个故事中，金羊羔和金羊皮成为王权的代表，获得它们等同掌握王权，这是山羊所代表的旺盛的生命力在政治领域投射的结果。

但是在神话故事中，山羊的形象不完全是正面的，《希腊古典神话》一书中有两个具有山羊特征的怪物——喀迈拉和卡科斯。

喀迈拉是丑恶的堤丰和巨蛇厄喀德那所生的怪物。妖怪上半身像狮子，下半身像恶龙，中间像山羊，嘴里喷吐着火苗，烈焰腾腾，着实可怕。③

① 施瓦布．希腊古典神话［M］．曹乃云，译．南京：译林出版社，2001：104－105.

② 来自东方资讯（http://mini.eastday.com/a/180826191451877.html）。

③ 施瓦布．希腊古典神话［M］．曹乃云，译．南京：译林出版社，2001：87.

> 这时来了一位面貌狰狞、口吐烈焰的巨人卡科斯。此人头部和身子像人,下边长着羊腿,常常伏在洞中袭击过往行人,并把人头挂在门楣上。①

山羊形象在古希腊神话中存在一善一恶两个极端,既可以是热情和生命的源泉,又会成为邪恶的怪物。潘神和萨蒂尔是山羊善恶共存的代表,潘既是农业和牧业的保护神,又是荒淫好色的偷窥者;而萨蒂尔一方面追随酒神狄俄尼索斯,成为创造力和诗歌的象征,另一方面又耽于淫欲,是荒淫无度的男子的代表。可见过度旺盛的热情和精力在古希腊人看来并不是完全的好事,它会带来性格上的暴躁和好战。所以在古希腊神话中,山羊代表热情和生殖力,是旺盛生命力的象征,但过度的热情和生命力必然会走向极端,催生暴躁好战的性格,邪恶因素随之产生。

二、神性与世俗兼具:《荷马史诗》中的羊

《伊利昂纪》(也称《伊利亚特》)和《奥德修纪》(也称《奥德赛》)是古代希腊两大史诗,又称《荷马史诗》。《荷马史诗》是古希腊文学的最高成果之一,2000 年来一直被看作是欧洲叙事诗的代表和典范。

学界普遍认为,《荷马史诗》记载了古希腊关于特洛伊战争及战争中英雄的故事,这个历史事件时间跨度较大,所以《荷马史诗》绝不是一个人写成的,荷马可能是两部史诗最初的或最好的加工汇总者。

荷马在编写这两部史诗时采用神话的叙述方式表达真实的社会状况和历史事件。《伊利昂纪》主要记录希腊联军围攻特洛伊城的故事。关于这场战争的起因,要从神话故事中的金苹果说起。阿基琉斯的父亲珀琉斯和女神忒提斯结婚时邀请了众神参加婚礼,唯独没有邀请不和女神厄里斯,厄里斯愤怒之下想要挑起一场纠纷。婚礼进行的时候,厄里斯拿出一个金苹果,上面写着“给最美的女神”,这引起了天后赫拉、智慧女神雅典娜和爱神阿佛洛狄忒的争夺,特洛伊王子巴里斯把金苹果判给了爱神阿佛洛狄忒,作为回报,爱神把天下最美的女子——斯巴达王后海伦从王宫掳走送给了巴里斯,引起了斯巴达与特洛伊之间的战争。这场战争长达 10 年之久,但《伊利昂纪》以

---

① 施瓦布. 希腊古典神话[M]. 曹乃云,译. 南京:译林出版社,2001:163.

战争结束前 50 天为重点，以阿基琉斯的愤怒为主线，描写了希腊联军与特洛伊人及其联盟在城墙下、海滩边的喋血苦战。而《奥德修斯》记录的则是希腊英雄奥德修斯在特洛伊战争后历经千辛万苦回到家乡的故事。希腊人用奥德修斯的木马计攻下特洛伊之后，带着掠夺的奴隶和财宝返回故乡，而伊达卡国王奥德修斯却在回去的路上遭受了海难，在历经千辛万苦之后，他终于回到了家乡，与妻子儿子团聚。在他在外漂泊的这些年里，他的妻子一直坚定地在家等待他，但是岛上的许多青年觊觎他的财产，住在他家中，向他妻子求婚，挥霍他的家产。奥德修斯回归之后假扮成乞丐试探妻子，杀死求婚者和叛主的奴隶，重新成为国王。

《奥德修斯》一书出现了大量对于羊形象的叙述和刻画，是本章分析的重点。《奥德修斯》中关于“羊”的句子共 118 条，其中大概可以分为四类：食物或家产（76 次），祭品（15 次），羊毛、羊绒（25 次），牧羊少年（2 次）。

前文分析了古希腊的地理环境，其典型的地理特点是毗邻大海，海岛面积狭小且分散，社会生产以小型圈养的畜牧业为主，农耕产业落后。在这样的情况下，以牛羊为代表的畜牧产品成为财富的代表，是家境和财力的表现。如《奥德修斯》第 2 卷第 52 行所言：

> 他们自己却每天聚集在我的家里，宰杀许多壮牛、绵羊和肥美的山羊，无所顾忌地饮宴，大喝闪光的美酒，家产将会被耗尽，只因为没有人能像奥德修斯那样，把这些祸害从家门赶走。①

这是文章开始奥德修斯之子忒勒马克斯面对众多心怀不轨的求婚者所发出的感叹。第 4 卷第 299 行说：“阿尔戈斯的海伦吩咐女仆，立即在廊屋摆放床铺，铺上华美的紫色褥垫，褥垫上面铺开毡毯，再放一件羊绒毛毯供他们裹盖。”②由此可见，被用于招待尊贵客人的羊毛制品，是财富和地位的代表。

还有一个故事，传说山羊阿尔泰玛亚生前曾经不小心撞掉过自己的一个羊角，这个羊角后来被古希腊人称为富饶之角，是丰收的象征。不论是将羊作为家产还是对羊绒毯的细节描写，或是山羊阿尔泰玛亚的富饶之角，蕴含的都是

① 荷马．荷马史诗·奥德赛［M］．王焕生，译．北京：人民文学出版社，1997：20.
② 荷马．荷马史诗·奥德赛［M］．王焕生，译．北京：人民文学出版社，1997：64.

山羊作为畜牧业的代表,在世俗生活中具有财富意义。

另一方面则是羊作为祭品被古希腊人献给奥林匹斯众神的内容和意义。在《奥德修斯》中,一共有20次提到作为祭品的羊,就这个祭祀仪式我们需要解决以下几个问题:古希腊人为什么要祭祀,祭祀的仪式和具体内容包括什么,为什么羊会成为祭品。

第一,古希腊人祭祀的原因。

关于祭祀的原因,《奥德修斯》在文章起始借由众神之主宙斯之口做出解释。文章一开始宙斯讲述了阿特柔斯之子阿伽门农的死亡,紧接着就是否允许奥德修斯返回家园众神展开争执:

> 这神明此时在遥远的埃塞俄比亚人那里,埃塞俄比亚人被分成两部分,最边远的人类,一部分居于日落处,一部分居于日出地,大神在那里接受丰盛的牛羊百牲祭。他正欢乐地享受盛宴,其他众神明却聚在奥林波斯的宙斯的巨大宫殿。凡人和神明之父开始对他们说话……可悲啊,凡人总是归咎于我们天神,说什么灾祸由我们遣送,其实是他们因自己丧失理智,超越命限遭不幸……①

在牛羊百牲大祭的背景下宙斯出场,表示人类遭受灾难的原因不是神的怒气,而是人自己失去理智,做出违反命运规定的事。这一段话透露出两个信息:荷马认为灾难来自人违反命运的行为,祭祀的原因是人要平息神的怒火;古希腊人认为灾难来自神对人的不满,所以需要举办祭祀缓和神的怒气,为自己求得更好的生活。从根本上说,祭祀是为了建立和谐的人神关系或者修复失衡的人神关系。所以,在荷马看来,古希腊人祭祀的出发点是人神关系的失衡。

第二,祭祀的仪式和具体内容。

古希腊人向神表示敬意的外在表现形式包含以下几类:祈祷、祭供和捐赠圣洁的礼物。古希腊人习惯在每一个重大的生活举措前向神祷告,祈求神的庇佑,希望神能够帮助自己达成心愿。在这种祷告活动上,古希腊人摘掉帽子,站在代表神存在的神庙或圣林前大声朗诵祈祷文。这个仪式和活动对参加者的

① 荷马.荷马史诗·奥德赛[M].王焕生,译.北京:人民文学出版社,1997:2.

状态也有要求,凡人在祷告前必须用干净的水洗手,浇洒圣水,头戴花环,手上要拿着用羊毛装饰的树枝,然后才能站在神庙或者圣林前面祈祷,说出自己的愿望。

祷告文除了请求,还有一种诅咒的形式。在宣誓立愿的祷告中,人一般会向神表示只要愿望和要求得到满足,自己愿意承担某种义务,甚至包括大量的牲祭。当人要求神帮自己惩罚仇人时,祷告文通常就是表示诅咒的内容。

除了语言形式的祷告,祭供也是一种重要的祭祀仪式,这是人为神提供服务的标志。祭供一般有两类:血腥的和非血腥的。百牲大祭就是典型的血腥祭祀,这种祭祀是在神的祭坛前摆上宰杀的牛、羊或者肥猪,为了表示祭祀的诚意,一般宰杀的都是大宗牲口,所以古希腊人称其为百牲大祭。"他吩咐我这时要把船桨插进地里,向大神波塞冬敬献各种美好的祭品,一头公羊、一头公牛和一头公猪,然后返家园,奉献丰盛的百牲祭礼,给掌管广阔天宇的全体不死的众神明。"①这段话形象地表现了百牲大祭的内容和要求。非血腥祭祀的祭品一般都是饮料、糕点、水果,祭祀的时候要点燃香料,把它们摆在神庙等神可能会出现的地方,供神品尝和挑选。

第三,为什么羊会成为祭品?

在《奥德修斯》一书中,出现最多的祭供就是以百牲大祭为代表的血腥祭祀,而所有的祭供物中都有羊这种具有代表性的大宗祭祀品。

> 这神明此时在遥远的埃塞俄比亚人那里,埃塞俄比亚人被分成两部分,最边远的人类,一部分居于日落处,一部分居于日出地,大神在那里接受丰盛的牛羊百牲祭。②
>
> 提大盾的宙斯的不倦女儿,请听我祈祷,如果当年多智的奥德修斯曾在这家里向你焚烧祭献的牛羊的肥美腿肉,现在就请你不忘前情,拯救我儿子,使他免遭邪恶狂妄的求婚人的伤害。③
>
> 戴胫甲的同伴们分羊时特别把那只公羊分给我一人,我在海边把它祭献给克罗诺斯之子、统治一切的集云神宙斯,把腿肉焚烧,但神明

① 荷马.荷马史诗·奥德赛[M].王焕生,译.北京:人民文学出版社,1997:432-433.
② 荷马.荷马史诗·奥德赛[M].王焕生,译.北京:人民文学出版社,1997:2.
③ 荷马.荷马史诗·奥德赛[M].王焕生,译.北京:人民文学出版社,1997:81.

没有接受献祭,仍然谋划如何让排桨精良的船只和我的那些忠实同伴们全部遭毁灭。①

另外再单独给特瑞西阿斯祭献一只全黑的公羊,为你众多的羊群中最上乘。在你向那些高贵的亡魂祈祷之后,要祭献一头公羊和一头黑色的母羊,把羊头转向昏暗,你自己则要转身,面向冥河的水流。这时无数故去的死者的魂灵会纷纷来到你的面前。你这时要鼓励和命令你的同伴们,把用无情的铜器杀死的那些牲羊剥皮焚献,向众神明虔诚地祷告,向强大的哈得斯和可畏的佩尔塞福涅祈求。②

这时基尔克已经来到乌黑的船只旁,缚来一只公羊和一只黑色的母羊,轻易地超越了我们。③

当我们来到大海岸边,船只跟前,我们首先把船只拖到神妙的大海上,在乌黑的船上竖起桅杆,扬起风帆,把牲羊送上船只,然后我们自己也怀着沉重的心情,泪水汪汪地登上船。④

我们到达后把船只靠岸,把牲羊卸船,然后沿着奥克阿诺斯岸边走去,终于来到基尔克给我们指明的去处。⑤

佩里墨得斯和欧律洛科斯抓住牲羊……我向亡故者的虚渺的魂灵久久祈祷,应允回到伊塔卡后在家中用一条最好的未生育的母牛焚献,摆上上等祭品,另外再单独给特瑞西阿斯祭献一只全黑的公羊,为我众多的羊群中最上乘。在我向那些死者的亡魂祈祷之后,我拉过献祭的公羊和母羊,对着深坑把它们宰杀,乌黑的鲜血向外涌流,故去的谢世者的魂灵纷纷从昏暗处前来。⑥

向大神波塞冬敬献各种美好的祭品,一头公羊、一头公牛和一头公猪,然后返家园,奉献丰盛的百牲祭礼,给掌管广阔天宇的全体不死的众神明,一个个按照次序。⑦

---

① 荷马.荷马史诗·奥德赛[M].王焕生,译.北京:人民文学出版社,1997:171.
② 荷马.荷马史诗·奥德赛[M].王焕生,译.北京:人民文学出版社,1997:191.
③ 荷马.荷马史诗·奥德赛[M].王焕生,译.北京:人民文学出版社,199:193.
④ 荷马.荷马史诗·奥德赛[M].王焕生,译.北京:人民文学出版社,1997:194.
⑤ 荷马.荷马史诗·奥德赛[M].王焕生,译.北京:人民文学出版社,1997:194.
⑥ 荷马.荷马史诗·奥德赛[M].王焕生,译.北京:人民文学出版社,1997:194-195.
⑦ 荷马.荷马史诗·奥德赛[M].王焕生,译.北京:人民文学出版社,1997:432-433.

> 欧律洛科斯,唯我坚持,你们逼迫我,但你们现在得对我发一个庄重的誓言,如果我们发现牛群或大批的羊群,任何人都不得狂妄地萌生宰杀之念,随意伤害壮牛和肥羊,你们只可以安静地享用不死的基尔克准备的食物。①
>
> 因为世上没有哪个人向掷雷的宙斯焚献过那么多肥美的羊腿和精选的百牲祭。②
>
> 因为他向神明焚献绵羊或山羊的腿肉,博得神明欢心,神明乐意伴随他。③
>
> 可是他本人仍翻来覆去激动不安。有如一个人在熊熊燃烧的火炉旁边,把一个填满肥油和牲血的羊肚炙烤,不断把羊肚转动,希望能尽快烤熟。④

对于古希腊人来说,羊的直接作用就是解决温饱,吃和穿是世俗生活的根本。但参与祭祀过程的羊,作为神圣的祭品,同样是古希腊人生活中具有高度神性的动物。接受祭品的是神,古希腊的神具有高度的人性,他们需要通过进食延续生命,但他们不参与劳作。基于这一认知,古希腊人才会将羊、牛等大宗牲畜作为祭品举行百牲大祭,羊通过祭祀从世俗走向神圣,完成了神性和世俗性的统一。

三、山羊之歌与西方悲剧意识的衍化

古希腊悲剧是古希腊文学最具有代表性的作品之一,也是古希腊文明的最高成就之一,其发端和“羊”有着密不可分的联系。“悲剧”一词在英语中为 tragedy,它源自希腊语 tragodia,这个词由 tragos(goat,山羊) + oide(song,歌)组成,字面意思就是“山羊之歌”。“悲剧”与“山羊”到底有什么联系呢?关于这一点,学界众说纷纭,莫衷一是,主要有以下三种解释:第一,悲剧源自古希腊的酒神节上表演的“羊人剧”(satyric drama)。在羊人剧中,演员身披羊皮,装扮成羊人,所以被称为“山羊之歌”。第二,山羊在当时是戏剧比赛的

① 荷马.荷马史诗·奥德赛[M].王焕生,译.北京:人民文学出版社,1997:231.
② 荷马.荷马史诗·奥德赛[M].王焕生,译.北京:人民文学出版社,1997:362-363.
③ 荷马.荷马史诗·奥德赛[M].王焕生,译.北京:人民文学出版社,1997:364.
④ 荷马.荷马史诗·奥德赛[M].王焕生,译.北京:人民文学出版社,1997:373.

优胜奖品,所以参加比赛的歌手为了赢得山羊而高唱颂歌。第三,在比赛中要先选择一只山羊宰杀,作为献给酒神的祭品,当时的参赛者需要围绕着山羊歌颂酒神,同时为酒神的不幸而悲伤。不论是哪一个原因,“山羊”在最初的古希腊戏剧比赛中是不可或缺的,这一点毋庸置疑。不论是作为祭品还是作为表演道具,抑或是作为奖品,都体现了“山羊”在当时古希腊先民的物质生活中的重要地位,但随着悲剧的发展,它慢慢进入了精神领域,成为一种代表“悲剧”的文化符号。

悲剧是美学的最高境界和形式,它源于西方的祭祀活动。古希腊时期有三位著名的悲剧作家,分别是埃斯库罗斯(前525—前456)、索福克勒斯(前496—前406)和欧里庇得斯(前485—前406),他们的作品分别反映了不同时期古希腊悲剧的发展变化和特定时期古希腊的社会和文化状况。对于悲剧及其理论的研究源于亚里士多德,他的《诗学》在西方文艺史上第一次对悲剧进行了系统的研究。因为《诗学》,悲剧在西方文化史上成为一种凭借独特的文本方式表达人生的苦难,渗透出悲剧作家沉重而又痛苦的情感的文类。因为其中所蕴含的独特的情感和文化世界,古希腊悲剧成为西方自古以来美学家和哲学家所关注和研究的重点,也因此产生了西方文学史上一个重要的分支——悲剧意识。在悲剧意识的引导下,悲剧的产生动机、内在情感机制以及与观看者之间的双向互动都成为需要解决的问题。为了更深入了解悲剧意识,探究“山羊”在思想领域的象征意义,需要对悲剧的起源和发展做一个梳理。

(一)酒神祭祀:悲剧的起源

悲剧的具体起源时间和方式已无从考察,从现有的资料来看,学界认为悲剧起源于古希腊时期的酒神祭祀仪式。酒神,即狄俄尼索斯,是古希腊神话体系中的一员。关于狄俄尼索斯的身份,一般有两种说法。第一种是塞墨勒是忒拜的公主,她与宙斯相爱,时常幽会,但这件事被宙斯的妻子赫拉知道了,于是赫拉就变身为公主的保姆,怂恿公主塞墨勒向宙斯提出要求——看宙斯的真身,以此来验证宙斯对她的心意。宙斯经不住公主的请求,向公主展示出了真身——雷神的模样,结果塞墨勒被烧死了,只有小婴儿狄俄尼索斯被宙斯救出来。宙斯把狄俄尼索斯缝在自己的大腿里,直到足月才敢取出来,因为他被缝在宙斯大腿里时宙斯走路一瘸一拐,所以他得名狄俄尼索斯,意思是“瘸腿的人”。

另一种说法是,珀耳塞福涅是地府的冥后,她与宙斯私会,生下了一个儿子叫扎格琉斯,又叫狄俄尼索斯。天后赫拉知道之后愤怒地命令提坦神去烧死这个孩子,因此,变成山羊的扎格琉斯被众神撕成了碎片,但是心脏被雅典娜救走。狄俄尼索斯出生后,时刻遭受着赫拉的迫害,他长大后前去冥府寻找自己的母亲,冥后珀耳塞福涅把他送到奥林匹斯山上,成为众神中最小的那一个。在古希腊时期,狄俄尼索斯是所有奥林匹斯神中最不起眼的一个,他的主要任务是保护和传播农业、种植业技术,教人类种植葡萄和酿酒,为人类带来大丰收,有时也会使酒、蜂蜜、牛奶不断地从地面涌出,他在船的桅杆上挂满了葡萄藤和常青藤,这些植物会在遇到海盗的时候变身为雄狮和巨熊与他们搏斗,获得胜利。但是,与古希腊神话中其他神一样,他也有自己的缺点,为了报复仇人,会选择将人逼疯的手段。就是因为他在大地上流浪时热衷于教人们种植葡萄和酿酒,所以被称为酒神,成为古希腊先民最为喜欢和爱戴的神祇之一,每年举行盛大的祭祀仪式来纪念他,古希腊戏剧就是从这个祭祀仪式中演变而来的。

古代的狂欢仪式与祭祀狄俄尼索斯的仪式关系密切。在祭祀时,所有参加者必须忘却一切束缚,达到忘我的迷狂状态,彻夜狂欢。古希腊人民相信这种迷狂和狂欢的状态是在与酒神进行交流互动。酒神祭祀活动在每年的秋季举行,这是一个丰收的季节,古希腊人需要在这时感谢酒神带来的丰收。在祭祀中,有一支特殊的队伍——合唱队,合唱队会在狂欢中表演歌舞,这种歌舞被称为“酒神颂”。合唱队的表演是这样的:每个表演者都要穿着羊皮,头上戴着羊角,大声歌唱酒神颂歌,合唱队的队长需要在祭坛前面讲述酒神的传说,表达对于酒神恩赐的感激。发展到后期,酒神颂的内容进一步扩大,神话传说和英雄故事都被纳入其中。悲剧就在这段时期内汲取营养,发展成为一种固定的文类。

酒神狄俄尼索斯是古希腊神话中的“丰收之神”,表演者用羊皮、羊角来作为酒神祭祀节目中的装饰品,“山羊”在这里就有了明显的“丰收、富足”的象征意义,这一点与山羊阿尔泰玛亚的形象意蕴不谋而合。

上文提到,悲剧一词在古希腊文中的原意是“山羊之歌”,山羊是古希腊人民祭祀神明的重要祭品之一,尤其是祭祀作为丰收神和酒神的狄俄尼索斯,悲剧就是在这种祭祀仪式中起源、成长的。牺牲的人成为悲剧艺术的原型,悲剧的内容也成为一个“杰出的人”代人受过,最后遭受苦难获得不幸的故事。所以,西方最初的悲剧主要讲述的就是与命运、苦难或者死亡抗争的故事,最典型的就是索福克勒斯的《俄狄浦斯王》。

(二)亚氏《诗学》:悲剧理论的诞生

悲剧从狂欢中诞生,悲剧创作的高峰期也随之而来,这一时期诞生了举世闻名的古希腊三大悲剧作家埃斯库罗斯、索福克勒斯和欧里庇得斯,他们的悲剧作品在内容和题材上虽然各有特色,但都是社会文化的缩影,共同构成了灿烂辉煌的古希腊悲剧文学。充分的悲剧作品为悲剧意识的萌芽和悲剧理论的诞生提供了肥沃土壤,亚里士多德的《诗学》应运而生。在《诗学》中,亚里士多德为悲剧下了历史上第一个定义:"悲剧是对一个严肃、完整、有一定长度的行动的摹仿,它的媒介是经过'装饰'的语言,以不同的形式分别被用于剧的不同部分,它的摹仿方式是借助人物的行动,而不是叙述,通过引发怜悯和恐惧使这些情感得到疏泄。"①亚里士多德还提出悲剧必需的三个方面:摹仿对象、摹仿媒介、摹仿方式。摹仿对象即"一个严肃、完整、有一定长度的行动"②,摹仿媒介即"经过'装饰'的语言"③,摹仿方式是"借助人物的行动……引发怜悯和恐惧使这些情感得到疏泄"④,三者缺一不可。

在亚氏看来,悲剧在本质上就是一种"摹仿",摹仿的对象是行动,这种行动不是普通的日常行为,而是"高尚之人的行动",这种行动具有强烈的严肃性和冲击感,在悲剧中能够对观众的感官和情感产生强烈的刺激,这样才能对其起到教化和疏泄作用。这种理论对亚里士多德之后西方悲剧的创作产生了深远的影响,比如莎士比亚著名的四大悲剧《哈姆雷特》《麦克白》《奥赛罗》《李尔王》以及他的恺撒系列的历史剧、拉辛的《安德洛玛刻》、歌德的《浮士德》等众多西方优秀悲剧作品的主要人物都来自皇室大臣或王公贵族。

关于悲剧产生的原因,亚氏一方面认为悲剧是因为主人公遭受了本不该遭受的厄运而引起的;一方面他又认为悲剧人物的悲剧命运归根结底来自他本身的性格缺点,这种性格缺点是人类所共有的,因此悲剧主人公在某种程度上代表的是全人类。亚里士多德的这种悲剧"过失论"尽管有些片面,但总体上体现

---

① 亚里士多德.诗学[M].陈中梅,译注.北京:商务印书馆,1996:63.

② 亚里士多德.诗学[M].陈中梅,译注.北京:商务印书馆,1996:63.

③ 亚里士多德.诗学[M].陈中梅,译注.北京:商务印书馆,1996:63.

④ 亚里士多德.诗学[M].陈中梅,译注.北京:商务印书馆,1996:63.

了当时社会对于世界和人本身较为原始的认知。

在《诗学》中，亚里士多德提出关于悲剧作用的重要观点。悲剧的目的主要是通过摹仿一系列严肃的行动，使观众看到英雄人物从顺达之境转入败逆之境的过程，引起观看者内心的怜悯和恐惧，最终完成对情感的陶冶和净化，这也是我们通常所说的"卡塔西斯"净化论。怎样才能最大程度地引起观看者的恐惧和怜悯？这涉及情节的组织，关于这点，亚里士多德也进行了具体的解释，一般来说主要应该注意以下几点：第一，"悲剧不应该表现好人由顺达之境转入败逆之境"①，这会让人产生反感；第二，"不应该表现坏人由败逆之境转入顺达之境"②，这与引起同情的要求背道而驰；第三，"怜悯的对象是遭受了不该遭受之不幸的人，而恐惧的产生是因为遭受不幸者是和我们一样的人"③，选择对象要尽量能让观看者感同身受；第四，最适合的应该是一种"中间人"，这种人"不具十分的美德，也不是十分的公正，他们之所以遭受不幸，不是因为本身的罪恶或邪恶，而是因为犯了某种错误"④，只有看到这种能让观看者联想到自身的人的悲剧，才能在最大程度上引起情感上的怜悯和恐惧；第五，观看者会因为自身没有遭受到悲剧而感到庆幸，完成情感的宣泄和净化，这就是亚里士多德对悲剧净化功能的解释。

以上就是对亚里士多德的悲剧学说的介绍，《诗学》及其中的悲剧理论对后世产生了深远的影响，在其后的几个世纪中，这些理论被奉为戏剧创作尤其是悲剧创作的金科玉律，但也有一些研究者对这些理论提出了质疑和补充，如意大利理论家卡斯特尔维屈罗的"三一律"，高乃依提出悲剧应该表现"崇高的、不平凡的和严肃的行动"以及布瓦罗和埃弗蒙的古今之争等。但总体上都还是在《诗学》的体系中进行的，没有特别大的创新和进步，直到 19 世纪黑格尔悲剧理论的出现，西方悲剧理论出现了第二次巨大的进步。

（三）永恒正义：悲剧理论的发展

黑格尔的出现打破了亚里士多德悲剧理论体系的桎梏，他以其独特而富有新意的哲学思想为基石，提出了超越性的悲剧理论。

---

① 亚里士多德. 诗学[M]. 陈中梅，译注. 北京：商务印书馆，1996：97.
② 亚里士多德. 诗学[M]. 陈中梅，译注. 北京：商务印书馆，1996：97.
③ 亚里士多德. 诗学[M]. 陈中梅，译注. 北京：商务印书馆，1996：97.
④ 亚里士多德. 诗学[M]. 陈中梅，译注. 北京：商务印书馆，1996：97.

黑格尔的悲剧理论是以他独特的哲学思想为基石而建构的。他在悲剧理论上的创新主要有两个方面：第一，他把社会矛盾冲突理论拿来用在悲剧的解释中；第二，出于他的辩证思想，他自觉地将对立统一的辩证理论与悲剧理论进行融合，提出悲剧也要通过对立统一的矛盾冲突来组织情节，成为第一个用辩证的对立统一观揭示悲剧本质的理论家。黑格尔悲剧理论的中心词是“冲突”，黑格尔认为“悲剧的本质就是表现两种对立的普遍伦理力量的冲突及其和解”①，因此悲剧冲突的产生原因和冲突和解的方法与本质是他要探讨的中心问题。

首先，黑格尔对“命运”这一冲突产生的原因做了大量分析。命运悲剧在古希腊悲剧中占了很大比重，在《俄狄浦斯王》《安提戈涅》以及《阿伽门农》等悲剧作品中，悲剧冲突源自主人公与既定命运的抗争，但是这一因素并没有在亚里士多德的悲剧体系中得到阐释，而黑格尔注意到了这一点。立足于矛盾辩证法和对立统一的理论，黑格尔认为古希腊对于命运这一理论只有模糊的认识和坚定的敬畏，而没有准确的认识。在他看来，命运其实就是伦理正义的一部分，是伦理概念下的产物。悲剧中主人公与命运的抗争实际上是主人公与伦理道德之间的矛盾冲突，主人公的悲剧本质上是伦理道德的胜利。这里的伦理道德指的是当时的社会思想道德体系，是具有实体性的，是一种强大的社会存在，在黑格尔这里，悲剧的冲突不再是个人与命运或者道德的冲突，而是个人与整个社会的冲突。

其次，对于悲剧的和解，黑格尔提出了“永恒正义”的说法。在这里我们借对《安提戈涅》的悲剧分析来解释这一理论。

《安提戈涅》是古希腊悲剧家索福克勒斯的代表作，作品于公元前 5 世纪中期在雅典演出，展示了雅典民主制黄金时期社会上存在的新旧思想的矛盾斗争。其主要情节是：前任国王俄狄浦斯的两个儿子波吕涅克斯和厄忒俄克勒斯由于争夺王位发生战争，波吕涅克斯带着自己岳父的军队攻打忒拜，在决斗中两兄弟同归于尽。他们的舅舅克瑞翁登上王位后将波吕涅克斯定为叛国者，并命令城邦全体公民不能埋葬他的尸体，违反命令的人会被处死。波吕涅克斯的妹妹安提戈涅选择遵循神的律法，冒着生命危险埋葬了自己的兄长，这件事被克瑞翁发现，二人发生了争论，克瑞翁下令将安提戈涅处死。

① 程孟辉. 西方悲剧学说史[M]. 北京：中国人民大学出版社，1994：301.

克瑞翁的儿子海蒙，是安提戈涅的未婚夫，他劝说自己的父亲失败，于是选择了自杀，克瑞翁的妻子选择随自己的儿子一起死亡，克瑞翁妻离子散，独自存活。

《安提戈涅》并不是一部简单的虚构的悲剧，剧本背后反映了一个时代各种政治思想的碰撞。安提戈涅强调遵循神的律法，认为克瑞翁制定的君主律法不能代替原有的神律。而克瑞翁强调国家的律法应该凌驾于神律之上，国家公民不能违抗。表面上看，这是神与人立法的冲突，但实际上按黑格尔所提出的观点来看，安提戈涅与克瑞翁分别代表了两种不同的伦理——家庭伦理和国家伦理，两者的冲突本质上是家庭礼法和城邦法律之间的冲突。因此从他们二人各自的立场来看，他们都没有错。

黑格尔敏锐地捕捉到了隐匿在神律与人法的冲突下的家庭礼法与国家礼法的冲突的实质，并且解释了二者冲突的根源及各自的观点：

> 因此，一本非常推崇家礼的著作，即索福客俪的《安悌果尼》，说明家礼主要是妇女的法律；它是感觉的主观的实体性的法律……是古代的神即冥国鬼神的法律……是“永恒的法律……”……是同公共的国家的法律相对立的。这种对立是最高的伦理性的对立……是最高的、悲剧性的对立。①

在黑格尔看来，安提戈涅与克瑞翁都没有错，神律是“永恒的法律”，而人法也具有其正当性。克瑞翁是一个国家的君主，尽管他更像一个僭主，他的政权带有些许不合法性，但既然已经成为君主，那么他颁布的法令就是整个国家的法令，这个法令是为了维护城邦的秩序与安定，从这方面来看，克瑞翁的行为具有正当性。如果我们把安提戈涅放在一个家庭中来看，安提戈涅遵循自然中的家庭礼法，安葬自己的兄长也是合理的。

接下来，黑格尔又提出了二者各有其不正当性、各有其不正确的地方：

> 互相斗争的个别人物们按照他们的具体生活，每个人都作为整体而出现，所以各自要碰到斗争对方的势力，要损坏对方按照他的生

① 黑格尔. 法哲学原理［M］. 范扬，张企泰，译. 北京：商务印书馆，1961：182 – 183.

活方式所应尊重的对象……所以这两个人物所要互相反对和毁坏的东西正是他们在各自生活范围以内所固有的东西。①

克瑞翁与安提戈涅各自立场不同,坚持的信仰也不同,但真正毁灭他们的不是对方的信仰,而是他们对怀着与自己不同信仰的人所采取的行动。他们都按照自己的立场,妄图让自己所遵守的礼法控制对方的领域,这就产生了二者之间的悲剧冲突。安提戈涅作为一个国家的公主,还是克瑞翁儿子海蒙的未婚妻,她本应遵守克瑞翁的政令,但她把妹妹的身份作为自己的首要选择,果断破坏国家礼法;克瑞翁作为一个父亲,他也应该把自己放在一个家庭中,认识到家庭礼法的神圣性,但他选择了忽视,把国王的身份作为自己的首要选择。他们双方都有自己首要选择的活动领域,都想要把对方拉进自己的领域中,妄图改变对方的思想信念。

正是因为二人的行为都有其不适宜的地方,所以,他们都受到了惩罚,安提戈涅的惩罚是失去生命,走向死亡;克瑞翁是妻离子散,家庭支离破碎。黑格尔又从二人的惩罚中,提出了解决矛盾的办法,即通过矛盾双方的悲剧结果来否定他们自身,最终才能达到"永恒的正义","只在双方都同样地屈服了以后 ,绝对正义才获得完成,伦理实体才作为吞蚀双方的否定势力, 或者说,作为全能而公正的命运,显现出来"②。

但是,这种"永恒的正义"却存在一个缺陷,即判断"正义"的标准是什么。显然,黑格尔的标准是按照他所处的那个时代的思想提出的,并没有立足于当事人的时代,这样看来,这种"永恒的正义"理论是带有明显的客观唯心主义的。

黑格尔的矛盾冲突和永恒正义始终怀着一种对世界的乐观看法,认为悲剧的毁灭在根本上促进了世界更好的发展,这一思想在当时遭到了另一个哲学家叔本华的反对。

黑格尔在悲剧艺术中所看到的不是真善美的毁灭,而是"永恒正义"的胜利。与黑格尔相反,叔本华是典型的悲观派,他认为整个世界都是人的意志的客观外化,世界在本质上是意志的表象,意志就是人本性中无法遏制的生

① 黑格尔.美学:第3卷[M].朱光潜,译.北京:商务印书馆,1981:312-313.

② 黑格尔.精神现象学:下卷[M].贺麟,王玖兴,译.北京:商务印书馆,1997:28.

命冲动和欲望。生命意志在本质上就是痛苦,人的一生都是痛苦的,这种痛苦来自人的欲望永远无法得到满足,暂时的满足会带来暂时的快乐,快乐之后又是无尽的痛苦。如果想要摆脱痛苦,在叔本华看来只有两种方法,第一就是舍弃所有的欲望,人的痛苦来自欲望,没有欲望就自然不会有痛苦;第二就是在艺术领域进行审美观照,通过沉浸在悲剧世界中,暂时忘却现实世界,获得暂时的解脱。在叔本华的悲剧意识中,悲剧与审美者是融为一体的,审美者只有完全沉浸在悲剧中,才能获得解脱,而悲剧的崇高地位也来自审美者的需要。

黑格尔的理论完成了对亚里士多德悲剧体系的超越,给当时的理论界带来了巨大的冲击和刺激,他与叔本华一正一负的观点引起当时理论界的激烈讨论。在他们之后的理论家沿着他们的思想继续创新,悲剧理论也迎来了发展的高峰期,在众多的思想家中尼采带着他的酒神思想脱颖而出。

(四)酒神精神:悲剧理论的升华

尼采深受叔本华“生命意志”的影响,他和叔本华一样,认为人生的本质是无穷无尽的痛苦,人类社会不过是由痛苦组成的虚无罢了。但尼采对痛苦的来源却做出了和叔本华截然不同的论断。叔本华认为痛苦来自人的“生命意志”,即人的本能冲动和欲望永远得不到满足,而尼采则认为痛苦来自“权力意志”,来自对权力的渴望。尼采认为基督教是罪恶的,它教导人类归顺、忍耐,扼杀了人的天性,大大削弱乃至消灭了人的悲剧精神,失去了悲剧精神的人也就失去了宣泄的途径,最终必然走向毁灭。人类如果想要恢复其活力就必须大力发展文化尤其是悲剧文化,必须要宣扬、恢复古希腊文化。出于这一目的,尼采重新树立了太阳神阿波罗和酒神狄俄尼索斯的形象和精神。

日神阿波罗精神下衍生的主要是造型艺术,如雕塑、诗歌等,主要的情感体验则是清醒、理智和绝望,而酒神狄俄尼索斯精神下衍生的主要是音乐艺术,主要是梦幻和迷醉的情感。而相较于日神的理智和梦境,酒神精神的迷醉更加能够代表生命最原始的冲动。迷醉或者说迷狂的状态,就像酒醉之后的迷离和无意识感。在酒神祭祀中,通过酒精达到迷狂的状态,好像在与酒神交流,人们可以完全放纵他们原始的冲动和本能,将自己的一切情感和需求宣泄出来,可以永远不满足于现有的状态,可以不断地建设,亦可以不断地破坏,把人生当作一场肆意狂欢的筵席。人生就是要从这种肆意和放纵中寻求快乐和幸福。尼采把酒神精神解释为情感的放纵和宣泄,注重内心世界的交流,在酒神的指引下,人与人之间可以达到坦诚相待,生活不会受到任何规则的束缚,人可以摆脱个体的所有压力而进入社会,进入自然,与世界融为一体。在尼采看来,酒神精神对于个体来说带来的是人的自我解体,这个过程无疑是痛苦的,但是经历过这种痛苦之后,解体的人最后获得了与自然和世界的融合,从而实现了人生的快乐。日神精神则与酒神精神相反,它带来的是平静和理智。阿波罗是太阳神,他代表了太阳的光辉和希望,他鼓励人们在面对世界和梦幻时怀着一种平静和理智的情绪。总之,日神精神和酒神精神是希腊悲剧的两个重要组成部分,日神精神是悲剧的外在形式,是一个理想的世界,人在这个世界中获得内心的平静和愉悦,达到对痛苦的解脱;而酒神精神是悲剧的内在思想,它使人们沉醉在虚幻的世界中,放纵自己的欲望,通过消解个体融入自然最终摆脱人生的痛苦。

尼采过度宣扬个体的生命意志,大力称赞本能冲动的放纵,为此可以牺牲一切,这种思想走向极端后必然催生了专制主义,终究还是要被时代排斥。但这种对生命活力解放的要求、对悲剧精神的创新却使得西方悲剧理论得到了一次升华。

(五)历史唯物主义视阈中的悲剧意识

亚里士多德、黑格尔、叔本华、尼采都是将悲剧放在唯心主义哲学的领域进行解读,马克思和恩格斯悲剧理论的出现,使悲剧意识和悲剧理论进入了唯物主义的领域。马克思和恩格斯从辩证唯物主义和历史唯物主义的观点出发,解释社会生活中的悲剧因素、人类的悲剧意识以及它们在文学作品中的具体反映。二人在批判拉萨尔悲剧观的同时阐明了自己的观点。拉萨尔是 19 世纪普鲁士著名的政治家、哲学家和法学家,他在 1859 年创作并出版了历史剧《弗兰茨・冯・济金根》,记录骑士济金根发起了反对贵族的起义最后以失败告终的一生,借此反对当时要求通过自下而上革命统一德国的政策。在这部历史剧中,拉萨尔将济金根失败的原因归结为济金根本人,认为济金根之所以会失败是因为他选择了这种自下而上革命的暴力手段。拉萨尔忽视了社会历史的发展趋势,认为社会的变革最终要靠个人的选择,这是典型的唯心主义哲学。马克思认为，济金根的失败不是因为他个人的选择，而是因为他所代表的势力与社会发展之间不可调和的矛盾，济金根代表的是没落的骑士阶层，他支持贵族和大地主，企图通过革命恢复往日的帝国强权，这与历史的发展要求截然相反，济金根无法阻止社会历史前进的脚步，所以失败是必然的。在恩格斯看来，济金根的悲剧属于"历史的必然要求与这个要求实际上不可能实现之间的悲剧的冲突"①，当他们所代表的势力符合历史前进的必然要求时，他们的失败是一出严肃的悲剧。但当他们处于落后的一方时，他们的反抗违背了历史的发展趋势，就是一出笑剧。悲剧的主人公必然要代表社会发展的趋势，是时代的先行者，只有这样的人物遭到毁灭，才能被称为悲剧。而济金根之类的人物，企图用落后的思想阻挡历史的发展只能算是一出笑剧。

悲剧的本质是要通过主人公的失败看到历史的必然要求和这个要求实际不可能实现之间的矛盾，这样才会赋予悲剧冲突深刻的社会历史意义，要求悲剧创作者在创造悲剧时要深入社会，研究社会的发展规律，通过作品展示造成悲剧的深刻的社会历史原因。马克思和恩格斯的理论赋予悲剧冲突以深刻的历史内涵，悲剧冲突的产生原因不再拘泥于个人思想和性格的缺陷这样的主观因素，而被提高到了整个世界和社会的发展这种客观条件上。

紧邻大海、土地面积狭小与分散的地理环境孕育了古希腊独特的城邦体系和政治理念。作为古希腊政治和文化中心的雅典，自公元前6世纪末梭伦政治改革开始就衍生出了一套独特的民主政治体系，即雅典式民主。在雅典民主政治时期，尤其是伯里克利当政期间，民主政治营造了宽松的社会环境，同时政府大力促进文学和哲学的发展，提高城邦公民的文化修养，这些都为西方思辨哲学的萌芽打下了坚实的基础。思辨与怀疑是古希腊哲学的本源所在，古希腊神话中的羊，既可以成为生命力的象征，也可以是邪恶好战的怪物；而《荷马史诗》中，羊又是世俗生产资料和神圣祭品的统一。这些善与恶、神圣与世俗形象的差异与统一，正是来自古希腊哲学中的思辨与怀疑精神。

除神话和史诗外，悲剧也是古希腊文学和哲学思想的结晶。西方的悲剧一开始作为"山羊之歌"从酒神祭祀中诞生，在古希腊三大悲剧作家笔下走向辉煌，悲剧理论在亚里士多德的笔下应运而生，亚里士多德从悲剧的起源出发提

① 赵凯．悲剧与人类意识[M]．上海：学林出版社，2009：109.

出了“摹仿说”和“净化说”；1000 多年后，黑格尔突破了亚里士多德的规则，企图寻找悲剧冲突产生的内在规律和冲突解决带来的“永恒正义”，实现了西方悲剧理论的突破发展；叔本华和尼采将悲剧冲突引入悲观世界，认为冲突来自永远得不到满足的欲望，尼采认为只有在文学作品中，人才能得到暂时的解脱，“酒神精神”应运而生；19 世纪的马克思和恩格斯摆脱了唯心主义的桎梏，将唯物主义带入悲剧研究，形成了历史唯物主义思想引导下的悲剧观，但无论西方悲剧理论如何发展，其源头是古希腊文化是毋庸置疑的。

第七章　生死抗争：北欧神话中的“羊”形象

北欧海盗是北欧最具有代表性的符号，北欧人还有一个更为普遍的名称——维京人。“维京”(Viking)一词最初来源于古代北欧的语言，vik 在古北欧语中具有“海湾”的含义。从 8 到 11 世纪，这些由维京人组成的北欧海盗的活动范围从欧洲沿海出发，向四周扩散，覆盖整个欧洲。在长达几个世纪的时间里，他们主要的活动包括侵占领土，发展海上贸易，移民他国，建立王朝，这些维京人的活动对当时的欧洲造成了巨大的影响，欧洲历史上称这一时期为“维京时代”。

“维京时代”的北欧人大规模对外扩张和发动战争在世界历史上都是独一无二的，他们竭尽所能、不遗余力地扩张领土，一部分北欧人从挪威出发向西进入英国、设德兰群岛、法罗群岛、冰岛、格陵兰，活动范围远达今天的加拿大；还有一部分维京人选择从丹麦出发向南进攻荷兰北部，接着向英格兰、法国、西班牙、地中海进发；除此之外，东部的瑞典人进入斯拉夫人的部落，不仅整合了后者，而且与拜占庭相遇，双方经过多次战争与协调，维京人最终成为拜占庭帝国的一支重要军队“瓦良格卫队”，为拜占庭皇帝提供安全保障，参与拜占庭对外战争，多次发挥了关键作用。

此后，一大批北欧人四散在欧洲各个国家和地区，他们大部分都融入了所在国家，成为另一个国家的一分子。过度的分散也导致当今世界上已经没有大规模的维京人群体，但维京人的影响依旧不可小觑。进化遗传学家埃斯克·威勒斯列夫(Eske Willerslev)在维京人骨骼中提取到维京人的 DNA，研究对比后发现大约有 6% 的英国人和瑞典人拥有维京人的 DNA。由此可见，早期北欧维京人的活动直到今日对北欧国家甚至整个欧洲都有不可低估的影响。北欧文学尤其是北欧神话和古希腊神话共同构成了西方两大神话体系，是如今西方文化的一个重要源头。

冰岛史诗《埃达》是早期北欧神话和英雄故事的汇集,作者至今已经无法考证,但其强烈的历史性和文学力已经被世界认可。作为维京精神的产物,《埃达》对后世的西方文化产生深远影响。在文学领域,德国著名的英雄史诗《尼伯龙根之歌》由其衍生而出;芬兰民族史诗《卡莱瓦拉》在内容和风格上有明显的《埃达》痕迹;英国诗人托马斯·格雷和威廉·莫里斯都依据《埃达》的内容创作了大量的诗歌作品。

“埃达”一词来自古代斯堪的纳维亚语,原是“太姥姥”或“古老传说”之意,后来经过演变有了“神的启示”或者“智慧”之意。12世纪末,冰岛诗人斯诺里·斯图拉松从拉丁语Edo一词创造出冰岛语单词“埃达”,赋予其“写诗”之意。直到现在,埃达成为一种冰岛诗体的名称,专指中古时期冰岛的民间史诗。

在北欧民族史诗《埃达》中,羊出现的频率较低,仅出现了22次,但这并不代表羊在北欧人民的心中无足轻重,恰恰相反,在北欧人心中,羊是一种重要的动物,它作为北欧战神托尔的战车出现,拥有生死循环的本领,蕴含了维京人原始而深刻的生死意识,传递了维京人伟大的民族精神。

一、山羊战车:北欧神话中的生死循环

神话体现原始先民对世界的认识,是他们对人生尤其是生存和死亡关系的思考,所以,人与死的关系在每个神话体系中或深或浅都会涉及。在基督教和古希腊神话中,神拥有至高无上的地位,其威严不容藐视,死亡对于他们都是遥不可及的存在。虽然古希腊的神会死,但是在整个神话体系的结尾,宙斯和众神依然拥有奢靡的生活,表现出了神永远存在、不死不灭的理念。永生不灭是每个民族都在思考和追求的终极目标。但是北欧神话不同,在北欧神话中,神虽然是强大的,但不是永生的,神从一开始就面临着毁灭的结局。就是这种在生存和死亡之间挣扎的痛苦,反而为北欧诸神的形象增添了智慧和力量,北欧神话也因此拥有更为深刻的生死意境。

雷神托尔是北欧神话中主神奥丁的儿子,是奥丁和大地女神费奥琴的私生子,他身材魁梧,充满力量,满脸的大胡子,五官中最突出的就是一双和豹子相似的眼睛,是一个标准的硬汉形象。神话中,托尔作为战神拥有极高的威望,他日常只穿一件短衫,腰上束一条腰带,这条腰带可以使他力气大增,手上戴着铁手套,拿神锤米奥尔尼尔(传说这个锤子只有托尔可以拿起,后来

被巨人特里姆盗走,托尔假扮弗雷娅将它取回)。托尔的出行离不开他的双羊战车(图7-1),这是一辆由两头公羊拉的战车,在托尔饥饿的时候,就宰羊填饱肚子,只要用羊皮将骨头包裹好,第二天早晨用锤子敲击一下羊皮,两只羊就会活过来继续拉车。

图7-1　托尔与山羊战车①

> 托尔套好公羊拉的战车,两只羊头角都锃光瓦亮。②
>
> 你务必分担我一半活计,先把鲸鱼扛回我庄园去,再拴牢能淌水的公羊车。③
>
> 托尔不愧为公羊战车主,他双膝微弯摆出骑马势。用足浑身力气发出神威,将酒杯朝巨人头上砸去。④
>
> 他们刚走了不长一段路,托尔的公羊拉不动战车。⑤
>
> 他们(指洛基和托尔)套起两头公羊拉车,把车辕绷紧嚼嚼子捂牢。⑥

托尔的两只公羊拥有死而复生的本领,这在以众神死亡为结局的北欧神话中是一种独特的现象,传递出北欧人对生与死关系的理解。

---

① 来自百度网(https://baijiahao.baidu.com/s?id=1731303353736375583&wfr=spider&for=pc)。

② 埃达[M].石琴娥,斯文,译.南京:译林出版社,2000:139.

③ 埃达[M].石琴娥,斯文,译.南京:译林出版社,2000:144.

④ 埃达[M].石琴娥,斯文,译.南京:译林出版社,2000:145.

⑤ 埃达[M].石琴娥,斯文,译.南京:译林出版社,2000:147.

⑥ 埃达[M].石琴娥,斯文,译.南京:译林出版社,2000:175.

按照时间顺序,《埃达》中的神话故事主要讲述了天地形成、神的产生、神的生活、神的毁灭和最后人的存活的故事。

最初的世界是一片混沌,只有一个名为伊米尔的冰霜巨人,它是这个世界的第一个生命。两性同体的伊米尔靠着从冰霜中诞生的母牛奥拉姆布拉的奶生存下来,在腋下和双足中繁衍出了其他冰霜巨人,这些巨人和他们的后代成为巨人族的祖先,他们是神的反对者。母牛奥拉姆布拉舔舐冰块救活了埋在冰块里面的布里和布尔,他们分别是伊米尔的儿子和孙子。布尔娶了女巨人贝斯特拉为妻,二人结合生下了奥丁、维利和威,他们三个就是最初的神。三人在长大后经过搏斗杀死了巨人伊米尔,用伊米尔的身躯创造了世界——米德加尔德。

> 巨人伊米尔那个躯体,用来创造出苍茫大地,他的骨头做成了高山。冰霜老巨人的头盖骨,溶化成了湛蓝的天空。他的鲜血变成了大海。①

众神开始思考日月星辰和时间的运转,确定了日月星辰的交替和各自的守护神,昼夜和四季各有其主。为抵御威力巨大的冰霜巨人,众神用伊米尔的眉毛为自己圈出一个乐园——阿斯加尔德,这是众神生活的地方。

紧接着,主神奥丁同弟弟洛基和汉尼尔在海边用浮木造出了男人和女人,男人名为阿斯克,女人名为埃姆布拉,“奥丁给了他们呼吸,汉尼尔给了他们灵魂,洛基给了官能知觉”②。创造宇宙树伊格德拉西尔是众神创世的最后一个步骤,伊格德拉西尔是整个世界的支柱,代表着宇宙的核心和生命,是整个神话空间中最为重要的存在。

创造世界被认为是众神最重要的功绩,北欧人对于神创造人和世界的功绩给予了充分的歌颂与感激,“巨人布尔的儿子们,开天辟地创造出世界,他们建造起米德加尔德,无上荣光归于他们,新世界的创造者”③。

创世之后的神和人拥有一段“黄金时期”,这个时期的神主要分为两个部

---

① 埃达[M].石琴娥,斯文,译.南京:译林出版社,2000:77-78.

② 埃达[M].石琴娥,斯文,译.南京:译林出版社,2000:7.

③ 埃达[M].石琴娥,斯文,译.南京:译林出版社,2000:2.

落:阿西尔部落和瓦尼尔部落。阿西尔部落是主神奥丁所带领的神族,是神话中神族的正统,他们有着创建世界、开疆扩土的辉煌历史,居住在阿斯加尔德后慢慢消磨了自己的雄心壮志,耽于享乐,矛盾不断,面临着严重的内忧外患。另一个部落是瓦尼尔部落,他们在阿斯加尔德附近建造了自己的领域——瓦纳海姆,相较于阿西尔部落,瓦尼尔部落内在关系更为和谐。两个部落一开始摩擦不断,彼此敌对,但不久之后重归于好,通过联姻合为一体,在世界末日来临时并肩战斗。

奥丁作为阿西尔部落的领袖、阿斯加尔德的主人、众神之父,他牺牲了自己的一只眼睛换来了一口智慧泉水(传说智慧泉水可以带来智慧),喝了泉水获得智慧的奥丁看到了世界末日的来临和诸神的毁灭,神族开始陷入死亡的阴霾。为了改变死亡的结局,奥丁带领诸神展开各种行动,他建立了"法尔哈拉宫"也就是英灵殿,在人间发动战争,派遣女神将英雄武士接入宫殿为末日战争做准备;为了消除隐患,维护阿斯加尔德的安宁,他把巨蛇约尔蒙廿尔德赶到瀛海,将恶狼芬利斯捆绑于山崖,派女怪海尔到冥世建立冥府。但是光明神巴德尔的噩梦和女占卜者的预言都表明既定的命运无法被更改,死亡必将到来。

末日来到,宇宙之树轰然倒塌,巨蛇约尔蒙廿尔德跃出水面兴风作浪,恶狼芬利斯也挣脱锁链撕咬众神,巨人族大举进攻阿斯加尔德,整个世界陷入战争,代表善的神明消失,代表恶的巨人灭绝,一切都在火焰巨人苏尔特尔的大火中走向灭亡(图7-2)。

> 巨人弥米尔的儿子们,玩兴正浓寻欢又作乐,殊料厄运来到大祸临……伊格德拉西尔梣皮树,站得笔直却簌簌发抖,擎天撑地再支持不住,枝杈全都在痛苦呻吟。巨人挣脱笨重的枷锁,凶恶残暴地残杀无辜。众神祇踏上黄泉之路,全都吓得魂飞魄又散……巨人之国在咆哮吼叫,阿西尔部落呜咽呻吟,侏儒们个个放声号啕……恶犬加姆呛呛狂声吠,在格尼柏山洞前蹦跳,粗大的铁链将被挣断,歹徒可脱身逃之夭夭。或睿智聪慧预卜未来,也能测出今后的久远,须知战无不胜亦枉然,众神祇岂能逃脱劫难。[①]

① 埃达[M].石琴娥,斯文,译.南京:译林出版社,2000:18-19.

图 7-2　诸神的黄昏①

但是,死亡之后会迎来重生,史诗一开始就预告了美好世界的到来,"浩劫过后日子将更美好,污垢邪祟全都涤荡干净,不用播种大地便起庄稼。光明神巴德尔重返人间,他带来和平幸福和喜悦"②,生与死在北欧神话中相伴相生,无限循环。

循环,是早期北欧人对于生死的宏观理解。伊米尔的孙子布尔与女巨人贝斯特拉结合生出奥丁,奥丁或者说神族从一开始就流淌着巨人的血液,骨子里就存在着恶意,巨人伊米尔的死亡换来了米德加尔德和阿斯加尔德的创立和辉煌,神族和整个世界何尝不是伊米尔重生的存在;神族世界末日的预言和宇宙重生的到来更是相伴相随;奥丁被倒挂在树上用长矛自伤,九天九夜后,在生死交汇之际领悟到了鲁纳文的奥义,这是奥丁的死亡和重生;巴德尔的死亡预示着世界末日的到来,但他的回归同样是万物重生的标志。在早期北欧人的认知中,生与死从来不是分开的,二者相伴相随,世界万物都面临着生死的循环。在托尔饥饿之时,山羊用死亡换来了食物和休息,第二天山羊的复活又预示着新一天征途的到来,这种生死循环、死而复生的能力,正是北欧人宏观上生死循环意识的体现。

二、生死斗争:北欧神话中的生命观

在整个北欧神话体系中,世界由创立到毁灭再到重生,生与死虽然相伴相

① 来自百度百家号"江左梦华录"(http://baijiahao.baidu.com/s? id=1666088077218489073&wfr=spider&for=pc)。

② 埃达[M].石琴娥,斯文,译.南京:译林出版社,2000:23-24.

随，循环往复，但是无论付出多少努力，众神毁灭的结局终究无法改变。在早期北欧人看来，死亡虽然意味着重生，但它必然要到来，每个人都要面临死亡，人在生存的过程中时时刻刻都面临着死亡的威胁。人必须时刻与死亡进行斗争，才能为自己求得生存。北欧人的这种死亡恒定、生死斗争的意识与他们早期生活的自然环境和社会条件密不可分。

（一）早期北欧的社会生态

北欧作为一个地理概念一般指“北欧几个小国，即丹麦、芬兰、冰岛、挪威和瑞典的总称”①。这里属于北半球的高纬度地区，大量的土地和山脉终年积雪，气候寒冷，生存环境恶劣。就斯堪的纳维亚半岛来说，它被巴伦支海、挪威海、波罗的海和北海四海环绕，东北部与北欧大陆相连接。南北长 1850 千米，东西宽 400—700 千米，面积约 75 万平方千米。半岛地质古老，更新世时期，斯堪的纳维亚冰盖是北欧最大的冰体。该冰盖范围最大时几乎到达北纬 48 度，据估计大约覆盖了 660 万平方千米的面积，厚度达到 3000 米。它起源于挪威的斯特达尔斯布雷恩地区，向西扩展到英国，向东几乎到达莫斯科。直到距今 12000—8000 年时，大陆冰川才最后消退，至今山地上部仍留有总面积约 5000 平方千米的冰原。而且北欧位于亚欧板块与美洲板块的交界处，地壳运动频繁，有大量的火山分布，冰与火的双重危险时时刻刻威胁着早期的北欧人民。

早期北欧人将他们居住的环境写进神话。神话开端，天地一片混沌，但是存在一南一北两个区域，南边名为穆斯贝尔海姆，是炎热的火焰区，火焰巨人苏尔特尔居住在那里；北边名为尼福尔海姆，是寒冷的冰霜区。这两个区域之间是一条深不见底的大裂缝，名叫金依加，之后因为冷热交替产生了冰霜巨人伊米尔。创世之后众神和人依旧面临着冰与火的双重威胁，死亡随时可能将他们击败。

对于北欧神话和这种恶劣生存环境之间的关系，茅盾曾经解释过：“这些北欧的原始人，在他们最初注视着自然现象的时候，就已经注意到了两种截然相反然而又同样吸引他们注意的现象：一方面是巨伟粗朴的冰川、惨淡的阳光、北

① 索姆. 北欧地理[M]. 上海外国语学院柯英群小组，译. 上海：上海译文出版社，1986：8.

极光的耀亮、常是在发怒似的粗恶的海,雪堆似的巨浪打击着高耸的崖石和冰山;而另一方面呢,是那个短促的夏季的蓝天和碧海、长在的光明,和几乎可说是奇迹的、植物的荣茂。寒冷和温暖的对比是这样强烈,无怪乎原始的冰岛人会设想这个宇宙是火与冰混合着而造成的了。……他们在冰天雪地中渔猎时所受的危险,在长而寒冷的冬季中所受的痛苦,当然地会引导他们想象寒冰与霜雪是宇宙间的恶势力,而且以同样的理由,他们又会将热和光明视为善的势力了。并且,北欧人因生活关系而养成的严肃的头脑又自然而然地以为宇宙间的这两种善与恶的势力是在不断地斗争着。——这代表了善势力的诸神和代表了恶势力的巨人们之间的斗争,就成了北欧神话的主要骨骼。"①在早期北欧人的认知中,寒冷的冰雪会危及他们的生存,而火山与太阳的温暖是他们生存的保障,他们将自然世界的冰雪与人类的关系放入神话故事,使北欧神话成为早期北欧社会的高度抽象化。

除了气候环境,毗邻海洋的位置环境也影响了北欧先民对世界和生存的思考。北欧地区毗邻大西洋,北边与北冰洋也有接触,所以北欧人对海洋有着特殊的感情。广阔的海洋一方面为他们提供了充足的水源、丰富的食物,使他们心胸开阔,激发了他们丰富的想象力;另一方面,海啸、洪水等自然灾害也时刻威胁着他们的安全,为海上航行创造了无数的困难。相对于茂密的森林和陆地来说,机会与危险并存的海洋似乎具有更大的不确定性,能给他们带来更多思考和恐惧,推动早期北欧人民乘船远航,探索世界。8 到 12 世纪是北欧海盗活动的黄金时期,也是欧洲历史上著名的"维京时代"。

冰与火的双重威胁,大海的无常,人面对自然灾害的无可奈何,使北欧人感到死亡如影随形,人在死亡面前毫无还手之力,内心充满了恐惧和痛苦,所以诸神的黄昏这样严肃的悲剧神话就被创造出来,通过神的毁灭表达北欧先民对于世界的看法,宣泄内心的恐惧。

(二)确定性与不确定性:早期北欧人对死亡的畏惧

"亲朋终会寿享天年,牛羊迟早毙殁病卒。足下纵然铁打身躯,迟早难免撒

① 方壁. 北欧神话 ABC[M]. 上海:世界书局,1930:8-9.

手尘寰”[①]，牛羊迟早会死，人也终会寿享天年，死亡如影随形，面对大自然的威胁，北欧先民内心有强烈的忧患意识。北欧神话在毁灭—重生—再毁灭的主线中隐含了大量潜在的危险因素，这些危险因素共同导致了诸神的末日。

北欧神话中神的故事有清晰的发展脉络：故事的开始是一片混沌，混沌孕育了世界上第一个生命——冰霜巨人伊米尔，以伊米尔为代表的巨人族是神族最初也是最大的威胁。伊米尔孕育出了布尔，布尔与女巨人结合生出了奥丁、维利和威，他们合力杀死了伊米尔，用他的身躯创造了世界。这个世界分为九个区域，每个区域都属于特定的族群，例如米德加尔德属于人类，阿斯加尔德属于神族，创世到此结束。北欧在早期被大面积的冰雪覆盖，寒风和冰霜是北欧人最大的敌人，所以神族之外的冰霜巨人是北欧人心中邪恶的代表。但是北欧神话的独特性之一就是神族的血脉并非纯净，神族是冰霜巨人的后代，是巨人之间结合的产物，其血脉深处流淌着邪恶的因子，是善与恶的结合体。邪恶在神族体内不断壮大，最终导致诸神的死亡。

创世之后的世界拥有了一段相对和平的日子，这也是北欧神话时间线中的黄金时代。在这个时期内，神族内部问题不断，阿西尔部落和瓦尼尔部落从对抗走向融合，奥丁带领的阿西尔部落内在矛盾冲突加剧，神族之外巨人族虎视眈眈，平静生活的表面下暗潮涌动。主神奥丁在喝了智慧泉水后看到了诸神的毁灭，神族陷入了对死亡的恐慌之中。但神族并没有自暴自弃，他们在奥丁的带领下发展势力，提高战斗力，神族的谱系在这一阶段疯狂扩大。重要的神包括以下几个：奥丁，众神之父，阿斯加尔德的主宰者，是神族的王者；雷神托尔，是神族的战神，同时也是农业的保护神；独臂战神提尔，代表着勇士最高的荣誉，相传他的手臂是为了引诱恶狼芬利斯被咬断；海姆达尔，神界入口和宇宙树伊格德拉西尔的守卫者；光明神巴德尔，光明和美好的化身；尼奥尔德，瓦尼尔部落的领导者，丰饶和海洋之神；弗雷尔，丰饶和和平之神；还有一些女神，如繁殖与女性之神弗丽嘉（神后）、爱神弗雷娅（弗雷尔之妹）和青春女神伊童（勃腊琪之妻），她们大多与艺术和生育有关。

在神族的生活中，有这样一个小插曲。神族并非永生不灭的，他们漫长的生命依靠一棵苹果树上的苹果来维持，这颗苹果树的管理者和守护者是青春女

① 埃达[M].石琴娥，斯文，译.南京：译林出版社，2000:45.

神伊童,只有伊童摘下的苹果才能够延长寿命。有一天伊童失踪了(被洛基骗出了阿斯加尔德),众神吃不到伊童亲手摘下的苹果开始衰老,整个神界陷入慌乱,直到伊童回归才重回平静。整个神族的生死维系在一个女神和一颗苹果树上,可见神族的脆弱和世界的荒谬,死亡的隐患无处不在。

把伊童骗出神界的是火神洛基,他是整个神话故事中性格最为复杂的神。洛基是巨人之子,奥丁的结义兄弟,在远古洪荒时期与奥丁一同并肩战斗、创造世界。洛基喜爱恶作剧,他将伊童骗出了阿斯加尔德,推入巨人族的阵地,使众神陷入衰老,还将托尔的妻子希芙最珍惜的长发剪去,最重要的是,洛基在和众神决裂后选择与女巨人结合,生出了三个怪物——巨蛇约尔蒙甘尔德、恶狼芬利斯和冥界女王海拉,为末日的来临埋下了伏笔。

洛基还直接导致了光明神巴德尔的死亡。巴德尔是光明神,代表美好与和平,他的存在正是神族的未来。有一天巴德尔做了一个噩梦,梦到自己进入了冥府,这使诸神感到绝望。为了留住巴德尔,保护神的未来,奥丁和妻子弗丽嘉要求世界上所有的生灵发誓,承诺绝不伤害巴德尔,却忽略了弱小的、看起来毫无危险性的槲寄生。盲神霍德尔是巴德尔的兄弟,与巴德尔相反,霍德尔性格孤僻,内心阴暗,因此受到奥丁和弗丽嘉的厌恶。在众神集会上,洛基怂恿霍德尔用槲寄生射杀巴德尔,巴德尔就此陨落。对于这一结局,居住在冥府的女占卜者法拉早有预感:"这里放蜜酒迎接巴德尔,酒桶上挂盾牌防备暗箭。阿西尔部落的众多亡灵,早已伸脖仰头苦苦鹄候……霍德尔放暗箭射死哥哥,把出名的英雄送到冥府。他是暗算巴德尔的凶手,他夺去奥丁儿子的性命。"①巴德尔的死亡表明命运的权威,小小的槲寄生就能轻而易举地杀死光明神,自然的威力巨大,死亡不可逆转。

巴德尔死后,奥丁前往冥府要求接回巴德尔,冥府之主提出一个要求,只有当世界上所有的生灵为巴德尔流下眼泪,请求巴德尔重返神界,巴德尔才能复活。洛基为了阻止巴德尔复活,要求女巨人索克拒绝为巴德尔流泪,巴德尔复活无望,众神的毁灭已成定局。

洛基是神族的一个巨大隐患,这个隐患在神族的放纵下不断壮大,最终成为世界末日的强大推动力,背叛神族进入巨人族的洛基最终导致了众神的毁灭。

---

① 埃达[M].石琴娥,斯文,译.南京:译林出版社,2000:191.

除了神族自身的问题和巨人族的威胁,死亡与那棵支持世界的宇宙之树息息相关。北欧神话空间的中心是巨大的生命树“伊格德拉西尔”,由这棵树划分出了神话世界垂直方向的三个层面,每一个层面又包含了三个区域,于是有了神话空间水平方向的九个区域,这棵树也因此成为神话宇宙的支撑和世界的中心。

处于水平维度最上面一层的,分别是火焰国穆斯贝尔海姆、诸神的国度阿斯加尔德和精灵国度爱夫尔海姆。火焰国以火焰巨人苏尔特尔为首,神话中对他们的描述很少,只在末日之战中提到,苏尔特尔燃起大火将世界烧毁,巨人族在北欧神话中始终都是毁灭的力量,会给生命带来威胁。阿斯加尔德是诸神的家园,也是统领九个世界的神圣之地,主神奥丁端坐在他的宫殿里,俯视着整个宇宙。美丽的精灵们就像是神族的影子,他们在阿斯加尔德的周边建立起了自己的国度“爱夫尔海姆”,他们不能像众神一样可以与巨人族作斗争,只能起到一些辅助作用。第二层则是人类居住的“米德加尔德”、瓦纳神族的家园和巨人国约顿海姆。居于最下面一层的分别是侏儒国、冰雪世界尼福尔海姆和海拉的死亡冥府。

> 我知道有一株大梣树,名字叫伊格德拉西尔。它高大无比擎天又撑地,树根弯弯扎在白沙里。洒落在峡谷里的露水,可供它尽情吮吸享用。大梣树终年碧绿常青,遮挡在命运圣泉井沿。①

《埃达》开篇就对世界的结构做了介绍,世界由一棵大梣树撑起,大梣树硕大无比,从上到下依次划分为天、地、下三界,大梣树有三条粗壮无比的根须,第一条根深入众神居住的阿斯加尔德的命运之泉沃达尔,这里是诸神集会商讨事情的地方;第二条根深入巨人之地乔森海姆的智慧之泉弥米尔;第三条根深入冥界,其下有尼夫希尔姆泉和一条不断吞噬生命之树的毒龙。大梣树支撑世界,是众神生存的根本,但是这棵大树却受到了怪物巨蛇的威胁。奥丁将洛基的三个怪物后代分别放逐,其中巨蛇约尔蒙甘尔德被赶到瀛海,它在海底不断生长,随着身躯不断膨胀,终于将生命树的树根缠绕起来,只要它稍微活动,生命树就会晃动,世界就会地动山摇,海浪翻滚,淹没宫殿,这也是早期北欧人对

① 埃达[M].石琴娥,斯文,译.南京:译林出版社,2000:7-8.

于海啸、地震等自然灾害的理解。

生命树代表了生存的本源，是早期北欧人赖以生存的自然力量，巨蛇就是时时刻刻笼罩在众神头上的死亡阴影，也是现实生活中对自然灾害威胁的充分想象，生与死的博弈在这里体现得淋漓尽致。

面对死亡，北欧人心中充满了恐惧。这种恐惧在神话中具体表现为面对死亡不确定性的煎熬，对生的留恋和对死后世界的害怕。

死亡结局是确定的同时死亡到来的时间又充满了不确定性。北欧神话中众神死亡的结局是早已确定的，毁灭必然到来，既定命运无法改变，但是对于死亡何时到来这个问题却无法回答，人必然要经受这种不确定性所带来的威胁和煎熬。对于这种死亡的确定性和不确定性之间的矛盾，海德格尔认为，人存在的过程就是走向死亡的过程，人在这个过程中面对的是死亡到来时间的不可预测性，所以死亡的威胁会一直存在于人生存的过程中，面对这种威胁，人必然会产生畏惧的感情。所以，当奥丁和众神看到世界末日的结局时，必然会产生恐慌和害怕的心理，“死亡随时随刻都是可能的”①。

死亡随时会到来，但众神永远也不知道它哪一刻到来，出于这种无知，奥丁和众神才会竭尽全力采取各种措施。奥丁建立了英灵殿，在人间大肆发动战争，派使者将人间最勇猛无畏的武士接到阿斯加尔德，为末日之战做准备。因为洛基背叛了神族，使巴德尔无法回归，他的三个怪物后代更是四处生事，众神将洛基困在山洞中，用毒蛇的毒液惩罚他，并且把他的三个怪物孩子镇压在世界不同的角落，众神所做的准备越多，越能表现出他们对死亡的恐惧。巴德尔的死亡让众神明白，死亡的命运无法更改，他们所做的一切也许都是徒劳。

光明神巴德尔是在集会上在众神的面前被霍德尔射杀的，他的死亡让众神感到无力。奥丁和弗丽嘉命令所有的生灵发誓，他们绝不会伤害巴德尔，在众神都以为危机就此解除，死亡已经被逆转，准备为此狂欢的时候，一个小小的槲寄生轻而易举地带走了巴德尔的生命，也带走了他们的希望。诸神由巴德尔观照自身，代入巴德尔的死亡经历，从一个死亡的旁观者变成经历者，这种感官与情感的双重冲击无疑加剧了对死亡的恐惧。

除了死亡的不确定性，死亡的痛苦和死后的世界无疑给北欧人带来了更深

① 海德格尔. 存在与时间[M]. 陈嘉映，王庆节，合译. 熊伟，校. 上海：生活 · 读书 · 新知三联书店，1987：309.

的畏惧。冰霜巨人伊米尔在死后身体被分解,巴德尔忍受了穿心之痛,奥丁倒挂在树上用长矛自伤,这些都给诸神带来了冲击,伴随着毁灭的是巨大的痛苦。然而,痛苦不会在死后就停止,死后生活的世界也许更加残酷。在神话世界的地下,存在着一个黑暗阴冷的冥府,所有生灵死亡之后都将居住在冥府。冥府与阿斯加尔德形成鲜明的对比,众神生前居住的阿斯加尔德阳光充足,植物茂盛,食物丰裕,是一个充满了歌舞和希望的地方。但是死之后居住的冥府,位于深渊之中,潮湿阴冷,最外面有一条冥河,带着尖刀的水流湍急;大路上有无数伤痕累累的亡魂,他们会发出痛苦的哀号声;冥府的大门前有一只名为加尔姆的恶犬,他会在亡灵进入大门的时候伺机将其咬碎,吞吃入腹。光明美好的是阿斯加尔德,危机四伏的是冥府地狱,这种强烈的对比表现出北欧人对于死后世界的极度恐惧。

世界末日到来,大地上的一切生灵尽数毁灭,面对死亡,最可悲的就是螳臂当车,无能为力,人生最后依旧是一场悲剧。不论奥丁和众神如何勇猛,最终还是沦为一粒细沙,渺小而无助,消散在漫长的历史洪流中。北欧神话对于死亡的不可抗性、人生的悲剧性体现得淋漓尽致。

(三)价值自创:北欧神话中的生命抗争意识

人人可成为一家之主,哪怕圈里仅山羊两头。茅草铺顶房屋虽简陋,胜过乞讨求人千百倍。①

活着贫贱能致富,牛羊成群赛浮云。且看熊熊篝火旺,皆为孝敬富人烧。死人无福来消受,一具僵尸门外躺。②

亲朋终会寿享天年,牛羊早晚毙殁病卒。足下纵然铁打身躯,迟早难免撒手尘寰。世上惟有功业永存,彪炳史册光耀千古。亲朋终会寿享天年,牛羊迟早毙殁病卒。足下纵然铁打身躯,迟早难免撒手尘寰。人间惟有美名永垂,世代传诵逝者欣慰。③

既然生命的长度无法改变,那么就只能增加生命的宽度和重量。人生虽然

① 埃达[M].石琴娥,斯文,译.南京:译林出版社,2000:35.
② 埃达[M].石琴娥,斯文,译.南京:译林出版社,2000:43.
③ 埃达[M].石琴娥,斯文,译.南京:译林出版社,2000:45.

必然走向死亡,死亡也必然带来痛苦,但是人生不能一直被悲观主导,必须要学会消解死亡带来的恐惧,与死亡斗争,创造自我的价值。作为生产资料代表的“羊”寄托了北欧人面对既定死亡仍坚持抗争的精神,“牛羊成群”“美名永垂”才是永恒的人生价值和人生目标。

如何消解死亡带来的恐惧?

死亡对每个人都是公平的,它会平等地进入每个人的生命中,连神灵也不例外。既然每个人的结局相同,那么个人的独特性就只能通过生命的过程去体现。人生拥有无限可能,人必须要在有限的生命中,创造无限的可能。这就衍生出了早期北欧人对于生命意义的思考:生命为什么会存在?什么样的人生更有价值?北欧人的答案就蕴含在神话故事中。

奥丁,作为北欧神话中的众神之父,也是北欧人的精神领袖,更是维京精神的最高象征。奥丁作为众神领袖,他预感到一场大灾难要降临世界,于是开始寻找智慧之泉,希望智慧泉水可以赋予他更多的智慧,看到世界的未来。为此,奥丁愿意牺牲自己的左眼。喝到智慧泉水,奥丁看到诸神的黄昏,他焦灼不已,想要寻找解决的办法,巴德尔的死亡让奥丁明白,死亡的结局无法改变,但他仍然没有放弃对智慧的追求。为了获取罗纳文的奥秘,奥丁自愿倒挂在树上用长矛自刺,九天九夜,濒临死亡。

> 我知道自己吊在树上,被大风吹得旋转不停,整整九个昼夜真漫长。身上七穿八洞血如注,每处伤口都是长矛刺,奥丁我甘愿充当牺牲。吊在擎天撑地大树上,树根在何方无人知晓。他们未曾给我吃面饼,亦不从牛角给我喝水。我从树上凝神往下望,但见罗纳文字在闪光。我惊喜得几乎要狂喊,赶紧把它记牢学到手。可是我再也支撑不住,栽下来一头跌在地上……罗纳文字你务必找到,这些字符都含意深长,字符伟大而威力无穷。它们乃智慧之神创造,圣明的神灵赋予活力,文字之神勒石来镌刻。①

死亡没有阻挡奥丁追求智慧的脚步,相反,它成为奥丁获取智慧的动力,正是因为死亡,才创造了生命的意义,假如没有死亡,也许人生就会变成无休止的

① 埃达[M].石琴娥,斯文,译.南京:译林出版社,2000:64-65.

享乐和战争,正是生命有限的长度,才会激励个人去追求生命无限的宽度。法国现代哲学家波伏娃认为,生与死就是竖琴的两端,只有两端都处于紧绷状态,才能发出美好的声音,而正是因为生命的有限,人才会努力奋斗,去寻找生命无限的价值和意义。在这个追求的过程中,人自然而然就会完成对死亡恐惧的消解。

作为众神之主、北欧精神象征的奥丁通过对智慧的不断追求完成了对死亡恐惧的消解。另一方面,在神话中,罗纳文字拥有无穷的力量,是强大的武器。在北欧人看来,罗纳文字代表了最高的智慧,智慧也就是自然规律,是他们生存的力量来源,拥有智慧,他们就可以更加了解世界,在与自然灾害的搏斗中拥有更强大的力量。但智慧的获取不是轻而易举的,必须要经历重重考验才能得到,获取无限智慧的过程,也是人不停奋斗、坚持战斗的过程。

战斗,是北欧神话消解死亡的另一种方式,北欧神话是诸神与巨人族战斗的故事,是早期北欧人与威胁他们生命的自然斗争的历史记录。北欧神话的开始是初神奥丁三兄弟与伊米尔的战斗;创世之后,就算是在相对和平的黄金时代,阿西尔神族和瓦尼尔神族之间也经历了惨烈的斗争;神族统一后,巨人族势力卷土重来,神族与怪物三兄弟之间展开力量搏斗;最后,世界在神族与巨人族之间的斗争中走向毁灭。北欧神话在战斗中创立,也在战斗中走向毁灭。可以说,北欧神话就是北欧民族早期与自然斗争的史诗。

与气候温和、地理位置优越的古希腊不同,早期的日耳曼民族居住在冰雪交加的高纬度地区,在与严峻的自然环境的战斗中生存下来;进入8世纪,他们开始与大海战斗,开启了他们欧洲范围内的民族迁徙,试图扩大自己的生存空间,铸就了历史上著名的“维京时代”,达到了民族发展的巅峰。战斗精神已经被刻进了日耳曼民族的血液之中,他们以战斗为荣,通过战斗实现自我价值提升,消解死亡带来的恐惧。

生与死这两个概念在以上层面中仍旧处于对立的关系,追求智慧、勇于战斗的目的依旧是求得生存,死亡依旧是最大的敌人。消解生与死的对立关系,实现生与死的统一,才是北欧神话生死观的本质所在。

为了彻底打败死亡,实现生与死的统一,北欧人尝试的第一个方法是肉体复活,通过神死而复生的经历表现死亡与生存的转换统一,但这种方法随着光明神巴德尔的死亡宣告失败。奥丁保护巴德尔的方式有两种:第一,要求所有人发誓绝不伤害巴德尔;第二,在巴德尔死后前往冥府要求巴德尔重回神界。这两种方法代表了北欧人对于生死统一最初的认识,那就是延长生命的时间和个体躯体的死而复生，这两种方法具有暂时性，死亡还是会到来，只不过将到来的时间推后。当然，这两种方法最终都失败了，巴德尔被兄弟霍德尔用槲寄生暗杀，又因为女巨人索克不愿流泪而复活失败。死亡的到来是确定的，任何办法都无法改变，追求长生不老、肉体不灭必然会失败。

既然长生不老永远不可能实现，永生只是一个幻想，肉体无法超越死亡，那么就只能从精神上超越死亡，完成统一。

在神话中，奥丁喝了智慧泉水，看到了世界毁灭的结局，认识到死亡的意义，为了超越死亡对生命的限制，他做出了一个决定——修建英灵殿。英灵殿成为所有武士的理想之地，是一种勇于战斗、不畏牺牲的英雄主义的象征。死亡也不再是生命的终结，而是一种献祭，一种对英雄主义精神的实践，为了战争死亡的武士成为民族精神的捍卫者。

“英灵殿”又叫瓦尔哈拉宫，是奥丁在阿斯加尔德为米德加尔德战死的英雄们建造的乐园；负责去人间挑选、接引武士的是奥丁派遣的女使者，奥丁为她们起名“瓦尔基里”（图7-3），在古北欧语中有“女武神”之意。这些瓦尔基里一部分是奥丁的女儿，一部分是人间王国的公主，还有一部分则是纯贞的少女，她们都是女人中最为尊贵的存在。她们日常的工作就是前往人间的战场，挑选勇猛的战士，在他们战死后接引进英灵殿中，在神界休养生息，壮大神族的力量，对抗世界末日。

图7-3　瓦尔基里①

① 来自腾讯网“华方社区”（https://new.qq.com/rain/a/20200518A0BRWG00.html）。

奥丁坐在阿斯加尔德神殿的高位上，时刻关注各界的动态，一旦发现邪恶的势力作怪，就派遣托尔、提尔等神灵前去解决；如果发现人间有战争爆发，就立刻派遣瓦尔基里前去挑选英雄。这些瓦尔基里身穿金银制作的盔甲，拿着锋利的武器，骑着强壮的骏马前往战场，把挑选的勇士放在马背上，前往神界。战场上的战士一旦看到女神降临，心中就会明白自己大限将至，他们接受瓦尔基里的邀请，灵魂随着她们进入英灵殿。

在英灵殿入口站立着两个使者，他们要对进入的勇士表示欢迎，带着勇士走到奥丁的面前接受奥丁的称赞。如果其中有极其勇敢、声名显赫的武士，诸神起立鼓掌表示他们的尊敬和欢迎。英灵殿每天都在举行筵席，身穿洁白长裙的女神们在宫殿中来回穿梭，为勇士们端上食物、添满酒杯，勇士们酒足饭饱后可以在殿外的广场上战斗操练，肉体虽灭，灵魂不息。

在神话的影响下，北欧的武士相信他们战死后肉体毁灭但灵魂永存，主神奥丁会为他们派来女神，接引他们进入英灵殿。英灵殿中的生活是所有北欧人梦寐以求的理想生活。奥丁的英灵殿给予的不仅仅是衣食无忧的未来和战死沙场的荣誉，更是对肉体死亡的蔑视，对灵魂不灭的信念，是生命永生的理想。对于死者，这是一种荣誉；对于生者，这是一种使命。精神上超越死亡，才真正实现了生与死的统一。

三、北欧神话：民族精神的结晶

神话，是人类在童年时期对世界的看法和理解，是古代人民口头创作、传承的原始文化结晶。民族精神，也叫民族性格，是共同生活在一个地理区域或政治区域或经济区域的人民立足于共同的经历而形成的一种思想观念。民族精神是一个民族最原始、最集中的文化结晶，也是民族集体记忆的高度总结。

神话的形成时期，是民族精神的成形时期，它向我们表现的是一个民族最原始的认识世界和改造世界的基本方式，通过各种富于想象力的故事，传递出民族最本质的价值观和性格特征。由于不同民族所处的地理位置和气候环境差异很大，所以他们的神话风格和民族性格也不尽相同。例如，雅典位于北半球中纬度地区，地中海气候温和宜人，古希腊神话因此语言优美、风格明亮，神话充满了蓬勃的生命力。而与此相反，冰岛位于北半球高纬度地区，冬季绵长，寒流强盛，大部分地区终年被冰雪覆盖，所以北欧神话整体语言严肃、风格悲壮。由此可见，每个民族的神话都各有其特色，不同民族神话体现的民族精神独一无二。北欧神话蕴含丰富而深刻的北欧民族气质,是北欧民族精神的集中体现。

(一)抗争意识

在北欧人心中,抗争是一个人的生命价值所在,是生命最好的归宿。北欧人希望在探索中寻求自我价值,在抗争中实现个人荣誉,只有抗争才能为他们带来美好的生活。这种精神与北欧的地理环境有直接的联系。

北欧大部分地区四面环海,位于板块交界处,区域内多高山和寒带针叶林,适宜人类居住的平原地区狭小且分散。面对如此恶劣的生存环境,北欧人首先要学会与大自然战斗,保证自我的生存条件。其次,广阔的海洋给了人们拓展生存空间的机会和对未知世界的遐想。他们幻想海洋的尽头是一个气候温暖宜人的区域,那里物产丰饶,取之不尽,但海洋在提供机遇的同时又带来了巨大的风险,海啸会在一瞬间吞没船只,洪水会在顷刻淹没村庄。海洋就是一个战场,无数的北欧人在开疆扩土的过程中献出生命。这种勇敢无畏的抗争意识投射在神话中尤为明显。

"青铜器时代、铁器时代或海盗时代没有一位主神是全心全意地爱好和平的。"[①]北欧神话的主神也不例外。主神奥丁联合兄弟与巨人伊米尔战斗,创造世界;为了获得更多的智慧,宁愿献出一只眼睛也要喝到智慧泉水;在看到世界末日来临后,为了增强神族实力,不惜挑起人间战争,只为获得更多的武士;发现死亡不可改变后,为了获取更多关于死亡的秘密,将自己倒吊在树上九天九夜,只为破解罗纳文的奥秘;世界末日来临,他更是手持长矛、身骑骏马冲入巨人族的军队,给众神做指引和表率。正是因为这种无畏的战斗精神,奥丁成为北欧人心中永远的王者,是所有北欧人的精神支柱。

除了奥丁,战神托尔也是北欧神话中战斗精神的代表。托尔在神话中身材魁梧,身着短衫,满脸大胡子,神锤米奥尔尼尔和他形影不离。他是奥丁之子,力量强大,勇猛过人,常年在神界的东方驻守,抵抗冰霜巨人的侵袭,保卫众神的家园,在末日之战中,他一直冲在战斗的最前线,是神界当之无愧的战神。

战斗精神作为北欧武士的基本品质,与战争和武士规范的守护者提尔密不可分。恶狼芬利斯不断制造灾祸,众神害怕它壮大后会危及神界安全,于是从

① 琼斯.北欧海盗史[M].北京:商务印书馆,1994:276.

侏儒族（擅长制作器物）寻来了一根魔法绳，将芬利斯引到一个小岛上，提出要测试芬利斯的力量，看它是否能够挣脱这根绳子。芬利斯担心众神借测试之名实则想要困住自己，于是提出一个条件，要求一个神将手臂放在他的嘴里作为保证。众神无人敢应，只有提尔站了出来将手臂放入芬利斯口中。芬利斯进入绳索，众神连忙将它困住，愤怒之余芬利斯咬断了提尔的手臂，于是提尔成为神话中的独臂战神，成为战争和勇敢的象征。古代北欧武士在出征前，都会举行祭拜提尔的仪式，他们对着尖刀祈祷，希望提尔为他们带来胜利。

恶劣的生存环境时刻威胁着北欧人的生命，死亡激发了北欧人的战斗精神，推崇战斗，将其视为获取美好生活的途径，在战斗中英勇牺牲，是他们心中至高无上的荣耀。

（二）契约意识

北欧神话中出现了大量的女占卜者和“神谕”，这些神谕往往预示着人物的命运，是关于神和人死亡的结局。那么为什么会出现神谕？命运又为何规定诸神的死亡呢？

北欧神话中除了掌管艺术和生育的女神，还有三位命运女神诺恩（Norn）。她们三个日常的工作就是将所有人的命运编织成巨大的命运之网或者扮成女预言家四处游历。“诸神的黄昏”预言最早就来自命运女神，《埃达》开篇《女占卜者的预言》中，三位命运女神向众神发出警告：“那株枝繁叶茂的梣树底下，埋藏着向众神报警的号角。她看出大祸临头种种凶兆，圣泉喷涌泛滥出井沿外。泥石俱下山洪暴发泛滥，英灵之父奥丁全部领地，洪水淹成一片泽国汪洋。”①关于诸神死亡的原因，命运女神接着给了解释：“盟誓遭到了任意破坏，承担的诺言概不作数，信誓旦旦的神圣契约，也统统翻脸就不认账。”②因为盟约遭到了践踏，所以诸神必将受到惩罚，迎来世界末日。由此可见北欧人对于盟约的看重，一切的灾难都来自誓言的破坏、诚信的消失。

不遵守誓言的结果就是毁灭，这一点在《埃达》中英雄西古尔德身上更为突出。西古尔德是法兰克兰国王西格蒙德与埃依里米国王的女儿希尔蒂丝的儿子，他自小受到父亲英雄事迹的影响，立志成为一个勇敢的武士。长大后的西

① 埃达[M]. 石琴娥，斯文，译. 南京：译林出版社，2000：11.

② 埃达[M]. 石琴娥，斯文，译. 南京：译林出版社，2000：10.

古尔德遇到了雷金，雷金明白西古尔德对于建功立业的渴望，怂恿西古尔德前往恶龙的巢穴，杀死恶龙夺取恶龙的宝藏。西古尔德只身上路，顺利杀死恶龙。在与恶龙的搏斗中误食恶龙血液的西古尔德领悟了动物的语言，发现雷金想要杀死自己、独占宝藏的企图，于是他杀死了雷金，成为声名显赫的屠龙英雄。西古尔德游历到了一座岛屿，在那里遇到了他的情人匈奴女子布隆希尔德，离别之际立下誓约，发誓自己永远不会变心。

随后西古尔德来到了勃艮第，在这里结识了勃艮第国王贡纳尔的妹妹古德隆恩，贡纳尔为了拉拢西古尔德，给他下了一种令人失去记忆的药粉。失去记忆的西古尔德背叛了自己的誓言，与古德隆恩结为夫妻，之后还帮助贡纳尔迎娶布隆希尔德为王后。得知真相的布隆希尔德被愤怒主导，教唆贡纳尔杀死了西古尔德。

在《埃达》第十九章《格里泼尔的预言》中，格里泼尔预言了西古尔德的死亡："你们俩海誓山盟相约到白头，字字泣血句句都鹣鲽情意深。可惜你却言而无信不守诺言，在吉乌基家做客一夜变了心。你竟把布隆希尔德丢诸脑后，可怜的海依米尔国王的养女。"[①]可见西古尔德死亡的原因是他背叛了他的誓言，抛弃了布隆希尔德，另娶他人，布隆希尔德才会起了杀心，挑起贡纳尔和西古尔德的矛盾。

对于背叛誓言的后果，《埃达》中给予了明确的说明，瓦尔基里女神西格德里弗曾对西古尔德说："我要讲给你听的第二句忠告：你决不可咒天诅地胡乱发誓，除非这个誓言能够切实信守。背叛命运契约必受天谴神罚，起假誓乃是犯下罪恶的勾当。"[②]

所以，北欧人一旦立了约，成为一名武士，就必须要在战场上英勇无畏，将自己的誓言贯彻到底。违背约定和誓言的结果就是受到命运的惩罚，死亡是唯一的结局。北欧人对于约定如此看重，约定一旦出口，就必须要遵守，诚信才是生命的保障，是人的荣誉所在。

（三）生命意识

对于死亡，北欧人有自己的看法。死亡不是人生的终结，而是另一段生命

---

① 埃达[M]. 石琴娥，斯文，译. 南京：译林出版社，2000：295.

② 埃达[M]. 石琴娥，斯文，译. 南京：译林出版社，2000：333.

的开始,抱着对死后生活的憧憬和向往,北欧人永远都无惧灾难,视死如生,这是北欧人最引以为傲的使命感和荣誉感。

死亡,一直伴随着北欧诸神,他们从伊米尔的死亡中诞生,又在与巨人族的战斗中重归死亡,他们对死亡的情感,也在这一过程中经历了由恐惧到无畏的变化。神话一开始,众神在得知世界末日的到来时,对死亡产生了极大的恐惧,他们想尽一切办法消除隐患,企图扭转自身的结局,但光明神还是陨落了,洛基的三个怪物孩子依旧在不断成长,挣脱了神的束缚,一切的阻拦都无济于事。在最后的末日战争中,面对来势汹汹的巨人一族,诸神仿佛放下了恐惧,他们不再逃避死亡,与巨人族展开激烈的战斗,神的精神在战斗的这一刻得到了升华。早晚有一天,光明神巴德尔重归大地,诸神必将重生。

如果说末日战争让诸神摆脱了死亡的恐惧,实现了视死如生的精神升华,那么英灵殿的设立就是凡人视死如生精神的表现。英灵殿使死亡变成了一种再生,是所有武士的最高殿堂。武士为了荣誉,为了能够在死后进入神圣的殿堂,他们在战场上拼力厮杀,死亡在他们的心中不再是终结,不再是悲剧,而是一种重生,是理想生活的开始,这就是北欧精神中最为强大的部分,不再畏惧死亡,用战斗拥抱死亡,让毁灭迎来新生。

早期北欧人在严苛的自然条件下艰难求生,死亡犹如一片乌云笼罩在他们头顶。面对生死无常的人生,他们或主动或被动地思考生与死的关系,通过众神抗争行为消解内心对死亡的恐惧,寄托对生与死的认知,托尔的双羊战车是寄托北欧人生死观的意象之一。

北欧人发现,死亡具有确定性和不确定性,死亡必定会到来,但没有人知道它何时到来,为了消解死亡带来的恐惧,北欧人通过神话故事宣扬生死循环的生死观,激发北欧人为了生存和荣誉而勇于抗争的精神。抗争,是北欧人刻在骨子里的思想,既然死亡必定到来,何不抓住有限的生命创造无限的辉煌。从畏惧到斗争到无惧,北欧人最终实现了对死亡的超越。

北欧神话和神话中的抗争精神随着维京人四散到西方世界的各个角落,20世纪后被西方资本主义国家带向了全世界。21世纪初,美国好莱坞敏锐察觉到北欧神话中丰富的精神内涵和奇幻的想象力,借助现代特效技术,拍摄发行了一系列以北欧神话故事为蓝本的科幻电影,例如《尼伯龙根的指环》《匈奴大帝》《林中女妖》等,其中影响力最大、范围最广的当属《指环王》与漫威的《雷神》系列。《雷神》系列甚至直接照搬北欧神话中的人设和世界观,通过托尔、奥丁、洛基三人之间的矛盾冲突和托尔守护地球、拯救人类两条线索，讲述雷神托尔的成长之路，展现北欧神话中战神的勇猛与担当。《雷神》系列电影自发行以来迅速火遍全球，托尔身上那种独特的抗争战斗精神也传播到了世界各地，北欧神话及北欧精神在现代实现了从西方走向世界的巨大进步。

第八章　探竿影草：佛教经典中的羊元素

佛教作为世界三大宗教之一，自释迦牟尼公元前6至前5世纪创立以来，延续了2500多年，在全球尤其是东亚、东南亚广受推崇，并对人类的思想、文化和社会生活产生了巨大影响。因此，通过考察佛教文化中的羊形象，在一定程度上可以反映东亚、东南亚世界对生命、财富的总体认知。在此基础上，考量佛教在东亚、东南亚的流变轨迹，探讨佛教如何通过丝绸之路传入中国，如何与中国本土宗教融合、互鉴并独立成体系。

参照佛教的两条传播路线，向北经中亚细亚传到中国，再传到韩国、日本等东亚国家。向南经斯里兰卡，再传到缅甸、泰国、柬埔寨、老挝等东南亚国家。佛教亦是通过丝绸之路传到中国，中国民间故事中如“九色鹿”“舍身饲虎”，皆是佛教文献在中国传播后改编的。

本章主要从对佛教文献中羊符号、羊形象的具体解读和佛教相关文献的流变这三方面展开讨论，与佛教相关的羊符号主要从佛经、《佛本生故事》、《乾隆大藏经》、《大唐西域记》等经典文献中抽丝剥茧而出，根据相似的释义划分类别。羊符号的解读主要结合佛教文献中的原初本义和佛教思想，以期做出适当的解读。佛教相关文献流变部分介绍佛教的起源、佛教在东南亚的传播情况及佛教传入中国的时间和方式，强调佛教思想和中国传统思想在传入、吸收、冲突、融合的过程中相互影响的特点。同时，对《乾隆大藏经》的来源、《大唐西域记》中提及羊作为物产的地区做相应的讨论。

佛经典籍，浩如烟海，篇幅所限，本章欲从佛经、《佛本生故事》、《乾隆大藏经》等代表性典籍中搜寻羊符号。一方面，羊作为牲畜、恶兽中的一个普通类别常常与象马牛犬等同时出现，并被佛教赋予动物普遍的特征和意义，如将羊列为八种不净之物（均为动物）之一；又与驼、驴、鸡、犬、猕猴、孔雀、鹦鹉、共命及拘枳罗、豺、狼、虎、豹、猫狸、猪豕等并称为恶兽;还有人从地狱出,受象、猪、牛、羊、水牛、蚤、虱、蚊、虻、蚁子等畜生形;猪、羊、鸡、犬、狐、貉、雕、鹫、乌蝇、蜣螂、禽兽之类,由先世恶业所招,受如是报等。

另一方面,羊作为物产、财产的类别出现,具体的形式有我们熟悉的羊肉、羊乳、羊毛等。在这一类别中,羊常常被当作祭祀品使用,但对于用羊祭祀这一行为是否合理,存在一些争议。比如献祭就意味着杀生,而佛教中对杀生持否定态度,但杀羊祭祀的行为又常常在佛经中出现,这也是佛教典籍中值得探究的地方。

佛教典籍中还有许多羊出于个别释义。如夜叉作羖羊形、羊颠鬼、黑羊毛咒、羊癫疯疾病,以羊说明幻象非实、一切虚无;哑羊则意味着隐忍之心;淫为牛羊猪,长受兽形苦;哑羊愚钝鲁莽粗暴、哑羊僧、斗羊等嬉笑娱乐之法;梦到羊身着青黄赤黑色衣喜笑歌舞,即预示病重,难以疗愈;人身如牛羊象马,是咒术等。可以看出,这些单独出现的羊形象也有重合之处,比如哑羊愚钝,哑羊僧比喻不知悟解的人,而其他种种羊形象总体上也多以负面典型出现。此外,佛教典籍中频频提及的羊实际上处处暗喻人的行为,以羊不守佛理而身受痛苦警示人类,含有教化意味。

本章从佛教典籍中出现的羊符号开始论述,选取与佛教思想紧密关联的几类羊符号进行具体阐释。当然,本章谈及的每一类羊符号都蕴含丰富的佛教理论,或与佛教文化圈中对动物的认知有关,或与具体的羊的释义有关,或与佛教赋予羊的行为有关,具体的解释都应放在佛教文化语境这一背景下讨论。

一、佛经与《佛本生故事》中的羊

佛教中的羊符号数量、种类繁多,本章列举分析佛经、《佛本生故事》中的部分羊符号,根据佛教义理及佛教典籍的特点对羊符号分类。如《大佛顶首楞严经》中的“以人食羊,羊死为人,人死为羊,死死生生,穷未来际”与《佛本生故事》中的《祭羊本生》一样反映业报轮回思想,而业报轮回说正是佛教基本教义之一。下面列举佛经中的“羊”(表8-1)。

表8-1 佛经①各经部中出现的羊

文献来源	文本
《宝星陀罗尼经》	复有夜叉名舍渴爱,作羖羊形;乃至随所有处,诸畜生趣亦复如是,獐鹿虎狼猪羊犬等为其说法;舍渴爱夜叉愿作羖羊形者,为成熟住八难众生故
《大般涅槃经》	复有二十恒河沙等水牛牛羊,往至佛所出妙香乳;制诸比丘不得畜养奴婢牛羊非法之物;放畜牛羊,担负薪草;佛听比丘畜诸奴婢不净之物,金银珍宝、谷米仓库、牛羊象马,贩卖求利;牛羊象马驴骡鸡猪猫狗等兽;若言苦是苦圣谛者,一切牛羊驴马及地狱众生应有圣谛;大王,臣所见者如羖羊角;袒者,不知师恩喻如羝羊,是故名袒;唯除龟甲及白羊角;不畜象、马、车乘、牛、羊、驼、驴、鸡、犬、猕猴、孔雀、鹦鹉、共命及拘枳罗、豺、狼、虎、豹、猫狸、猪豕及余恶兽;推羊头鬼令堕山下;以羊祠时,先咒后杀;杀羊得人天乐,是名地狱;于日日中杀无量羊;如王宫中常敕屠羊,心初无惧;从地狱出,受畜生身,所谓象、猪、牛、羊、水牛、蚤、虱、蚊、虻、蚁子等形;为利喂养羔羊,肥已转卖;受瞿陀身、鹿身、兔身、象身、羖羊身、猕猴、白鸽、金翅鸟、龙蛇之身,受如是等畜生身时,终不造作畜生恶业;共业合,如两羊相触;并令释身作羝羊形作千女根在释身耶;诸婆罗门一切不应为清净身,杀羊祠祀
《大宝积经》	在家菩萨,不住屠杀牛羊等处;恶友拘执,懈怠懒惰,下劣精进,痴钝无识犹如哑羊;象马车乘牛羊等,床敷婇女资生具;所谓猪、羊、鸡、犬、狐、貉、雕、鹫、乌蝇、蜣螂、禽兽之类,皆由先世恶业所招,受如是报;仍多畜女人,其众如群羊;譬如有人著阴鬼,或羊颠鬼;远诸贼盗及牧牛羊者
《大方等大集经》	离爱菩萨现羖羊身;复有一窟名曰善住,纵广高下亦复如是,亦是菩萨昔所住处,中有一羊修声闻慈;象马牛羊、驼驴鸡猪乃至八种不净之物;贪因缘故五道受生,生在羊中多受苦恼
《大方广佛华严经》	幻作男女形,及象马牛羊;耳不闻无碍法故,口如哑羊障;以牛羊等种种诸乳,假使积集盈于大海
《大佛顶首楞严经》	是等则以杀贪为本,以人食羊,羊死为人,人死为羊,如是乃至十生之类,死死生生,互来相啖,恶业俱生,穷未来际

① 来自佛门网(http://fomen.huijia18.com/)。

续表

文献来源	文本
《佛说大乘庄严宝王经》	善男子,又如四大洲所有四足有情,师子、象、马、虎、狼、熊、鹿、牛、羊,如是一切四足之类,我悉能数一一身中所有毛数
《佛说陀罗尼集经》	若人鬼病大难治者,亦依前法取羊毛绳总;又法一切狂病,咒黑羊毛,令净童女搓此羊毛,以为咒索;又法所有病人身上一切痛处,皆以乌羊毛绳,结作二十一结,系安痛处即得除愈
《过去现在因果经》	牛羊亦生五色羔犊;太子年渐长大,为办象马牛羊之车
《金光明最胜王经》	师子虎狼恒围绕,牛羊鸡等亦相依
《妙法莲华经》	羊作为三乘之一。佛陀把佛法比喻成一种载人度人的车辆,以羊车、牛车、鹿车来比喻三乘佛法。其中以羊车比喻声闻乘
《如来方便善巧咒经》	若有羊癫及诸狂病;着羊癫者咒华如前
《僧伽吒经》	天神嗔怒,须杀羊杀人以用祭祀;时速归家尽卖家财得羊一口;尔时,父母自杀羊杀人,燃火祭天

(一)《佛本生故事》中的“羊本生故事”

《佛本生故事》(*Jataka*)又称《佛本生经》《生经》,分为 22 篇,共收 547 个故事,讲述佛祖在成佛之前生生世世轮回转生,最后成佛的经历。其原典已经失传,现存为 5 世纪前后由斯里兰卡僧人据古僧伽罗文译写的巴利文本《佛本生义释》,一般称其为《佛本生故事》。这 547 个故事都有统一的结构,每个故事皆由现世、前世、诗、诗的注释及对应五个部分组成。追溯《佛本生故事》的形成,大概是寺院僧人在搜集流行于古印度大地上的神话、童话、笑话、传说与民间故事时,按上述五个部分的固定格式进行编撰,在开头、结尾部分指出故事中的某一主要人物或动物是佛陀前世。这部被佛教徒收集整理的民间故事作品,不但外表被佛教形式化,更重要的是在思想上成为宣扬佛教教义的工具。

1.《佛本生故事》[1]的来源及内容

按照佛教的说法,释迦牟尼在成佛之前只是一个菩萨,他还跳不出轮回。他必须经过无数次转生,才能最后成佛。在佛教徒中,便产生了一大批“佛本生故事”。现存的《佛本生故事》并非原典,原典传入斯里兰卡后,被译成古僧伽罗文。大约在5世纪,一位斯里兰卡比丘依据古僧伽罗文译本,用巴利文写成《佛本生义释》,也就是现存的《佛本生故事》。

《佛本生故事》中大部分是长期流行于古印度民间的寓言、童话等小故事,由古代印度人民创造而来,佛教徒采集后,按照固定的样式给每个故事加上头尾,指出故事中的某个人、某个神仙或某个动物是佛陀的前身。如果去掉每篇故事头尾的“套话”,它实际上更类似于一部民间寓言故事集。其他教派也利用《佛本生故事》来宣传自己的教义,如相似的故事情节出现在印度两大古诗插画部分以及婆罗门教和耆那教故事集中。

《佛本生故事》虽然在印度成形,但随着小乘佛教的发展,逐渐传播到斯里兰卡、缅甸、泰国、老挝、柬埔寨和马来西亚。5世纪初,法显访问斯里兰卡,在供养佛牙的游行大会上已看到“菩萨五百身”,即菩萨过去转生500多次的故事。这些故事表现在造像艺术中,缅甸古都蒲甘的许多佛塔、泰国素可泰大庙以及印度尼西亚爪哇婆罗浮屠里墙上的浮雕都取材于佛本生故事。《佛本生故事》随着佛教文化的传播传到中国,汉译大藏经里许多内容都是佛本生故事,如《撰集百缘经》《贤愚经》《杂宝藏经》等。在我国新疆发现的古代语言的残卷中,也可以找到许多佛本生故事,如吐火罗文中的部分内容。

《佛本生故事选》的译者黄宝生在中印文学、诗学、哲学、佛学等领域都对此有著述,黄宝生先生的主要贡献包括:研究梵语文学,撰写的《印度古代文学史》成为印度文学专业必读书;研究印度诗学理论;主持翻译印度史诗《摩诃婆罗多》及其他梵语读本。黄宝生对《佛本生经》评价很高,他曾在收录于《梵学论集》中的《〈本生经〉浅论》中说道:“我们现在从文学的角度看,可以肯定地说,《本生经》是佛教文学中最有价值的一部寓言故事集,不仅在印度文学史上,而且在世界文学史上占有重要地位。”[2]

2.《祭羊本生》

《佛本生故事》中有大量与动物相关的典故,其中与羊相关的故事有《祭羊

---

① 佛本生故事选[M].郭良鋆,黄宝生,译.北京:人民文学出版社,1985.

② 黄宝生.梵学论集[M].北京:中国社会科学出版社,2013:15.

本生》:梵授王在波罗奈治理国家,举世闻名的精通三吠陀的婆罗门,请人提来一头山羊祭奉先祖,吩咐学生们说:“孩子们!把它带到河里洗洗,然后给它脖子上戴个花环,按上五指印,装饰一番,再带回来。”学生们回答道:“好吧!”于是,带着山羊来到河边,给山羊清洁,然后放在岸边。山羊记得自己的宿业,想道:“今天,我就要摆脱这种痛苦了。”不由得十分高兴。但转而想道:“这个婆罗门杀了我,将会陷入和我同样的那种痛苦。”羊对婆罗门产生怜悯,大声痛哭起来。学生们问道:“山羊啊!你一会儿大笑,一会儿大哭。你笑什么?你哭什么?”“你们当着老师的面问我吧!”

学生们把它带到婆罗门那儿,报告了这件事。婆罗门听后,便问山羊:“你为什么笑?又为什么哭?”山羊记得自己的宿业,便向婆罗门说道:“婆罗门啊!我从前也像你一样,是个精通吠陀的婆罗门。由于我想祭祀祖宗,便杀了一头山羊。就因为杀了一头山羊,我已经四百九十九次转生为山羊,每次都遭到砍头之苦,这是我最后的一次、第五百次转生了。想到‘我今天就要摆脱这种痛苦’,我十分高兴,所以笑了,转而又想:‘我以前杀了一头山羊,遭到五百次砍头之苦,今天总算就要摆脱这种痛苦,可是这个婆罗门杀了我,也会像我一样遭到五百次砍头之苦’,出于对你的怜悯,我就哭了。”婆罗门听后说道:“山羊啊!别怕,我不杀你。”“婆罗门啊!你说什么?不管你杀不杀我,今天我难逃死亡之苦。”“山羊,别怕,我保护你,陪着你一起游荡。”“婆罗门啊!我的罪孽深重,你无法保护我。”婆罗门释放山羊,不准任何人杀害这头山羊。山羊一获得释放,就到山岩附近的树丛里抬起脖子吃树叶。雷电击中山岩,一块石头迸裂,砍下山羊的头。人们汇聚在周围,那时,菩萨施展神力在空中结跏趺坐,想道:“众生知道这种罪孽的果报,就不会杀生了。”于是,用甜蜜的声音念偈颂:

> 倘若众生知,痛苦之根源,
> 不会再杀生,以免遭灾难。

菩萨用地狱之苦警告众人,宣讲正道。众人惧怕地狱之苦,不再杀生。菩萨通过说法,使众人遵守戒律,然后按自己的业死去。众人也恪守菩萨的告诫,广行布施,做许多善事得以升入天国。

《祭羊本生》中婆罗门为祭祀祖宗而杀了一头山羊,因为一次杀生,经历五百次转生为山羊的轮回,并且每次都遭到砍头之苦。在婆罗门经历第四百九十九次转生为山羊的时候,遇到另一个婆罗门想要杀羊供奉祖宗的类似情况,便用怪异的举动（又哭又笑）打断这种杀生行为，劝告其他婆罗门免遭杀生带来的灾祸。《祭羊本生》突出杀生的恶果，劝诫众生遵守戒律。婆罗门的五百次转世轮回是佛本生故事最常见的模式。

（二）轮回业报思想在中国的传播流变

“羊”符号在佛经业报轮回观中被反复印证，多以人羊互换身体的形式出现，而在佛教伦理中，人类在众生中的地位远远高于作为牲畜的羊，所以人身化为羊形轮回可以视为对人的惩戒。如《祭羊本生》中婆罗门因杀生（杀羊）而变为羊形遭砍头五百次的五百世轮回就被视为一种惩戒行为。除此之外，《大佛顶首楞严经》：“富楼那，想爱同结，爱不能离，则诸世间父母子孙相生不断。是等则以欲贪为本，贪爱同滋，贪不能止，则诸世间卵、化、湿、胎随力强弱递相吞食。是等则以杀贪为本，以人食羊，羊死为人，人死为羊，如是乃至十生之类，死死生生，互来相啖，恶业俱生，穷未来际。”[①]也是对杀贪之欲的惩戒，但和《祭羊本生》故事不同的是，“以人食羊，羊死为人，人死为羊”是人类与畜生道之间的循环互换，蕴含更明显的性空论意味，即佛教所提倡的一切皆空。虽然两者有所不同，但都属于佛教的教化思想，“业报轮回说”作为佛教的基本教义之一，从根本上也是对人的思想及行为的一种教化。而《大乘经华严部》中“佛说诸法无生无灭，牛羊不能知觉生死轮中”[②]之语则进一步体现了羊作为牲畜的劣等性。下面将具体讨论“业报轮回说”在中国的传播过程。

业报轮回思想，被认为是印度佛教的“实理”和“根要”，也是印度佛教刚传入中国时就带来的思想之一。[③] 什么是印度佛教的业报轮回思想？业报轮回，又称因果报应、生死轮回。业报，是业与报的并称，业是造作的意思，指众生的身心活动。业有多种，从形态上分，有身业、口业、意业；从性质上分，有善业、恶业和无记业。报，即报应，指由业所招致的后果。印度佛教认为不同的造作业，会引来不同的报应，比如作善就会得好报，作不善就会得恶报。可见，业是因，报是果。所以，所谓的业报就是因果报应。

印度佛教还认为，接受因果报应的方式，不限于一世因果，而是三世因果，即前世、现世、来世。人的生命之流在这三世之中来回流转，因而接受果报的时

---

① 来自佛门网（http://fomen.huijia18.com/）。

② 来自佛门网（http://fomen.huijia18.com/）。

③ 欧宗启.印度佛教中国化与中国古代文论的建构[D].四川：四川大学，2007.

机就在这三世生命的不断轮回转化过程中。如果一定要对果报进行分类的话，大致有现报、生报、后报。现报，即现世所作业现世就显报；生报，即今生所作业来生受报；后报，即“或经二生三生，百生千生，然后乃受”。而轮回本是指车轮的不断回转，印度佛教借以用来表示人的生命的不断轮回流转。所以，轮回说是一种生命转化的学说。印度佛教还认为生命的轮转趋向有六条道路可供选择，分别是天、人、阿修罗、畜生、饿鬼、地狱。至于具体个人将来要转入哪道，则由其生前所作的业的性质来决定。可见，因果报应是轮回的前提和基础。不过，印度佛教认为轮回转生、因果报应，都是人生的痛苦，只有超越轮回与报应，修道成佛，才能最终获得解脱，实现永生无死的终极理想。

而中国人对印度佛教业报轮回思想的接受和阐释，早在汉代就已经开始。这时，人们普遍认为印度佛教是有神论，其业报轮回的主体就是魂神或精神。这在《牟子理惑论》中就有形象的反映，其文载：

> 问曰：佛道言人死当复更生，仆不信此言之审也。……牟子曰：是也。魂神固不灭矣，但身自朽烂耳。身譬如五谷之根叶，魂神如五谷之种实；根叶生必当死，种实岂有终亡，得道身灭耳。……问曰：孔子云：“未能事人，焉能事鬼？未知生，焉知死？”此圣人之所纪也。今佛家辄说生死之事，鬼神之务，此殆非圣哲之语也。[①]

自此至东晋、刘宋、齐梁时代，相关的阐释与接受变得更深刻、更系统，业报轮回思想实现了在中国传统哲学基础之上的中国化。

二、《乾隆大藏经》中的羊

清《龙藏》又名《清藏》或《乾隆大藏经》，是一部汉文官版大藏经。它始刻于清雍正十一年（1733），完成于乾隆三年（1738），是我国历代官刻大藏经中极为重要的一部。全藏共收录经、律、论、杂著等 1669 部，7168 卷。据《大清三藏圣教目录》卷五附载的“总理藏经馆事务”等人名录可知，刻藏的组织机构称为“藏经馆”。清《龙藏》的刊造始自雍正十三年（1735）初，至乾隆三年（1738）十二月十五日竣工，用了 4 年时间。

---

① 石峻，楼宇烈，方立天，等．中国佛教思想资料选编：第 1 卷[M]．北京：中华书局，1981：7.

关于钦定入藏的典籍，据《大清三藏圣教目录》卷五末记载可知，雍正十三年（1735）四月二十五日奉旨钦定入藏《华严会本悬谈》等 4 部 300 卷典籍；又乾隆元年（1736）正月十一日起，陆续交出，奉旨钦定入藏《法华玄义释签》等 50 部 827 卷典籍。以上共 54 部 1127 卷典籍，于乾隆二年（1737）三月二十一日奉旨，照历朝年代次第一体编入千字文函号。这 54 部钦定入藏典籍特点如下：

（1）雍正朝入藏的 4 部典籍，均系注释《华严经》的，并采用“会本”的方式呈现。例如，《华严经疏钞会本》是将唐实叉难陀译经文与唐澄观撰述的疏文及钞文，按照相关段落汇编于一书。《华严悬谈会本》则是将澄观撰述的疏文和钞文中的悬谈部分分别抽出，再行汇编的本子。①

（2）乾隆朝入藏典籍中也有会本。《法华玄义释签》40 卷，就是《永乐南藏》《北藏》《嘉兴藏》已录之《法华经玄义》与《法华玄义释签》的会合本。

（3）钦定入藏典籍中，隋唐撰述者有第 2 部至第 9 部，共 8 部典籍；宋元撰述者有第 10 部至第 14 部，共 5 部典籍；其余为明清撰述，共 41 部典籍。

（4）在 54 部钦定入藏典籍中，有一部分已被此前的其他版本大藏经收录。其中第 2、3、5、6、7、25、51 部，共 7 部，是此前已有千字文编号的入藏典籍，这次重新作为钦定入藏典籍，是因为对原文做了新的编排和修订，个别典籍卷首增加了几篇赞文等；而其中已为《崇宁藏》《毗卢藏》《嘉兴续藏》和《嘉兴又续藏》收录的无千字文编号的入藏典籍，共 35 部，此次作为钦定入藏典籍，是经过选择、修订并给予了千字文编号的缘故。因此，在钦定入藏的 54 部典籍中，除去上述的 42 部，属于清《龙藏》首次入藏的典籍实际上只有 12 部。

（5）在清《龙藏》收入雍正皇帝御录的三部著作之前，只有宋太宗《御制缘识》5 卷、《御制逍遥咏》11 卷、《御制佛赋》2 卷、《御制诠源歌》1 卷、《御制秘藏诠》20 卷、《御制莲花心轮回文偈颂》25 卷和宋真宗《四十二章经御注》1 卷曾被收入大藏经。②

《乾隆大藏经》的典籍入藏规范及具体校勘时间反映出清雍正朝与乾隆朝中国佛教典籍的进一步完善与细化，这部官版大藏经统一了前世以来中国流传的大藏经版本，其印本完整者亦极鲜见，因此，在世界佛教史上占有重要地位。以其完整的经文为基础展开对羊符号的搜索，也更深入与羊相关的佛教文化的

① 李富华，何梅. 汉文佛教大藏经研究[M]. 北京：宗教文化出版社，2003：521.

② 李富华，何梅. 汉文佛教大藏经研究[M]. 北京：宗教文化出版社，2003：522.

方方面面，展示出佛教典籍中对羊形象不同视角的打量与描绘。

（一）《乾隆大藏经》中的羊符号（表8－2）

表8－2 《乾隆大藏经》各章节中出现的羊符号

分类	《乾隆大藏经》章节	文本
财产	大乘经（般若部）第153页	摩诃萨能以布施摄诸有情；或以象马牛羊驴等诸傍生类施诸有情
	大乘经（般若部）第136页	摩诃萨或以妻妾男女大小童仆侍卫、象马牛羊及医药等施诸有情；如是言一切有情，有所须者恣意来取，勿生疑难；或劝受持、或戒
	大乘经（般若部）第294页	或以饮食衣服、卧具房舍、灯烛华香璎珞，若男若女，若牛羊象马车乘，若以己身给施众生，语众生言，汝等若有所须，各来取之
	大乘经（宝积部）第69页	地狱恶卒若有摄受，象马驼驴牛羊鸡豕当知摄受，即是摄受一切众苦忧愁悲恼之聚舍利子
	大乘经（宝积部）第292页	稻蔗牛羊在处充满
	大乘经（宝积部）第629页	使象马牛羊天地产业皆悉与之；设大施会充满众生
	大乘经（宝积部）第62页	有一长者名勇猛授富有财宝，象马牛羊奴婢仆使商估等类一切众多，修行是亦难
	大乘经（大集部）第590页	经行禅室，于中布施奴婢、田宅、象马车乘、驼驴牛羊种种诸物，比丘身心安隐，坐禅修道
	大乘经（大集部）第130页	勤修象马牛羊鸡犬猪狗獐鹿鹰鹞孔雀等家业
	大乘经（华严部）第54页	羊乳
	大乘经（华严部）第229页	牛羊等一切资生之物
	大乘经（涅槃部）第191页	牛羊鸡犬猪豕之属，居家逼迫，犹如牢狱，一切烦恼由之而生；出家闲旷，犹如虚空，一切善法因之增长
	大乘经（涅槃部）第54页	涅槃经中制，诸比丘不应蓄养奴婢牛羊非法之物，如有蓄养，驱令还俗

续表

分类	《乾隆大藏经》章节	文本
财产	大乘经(涅槃部)第108页	诸比丘不能蓄养奴婢等不净之物,不能贩卖象马牛羊等求利
	大乘经(涅槃部)第113页	比丘应自手作食,自磨自舂,不受象马牛羊
	大乘经(涅槃部)第230页	象马牛羊,和合者有利益,为遮蔽物
	大乘经(涅槃部)第53页	诸比丘不得蓄养奴婢牛羊等非法之物,尔时多有破戒
	大乘经(涅槃部)第61页	放畜牛羊,担负薪草,头须爪发,悉皆长利,虽服袈裟,犹如猎师,粪秽外现,贤善内怀
	大乘经(涅槃部)第233页	象马牛羊一切皆似常,其实一切为五常虚空无为
幻事非实	大乘经(般若部)第461页	如来法身亦复如是无来无去,复次善男子譬如幻师,或彼弟子幻作种种象军马军车军步军及牛羊等,经须臾顷忽然不现
	大乘经(般若部)第282页	幻师幻作象马车步四种勇军,或复幻作牛羊男女及余种种,幻象都非实事,不可依此造业修道
	大乘经(般若部)第339页	世尊菩萨化种种形以度众生,幻师幻作种种形,若象马牛羊男女等以示众人,须菩提象马牛羊男女等有实,不须菩提言不实也
牲畜、禽兽	大乘经(般若部)第668页	住立当如聋羊,诸恶悉当忍,诸恶心不当犯,我不复与人共诤,于人为用罗汉道
	大乘经(宝积部)第315页	为欲如痴狂,淫为牛羊猪,长受兽形苦
	大乘经(大集部)第407页	牛羊象马水牛像等作如是像,恐怖像
	大乘经(大集部)第481页	菩萨昔所住处中有一羊,修声闻慈
	大乘经(大集部)第535页	象马牛羊驼驴鸡猪乃至八种不净之物,是名具足毁禁戒也
	大乘经(大集部)第556页	故五道受生,生在羊中多受苦恼,虽受是苦,心无惭愧不生悔恨(十恶因缘,乐苦因缘)

续表

分类	《乾隆大藏经》章节	文本
牲畜、禽兽	大乘经(大集部)第 67 页	象马牛羊师子豺狼虎豹狗犬一切禽兽
	大乘经(大集部)第 118 页	乘羖羊游行
	大乘经(华严部)第 168 页	佛说诸法无生无灭,牛羊不能知觉生死轮中
	大乘经(华严部)第 251 页	牛羊犬豕类,善知苦乐法
	大乘经(涅槃部)第 194 页	斗羊,不观即不嬉笑娱乐
	大乘经(涅槃部)第 338 页	梦:象马牛羊身着青黄赤黑色衣喜笑歌舞(预示病重,难以疗愈),若有福德,皆可疗治
	大乘经(涅槃部)第 196 页	牛羊驼驴等恶畜
哑羊	大乘经(般若部)第 302 页	有恶意与人诤耶,当如哑羊,其有忍苦欲求佛者当与相随若此
	大乘经(大集部)第 291 页	愚钝如哑羊
	大乘经(大集部)第 293 页	哑羊僧谓不了知根本等罪犯,蠢愚鲁钝
	大乘经(大集部)第 294 页	哑羊僧;僧谓若有情为活命,故归依我法,而求出家得出家矣
	大乘经(大集部)第 293 页	哑羊粗恶本暴
	大乘经(华严部)第 312 页	却粒自默如哑羊,欲住天宫尽天寿
羊一鬼	大乘经(宝积部)第 271 页	羊颠鬼
	大乘经(大集部)第 766 页	夜叉愿作羖羊形者为成熟;为其说法,令种善根,彼成熟矣
	大乘经(大集部)第 803 页	羊面鹫面狗面恶鬼
	大乘经(大集部)第 809 页	若衣羖羊及恶食,所作咒法皆不成
羊车	大乘经(华严部)第 722 页	善男子善女人于一羊车乘行,菩萨得直心人随一善根,能作佛种

续表

分类	《乾隆大藏经》章节	文本
屠羊（祭祀）	大乘经(涅槃部)第 345 页	屠羊之心应有恐惧,行杀害有果报
	大乘经(涅槃部)第 501 页	十六恶业之一:屠杀羔羊
	大乘经(涅槃部)第 679 页	诸婆罗门一切不应为清净身杀羊祠祀,若为身祠,是故当知无有自性
	大乘经(涅槃部)第 329 页	杀无量羊
	大乘经(涅槃部)第 343 页	人兽尊卑差异,屠羊之心轻惧
人作羊形	大乘经(涅槃部)第 413 页	善男子若有修习愚痴之人,是报熟时堕于地狱,从地狱出,受畜生身,所谓象猪牛羊水牛蚤虱蚊虻蚁子等形,若得人身,聋盲喑哑,诸根不具,不能受法
	大乘经(涅槃部)第 656 页	或以自身作男女,像牛羊象马,我力能灭如是咒术
	大乘经(涅槃部)第 13 页	复有二十恒河沙等水牛牛羊往至佛所;唯愿世尊哀受我等最后供养
	大乘经(涅槃部)第 139 页	喻如羝羊,是故名祖拏
羊角	大乘经(涅槃部)第 154 页	善男子譬如金刚无能坏者,而能破坏一切之物,唯除龟甲及白羊角是大涅槃微妙经典
	大乘经(涅槃部)第 136 页	菩萨摩诃,形如羊角现世,是诸凡夫邪见
	大乘经(涅槃部)第 138 页	刀状如羖羊角,其真貌为清妙刀

根据表格中的分类,《乾隆大藏经》中不同类别的羊各具不同的佛理。如财产类中,牛羊等一切资生之物为五常虚空无为,禁止畜养牛羊既是戒律,也是无我无常、对物欲的弃绝,幻事非实也是从实象中的抽离和解脱。牲畜类中,以哑羊蠢愚鲁钝、粗恶本暴表示凡夫的愚痴、没有智慧,比喻凡夫不分辨世间法与修行,只是一味放任贪、嗔、痴、色、声、香、味、触等三毒五欲。屠羊类、人作羊形类均含因果报应思想,如“善男子若有修习愚痴之人,是报熟时堕于地狱,从地狱出,受畜生身”。羊角类中,“菩萨摩诃,形如羊角现世”,菩

萨摩诃具大根，在无量千万佛所种皆善根，有大智慧，信大法，解大理，修大行，经大劫，求大果，追求至高无上的佛果。菩萨摩诃以羊角现世，羊角在此处象征无上的能量和权力。

（二）羊车与声闻乘的对应关系

"善男子善女人于一羊车乘行，菩萨得直心人随一善根，能作佛种"（《大乘经》），这里的羊车代表修四谛而觉悟的人——声闻。《妙法莲华经》中有这样一个典故："舍利弗，是长者作是思惟：'我身手有力，当以衣裓，若以几案，从舍出之。'复更思惟：'是舍唯有一门，而复狭小。诸子幼稚未有所识，恋著戏处，或当堕落，为火所烧。我当为说怖畏之事。此舍已烧，宜时疾出，无令为火之所烧害。'作是念已，如所思惟，具告诸子：'汝等速出！'父虽怜愍，善言诱喻；而诸子等乐著嬉戏，不肯信受，不惊不畏，了无出心。亦复不知何者是火，何者为舍，云何为失。但东西走戏，视父而已。尔时长者即作是念：'舍已为大火所烧，我及诸子若不时出，必为所焚。我今当设方便，令诸子等得免斯害。'父知诸子先心各有所好种种珍玩奇异之物，情必乐著，而告之言：'汝等所可玩好，希有难得，汝若不取，后必忧悔。如此种种羊车，鹿车，牛车，今在门外，可以游戏。汝等于此火宅，宜速出来。随汝所欲，皆当与汝。'尔时诸子闻父所说珍玩之物，适其愿故，心各勇锐，互相推排，竞共驰走，争出火宅。是时长者见诸子等安稳得出，皆于四衢道中，露地而坐，无复障碍，其心泰然，欢喜踊跃。时诸子等各白父言：'父先所许玩好之具，羊车，鹿车，牛车，愿时赐与。'"[①]在这个典故中，有一屋舍发生火灾，而其中有幼儿贪恋在屋舍中玩耍，父亲便以屋舍外有羊车、鹿车、牛车等珍奇玩物吸引其注意力，引导其远离危险的屋舍。这里的父亲便是佛陀，火宅代表充满痛苦和烦恼的三界，其中嬉戏玩耍的幼儿则如天下的芸芸众生（图 8－1）。

① 胡适．胡适文集：第 2 册[M]．北京：北京燕山出版社，2019：445.

图 8－1　三界如火宅①

《妙法莲华经》的一个重要特点是，调和佛教内部的派别对立。它站在后出的大乘经典的立场上，对此前出现的各种佛教思想做了分类，并各自给予相应的评价。“舍利弗，若有众生，内有智性，从佛世尊闻法信受，殷勤精进，欲速出三界，自求涅槃，是名声闻乘，如彼诸子，为求羊车，出于火宅。若有众生，从佛世尊闻法信受，殷勤精进，求自然慧，乐独善寂，深知诸法因缘，是名辟支佛乘，如彼诸子，为求鹿车，出于火宅。若有众生，从佛世尊闻法信受，勤修精进，求一切智、佛智、自然智、无师智，如来知见、力、无所畏，愍念安乐无量众生，利益天人，度脱一切，是名大乘。菩萨求此乘故，名为摩诃萨，如彼诸子，为求牛车，出于火宅。”在这里，羊车即对应声闻乘。

释迦牟尼佛祖刚刚悟道时在鹿野苑为阿若、陈如等五个侍从讲四谛的道理，声闻就是修四谛而觉悟的人，他们通过听闻佛祖的音声而悟道，就称他们为声闻。后来把所有修四谛而觉悟的人都称作声闻。四谛指的是苦、集、灭、道四种真理。通过修声闻四谛可以获得声闻四果，依众生根性的不同，可以分别获得须陀洹（初果）、斯陀含（二果）、阿那含（三果）、阿罗汉（四果），其中三果阿那含跳出了欲界生死，以后在色界或无色界往生，四果阿罗汉果位最高，跳出了六道轮回，逃脱了生死。

① 来自 360doc 个人图书馆（http://www.360doc.com/content/12/0121/07/56527660_768773269.shtml）。

在《妙法莲华经》之前,以声闻、缘觉、菩萨三类修行者为对象所说的三类教法(依次为四谛、十二因缘、六波罗蜜)及其修行,是方便教。依此达成的理想也有三种,即阿罗汉、辟支佛和佛。也就是说,声闻和缘觉志向不够远大,开始不能给他们讲可以成佛的道理(佛乘),所以就按照声闻和缘觉的领悟能力,给他们讲声闻乘和缘觉乘等低层次的法,教育他们,让他们成熟。

但是,这一点对声闻和缘觉来说却是秘密,他们都认为教给他们的法是真实的。在此阶段,在佛的众弟子看来,佛所施之教皆为真实。原本并不存在真实与方便的对比,只是到了《妙法莲华经》才指明,存在三乘皆是方便的说法。因此,声闻乘、缘觉乘只是暂定的、权宜的"假"教,声闻、缘觉也非永久不变的固定的存在,在受到教育、充分成熟以后,他们作为菩萨,最终也会成佛。因为这一教说主张一切人都能成佛,故称佛乘,亦指《妙法莲华经》自身。因为只有佛乘是真实的存在,所以又称为乘。佛乘与一乘结合,也称为佛乘。此即三乘方便、乘真实的思想。

羊车与大车、声闻乘与一乘之间的对应关系如是。羊车作为声闻乘的对应物,与"大车"的关系是:"舍利弗,尔时,长者各赐诸子等一大车。其车高广,众宝庄校,周匝栏楯,四面悬铃;又于其上张设幰盖,亦以珍奇杂宝而严饰之,宝绳绞络垂诸华缨,重敷綩綖安置丹枕;驾以白牛,肤色充洁,形体姝好,有大筋力,行步平正,其疾如风;又多仆从而侍卫之。所以者何?是大长者,财富无量,种种诸藏悉皆充溢,而作是念:'我财物无极,不应以下劣小车与诸子等。今此幼童皆是吾子,爱无偏党。我有如是七宝大车,其数无量,应当等心各各与之,不宜差别。所以者何?以我此物周给一国,犹尚不匮,何况诸子?'是时,诸子各乘大车,得未曾有,非本所望。"①

(三)缘起性空:羊作为财富在佛教中的评价

一切佛教的思想理论体系主要是缘起论。"空""有"理念的内涵,是奠立在缘起论学说上的,是随着佛教缘起论的发展而演变的。佛教《缘起偈》曰:"若法因缘生,法亦因缘灭;是生灭因缘,佛大沙门说。""佛大沙门"即释迦牟尼。该偈是说,生灭为因缘作用,生亦因缘,灭亦因缘,生是"有",灭为"空",生灭、有空都由因缘决定。一切现象都是因缘和合而生,因缘在现象在,因缘散现象灭,

① 来自佛门网(http://fomen.huijia18.com/)。

因缘不是永恒不变的，所以现象也不是永恒不变的，是为“空”。

一切缘起现象之所以是空，一是缘起现象是因缘和合而生的，是互相依存的关系结构“无我”；二是缘起现象都是不断变化的生灭过程，是“无常”。无我、无常，故是空。总之，缘起性空有两层意思：一切事物都是缘起，互为因果，互相依存，是因缘关系的结合；结合关系的元素都在不断变化发展，是一个过程。也就是说，缘起论包含了关系论和过程论两个理论要点，认为一切事物、现象都是关系，都是过程，由此一切事物、现象均无主宰、无自性、无实体，是无我的、无常的，是空的。这实际是指事物现象的相对性，是相对性的存在。缘起性空的“空”，不是虚无，不是没有，不是绝对不存在，更不是绝对否定。①

因此，对于佛经典籍中羊作为物产或财富的否定重在要求人们排除贪欲和执念，淡泊名利，从而获得解脱，但并不是对象、马、牛、羊等财产的绝对放弃。一切皆空、本性是空并不否认缘起事物的存在，所以佛经典籍中也出现调解财产纠纷等情节，羊等财产象征着世俗社会的实用价值，而佛法本质上排斥绝对的虚无主义，并不否定世人对财产的合理占有。

三、《大唐西域记》中的羊

玄奘贞观二年(628)岁初离高昌，经中亚南下进入印巴次大陆的西北角，其后一面学习，一面巡游，曾环绕五印度一周，后又经中亚南部转到今新疆南部东归，直到贞观十九年(645)正月才回到长安。玄奘回到长安后，开始译经工作，正月底，他到洛阳谒见唐太宗，唐太宗对他优礼以待，广泛询问了关于印度、中亚等西域各地的情况，并命玄奘根据所见成书。这时唐太宗已北破东突厥，被颂为“天可汗”(贞观四年，630 年)，西已灭高昌国，于其地置西州、庭州，设安西都护府(贞观十四年，640 年)，新设属地，亟须了解领地及周边区域实际情况。玄奘受命撰写专书，很快就于第二年即贞观二十年(646)七月完成此书，进呈唐太宗。我们今天所看见的《大唐西域记》就此产生。②

(一)《大唐西域记》各卷中的“羊”

据以上地理考证可知，玄奘在《大唐西域记》中提到的多羊马的领域，遍及今天的苏联、巴基斯坦、阿富汗、印度等国，在印证羊在 7 世纪时就已普遍作为

① 方立天. 谈“空”说“有”话佛理[J]. 法音，2013(6)：7.

② 章巽，芮传明. 大唐西域记导读[M]. 成都：巴蜀书社，1990：13.

中亚及印度等地的物产时,也表现出印度境内羊的数量之多。笔者认为,作为基础生产资料的羊久而久之势必被人们赋予各种文化意义,并根据羊的种类、颜色、品性的不同而阐发出多种文化内涵,这与佛教典籍中诸多羊形象及其释义相契合。

《大唐西域记》中与羊有关的地区如下:

怖捍国:即我国《汉书》等所称之大宛,唐时亦称拔汗那,今为乌兹别克斯坦之费尔干纳盆地,文献中并没有玄奘亲临的记载。

> 怖捍国周四千余里,山周四境。土地膏腴,稼穑滋盛。多花果,宜羊马。气序风寒,人性刚勇。①

梵衍那国:今阿富汗东北部兴都库什山脉的最西端一带,都城故址在今巴米安。

> 梵衍那国东西二千余里,南北三百余里,在雪山之中也。人依山谷,逐势邑居。国大都城据崖跨谷,长六七里,北背高岩。有宿麦,少花果。宜畜牧,多羊马。气序寒烈,风俗刚犷。②

卷二中当时印度区域内的各国:玄奘进入北印度境内所到的第一个国家是滥波国,在今阿富汗贾拉拉巴德以西喀布尔河北岸的拉格曼地。从此向东南行百余里,到那揭罗曷国,故址在今贾拉拉巴德附近。从此向东南行 500 余里,至健驮逻国。健驮逻国东临信度河,首都为布路沙布逻,故址在今巴基斯坦白沙瓦。2 世纪时迦腻色迦王以健驮逻为中心根据地,亦以此城为首都。但玄奘到达健驮逻时,其国势已衰落,和那揭罗曷国及滥波国一样都役属于迦毕试国。再从此向西南行 800 余里,到波理夜呾罗国,故址在今印度拉贾斯坦邦斋浦尔以北之贝拉特,《大唐西域记》所附小注,自此国起已称中印度境。

> 波理夜呾罗国周三千余里。国大都城周十四五里。宜谷稼,丰宿麦,

① 大唐西域记[M].董志翘,译注.北京:中华书局,2012:50.

② 大唐西域记[M].董志翘,译注.北京:中华书局,2012:76.

有异稻，种六十日而收获焉。多牛羊，少花果。气序暑热，风俗刚猛。[①]

毒则以一羖羊，剖其右髀，随被讼人所食之分，杂诸毒药置右髀中，实则毒发而死，虚则毒歇而苏。举四条之例，防百非之路。[②]

婆罗吸摩补罗国：位于秣底补罗国境北 300 余里，即今印度北方邦西北部之迦尔瓦尔地区，此区近代之首邑为斯利那加，文献中没有玄奘亲临的记载。

此国境北大雪山中，有苏伐剌拏瞿呾罗国，（唐言金氏）出上黄金，故以名焉。东西长，南北狭，即东女国也。世以女为王，因以女称国。夫亦为王，不知政事。丈夫唯征伐、田种而已。土宜宿麦，多畜羊马。气候寒烈，人性躁暴。[③]

阿点婆翅罗国：从苏剌侘国出发，玄奘继续西行，转向信度河（今印度河）下游方向去，至阿点婆翅罗国（西印度境），故址在今巴基斯坦南部印度河口一带，都城为朅䶩湿伐罗，故址在今卡拉奇。此国役属于信度国。

阿点婆翅罗国周五千余里。国大都城号朅䶩湿伐罗，周三十余里，僻在西境，临信度河，邻大海滨。屋宇庄严，多有珍宝。近无君长，统属信度国。地下湿，土斥卤，秽草荒茂，畴垄少垦。谷稼虽备，宿麦特丰。气序微寒，风飙劲烈。宜牛、羊、橐驼、骡畜之类。人性暴急，不好习学。[④]

信度国：今巴基斯坦旁遮普省西南部一带，濒临信度河，故址可能在今拉坚普尔。

信度国周七千余里。国大都城号毗苫婆补罗，周三十余里。宜谷稼，丰宿麦，出金、银、鍮石，宜牛、羊、橐驼、骡畜之属。橐驼卑小，唯有一峰。[⑤]

---

① 大唐西域记[M]. 董志翘，译注. 北京：中华书局，2012：243.
② 大唐西域记[M]. 董志翘，译注. 北京：中华书局，2012：122.
③ 大唐西域记[M]. 董志翘，译注. 北京：中华书局，2012：267.
④ 大唐西域记[M]. 董志翘，译注. 北京：中华书局，2012：678 – 679.
⑤ 大唐西域记[M]. 董志翘，译注. 北京：中华书局，2012：673.

伐剌拏国(西印度境):今巴基斯坦西北边境省南部之班努,它的西边据说还有稽疆那国。《大唐西域记》虽在这里记录了伐剌拏国,但《慈恩传》却说玄奘离印度返中国的途中才经过此国家。

> 闻诸土俗曰:从此国西接稽疆那国,居大山间。川别立主,无大君长,多羊、马,有善马者,其形姝大,诸国希种,邻境所宝。①

漕矩吒国:《大唐西域记》卷十二从记述漕矩吒国开始,玄奘是经由伐剌拏国向西北行来到此国的。都城鹤悉那故址在今阿富汗东部之加兹尼。国有罗摩印度川可能指今加兹尼以西的赫尔曼德河,尚有另一都城鹤萨罗或在此河流域。

> 邻国异俗君臣僚庶,每岁嘉辰,不期而会,或赍金银奇宝,或以牛马驯畜,竞兴贡奉,俱伸诚素。所以金银布地,羊马满谷,无敢觊觎。唯修施奉,宗事外道。②

(二)从《大唐西域记》看玄奘在唐代丝绸之路拓展上的贡献

从汉唐丝绸之路开拓发展的角度来看,玄奘对中外文化交流有着重要的历史贡献。在西去东归路线的选择上,玄奘西行选择的是丝绸之路的中道,东归时则选择丝绸之路的南道。627 年,玄奘从长安出发,途经河西走廊,西出阳关,穿越哈顺沙漠到伊吾(今哈密地区)。628 年初到达高昌,后到达阿耆尼国(今焉耆),再西南行 900 多里到达屈支(今库车县),之后再西行 600 余里到达跋禄迦国(今阿克苏),接着再西行 200 余里至大石城(今乌什),然后转向西北,越凌山(拨达岭)至赤谷城、大清池(今伊塞克湖),之后又西行 500 里到碎叶城,经迦毕试国、屏聿(今千泉)西行到逻斯(今江布尔,距碎叶城 600 余里),从逻斯南行 10 余里,又西南行 200 多里到白水城,然后西南行 500 余里进入塔什干地区,再西南行 200 里到铁门,之后折向东南行,渡过阿姆河后到活国(昆都士),从此顺

① 大唐西域记[M]. 董志翘,译注. 北京:中华书局,2012:688.

② 大唐西域记[M]. 董志翘,译注. 北京:中华书局,2012:692.

利进入天竺。[①] 643 年启程回国时，玄奘东归未选择老路。他途经西印度、阿富汗、巴基斯坦于当年年底到达了活国。从活国东北行，登葱岭、翻明铁盖达坂，途经十余国到达了揭盘陀国（今塔什干县境），从此东下葱岭，行 800 里冰雪险路，出葱岭，至乌铩国（今莎车境，从季羡林说），再行 500 余里到达佉沙国（今喀什市）。此道又称莎车北道，沿线地势相对平坦、安全。而后东南行 500 里，渡徙多河（今叶尔羌河），越大沙岭至斫句迦国（今叶城县），再东行 800 余里，于贞观十八年（644）三四月间至瞿萨旦那国（今和田境），之后西行 400 里至货罗故国（古吐火罗），再东行 600 余里到达折摩驮故国（今且末境），又东北行千余里到达纳缚波故国（今楼兰境）。玄奘由此进阳关，沿河西走廊于贞观十九年（645）正月回到长安。

玄奘西行取道历经波折，他以佛教文化为交流纽带，架起了东方古国与西域诸国，以及古印度之间交往的桥梁。在此过程中，玄奘对唐代西北丝绸之路的扩展所做的具体贡献有：他通过《大唐西域记》完整记录了古印度的历史面貌、风俗物产、文化宗教等情况，是对汉代张骞所开通丝绸之路在地域上的新拓展；他以其亲历亲闻，对唐初西域诸国的情况做了更为翔实的记述，为唐代的丝绸之路西域段留下了极为珍贵的文献资料，并给丝绸之路交往增添了丰富的文化蕴涵[②]；玄奘西行之旅以佛教为纽带，更多地具有文化交流特点，这在汉代张骞所开通的丝绸之路交往之外，增添了政治、军事、经济交流等新内容，以平等的文化交流原则，彰显了中国与西域之间文化交流的意义。

（三）羊与种姓制度

《过去现在因果经》："尔时白净王即严四兵眷属围绕。并与一亿释迦种姓。前后导从。入蓝毗尼园。见彼园中天龙八部皆悉充满。到夫人所见太子身。相好殊异。欢喜踊跃。犹如江海诸大波浪。虑其短寿入怀悚惕。譬如须弥山王。难可动摇。大地动时。此山乃动。彼白净王素性恬静。常无欢戚。今见太子。一喜一惧。亦复如是。摩耶夫人。为性调和。既生太子。见诸奇瑞。倍增柔软。尔时白净王。叉手合掌。礼诸天神。前抱太子。置于七宝象舆之上。与诸群臣后宫婇女虚空诸天。作诸妓乐。随从入城。时白净王及诸释子。

① 金楠．玄奘西行：《大唐西域记》浅析[J]．新疆地方志，2001(2)：59.

② 李芳民．玄奘对唐代丝绸之路拓展的历史贡献[J]．宝鸡文理学院学报（社会科学版），2018，38(3)：23.

未识三宝。即将太子。往诣天寺。太子既入。梵天形像。皆从座起。礼太子足而语王言。大王当知。今此太子天人中尊。虚空天神。皆悉礼敬。大王。岂不见如此耶。云何而今来此礼我。时白净王及诸释子。群臣内外。闻见是已。叹未曾有。即将太子出于天寺。还入后宫。当尔之时。诸释种姓。亦同一日。生五百男。时王厩中。象生白子。马生白驹。牛羊亦生五色羔犊。如是等类。"①这里简单表现了牛羊在种姓制中的地位。

佛教受印度教的影响，印度教为种姓制在哲学上提供依据，这种差别涉及种姓制的划分标准。印度教的洁净、污秽观念对这一问题做出了具体解答。印度教义中，洁净和污秽的观念非常重要。印度教把宇宙万物看作一个有差别的序列，在这个序列中，自然界、超自然界以及人类社会的一切存在，都是依据洁净、污秽的观念来定位的。譬如，在动物界中，牡牛被认为是最洁净的，猪、鸡、狗洁净度就低，羊作为八种不净之物居于其间。一般来说，洁净度越高，同神的距离越近。在同一类中，被认为最洁净的，通常就有了神的性质。这种观念应用于人类社会，便成为种姓划分的重要思想依据。②

印度教在对种姓制的支持方面，体现了它的业报轮回思想。这一思想对种姓制的存在发挥无法估量的作用。这里又印证了人身与羊形互易的轮回转世观。业报轮回思想认为，万事万物皆为"梵"的展现，并且"梵"对于现实世界并无道德上的约束力。这种超自然的力量，对于人们有一种不可抗拒的、永恒的恐惧性。这造成人的宿命的世界观，即人们在现实中，身体、能力、财富、地位等方面的差异，都是某种超自然力量安排的。业报轮回思想就是对这种宿命的世界观的最好说明。按照这种理论，包括人在内的一切有生命之物，都有灵魂，个人灵魂寓于躯壳之中，而躯壳是暂时的，是要灭亡的。故灵魂总是从一个躯壳转入另一个躯壳，个人灵魂附着于一种神秘的"业力"。它由生命之物行为的性质所决定，在灵魂借助于躯壳不断转移的过程中，"业力"起着决定性的作用。羯磨教义认为生活中的不平等、社会差异、种姓、种族差异以及贫富都是人生之"业"的结果。根据这一观念，社会和经济地位与机遇或神的旨意毫无关系，而与个人的"业"有关，一个人的"业"决定其命运。人在世的行为性质决定了他在灵魂转世时的形态。"业"在现世是无法摆脱的，一旦获得，将无穷尽地留在

---

① 来自佛门网(http://fomen.huijia18.com/)。

② 杨秋.略论印度种姓制和宗教思想的关系[J].湖南省政法管理干部学院学报,2002,18(2):212.

人身上。业报轮回在社会中的意义,就是为种姓制提供了有力的辩护。

在这种理论中,人在不同的社会等级中从事不同职业,履行不同的义务和责任,享有不同的地位和报酬,乃是一种神安排的自然秩序,对每个人都是公平合理的。它教导人们,出生的种姓是前世行为的结果,人类必须固守职业,来世才能得到幸福。业报轮回是想告诉人们,前生是一种不可改变的、具有决定作用的力量,此生无论有什么遭遇都得屈从。低种姓的悲惨命运,是前世的恶果所造成的。高种姓的特权和地位,是前世善行的结果,这些都是神的安排,是无法改变的。

从业报轮回思想的种种规定来看,它就像一种强有力的黏合剂,将种姓制固定下来,并使之具有永久性和神圣性。同时,它又像一条无形的绳索,将个人牢牢地束缚在种姓制上。它要求每个人都恪守自己的阶位而不僭越。这种理论从根本上否定了个人改变自己现世地位的任何努力,阻止了对种姓制的彻底批判和改造。在这种思想的影响下,低种姓心甘情愿地接受种姓制的安排。不会怀疑种姓制本身,低种姓所做的充其量只是想改变其他种姓对自己的看法,或者试图在种姓制的序列中为自己提高一点地位,而不是彻底地否定种姓制。业报轮回思想之深入人心,对于维护种姓制及印度社会的稳定,发挥了极其重要的作用。

从羊的“不洁净”程度到灵魂借助于躯壳不断转移,人身与羊形互换轮回本质上归结于人的“业”。耽于杀贪之欲的人被迫堕入羊的“不净”的躯壳,或者被安排在某个特定的社会等级,在这里,作为灵魂转移的载体的羊躯壳,和或高等或卑劣的社会等级一样,都变成了种姓制的工具。洁净、污秽观念为种姓制提供了基础,而业报轮回思想又将种姓制进一步巩固、定型,前世的恶果必将作用于后世这一果报,让人完全屈从于这个看似合理,但是实际上只是统治阶级阴谋的完备体制。为避免在后世中沦为羊形、牲畜,人必须在现世恪守自己所处的等级,不抱怨地坚持现世的善行,社会因此长久地维持着稳定状态。

四、佛教在亚洲的传播

自释迦牟尼在古印度创立佛教起,到形成东南亚佛教文化圈,其间经历了漫长的传教过程。重大的转折点如公元前 3 世纪,阿育王发动奉法弘佛运动,使佛教冲出印度。随后,佛教从斯里兰卡传入东南亚。而佛教传入中国则主要是通过丝绸之路,根据季羡林对“佛教梵语”的研究,印度佛教传入中国的途径有两条,最早是通过大夏,继而通过中亚部分古代民族如吐火罗人,以陆路为主。佛教与中国传统文化相互适应、相互影响,形成了具有中国本土特色的佛教文化。

(一)佛教的起源

不论是南传佛教还是北传佛教,其都离不开佛教孕育发展的故土——印度,离不开佛教的创造者——释迦牟尼。公元前6世纪左右,印度社会尚处于奴隶制阶段。当时在恒河流域建立了许多以城市为中心的国家,史称十六大国,实际上远远超过这个数字。那时印度的社会情况相当于我国战国时期的情况,各国之间争城掠地,互相攻伐,政治上处于无序状态。当时的婆罗门教受到质疑,并出现了一系列新观点、新理论向传统思想挑战。据典籍记载,当时流行于社会上的观点达百余种。释迦牟尼就是在这种百家争鸣的社会背景下开始求道的。

释迦牟尼生卒年不详,根据佛教典籍记载,他享年80岁。29岁出家,35岁成道,随后便开始传道,创立僧团。释迦牟尼创立佛教以后,佛教的传播和发展并非一帆风顺。从释迦牟尼创立佛教到80岁入灭,他和弟子说法传教的足迹主要在恒河流域,直到释迦牟尼去世百年之后,佛教才被阿育王所派遣的传教僧团传播到印度以外的国家和地区。直到公元前3世纪,阿育王发动了一场声势浩大、超越疆界的奉法弘佛运动,佛教才开始冲出印度,走向国际。这一时期,佛教的大范围传播是以印度孔雀王朝强大的综合国力为支撑的,承担大规模传教重任的则是阿育王所派遣的传教使团。

(二)佛教在东南亚的传播

在东南亚佛教文化发展中,缅甸被视为东南亚佛教文化的基地。一方面,佛教初临东南亚是在缅甸落脚,可谓是基地。另一方面,在东南亚乃至南亚整个上座部佛教文化圈内,南亚的斯里兰卡、东南亚的缅甸时时联结着南亚、东南亚这两个地区。佛教南传过程中逐渐形成了东南亚以缅甸、泰国、老挝、柬埔寨等国家为主,南亚以斯里兰卡为主的上座部佛教文化圈,即南传佛教文化圈。

相传公元前3世纪,印度阿育王之子摩哂陀等人将上座部佛教从印度传入斯里兰卡。为迎请摩哂陀到斯里兰卡传教,国王提婆南毗耶·帝沙曾在首都阿努拉达普拉兴建著名的佛教寺院——大寺。公元前1世纪,在南传上座部佛教基地的斯里兰卡,僧侣们把口传的巴利文经典刻在贝叶上,整理成后来被上座部佛教奉为经典的三藏经(经藏、律藏和论藏),奠定了上座部佛教的文献基础。在以后的几个世纪中,佛教在斯里兰卡和中南半岛中西部(今缅甸和泰国)的传播取得明显的进展。

关于佛教何时传入缅甸,学术界尚有争论。公历纪元前后,从东南印度到缅甸有航路可通,有人推测,缅甸的佛教可能是通过海道从斯里兰卡传入的。南部的孟人最早接受佛教。后来小乘佛教沿伊洛瓦底江北上,由孟人商贾、僧侣带到缅甸中部的室利差旦罗的骠人国家。佛教在骠人中获得较大发展以后,又被传入若开和蒲甘地区。

泰国是世界闻名的佛教国家,同斯里兰卡和缅甸一样,泰国人也是佛教的虔诚信奉者。从泰国东北部呵叻府发现的金属佛像来看,保守地说,在4至6世纪,泰国已有佛教流传。13世纪初,泰国出现第一个中央集权的封建政权——素可泰王国。素可泰王兰甘亨(1275—1317)即位后,从斯里兰卡请来上座部佛教僧侣,确立了上座部佛教的主导地位。此后,佛教在封建君主的护持下,逐渐形成僧王制度。

5至6世纪时,大小乘佛教开始传入柬埔寨。由于同中国和印度的贸易往来频繁,大乘佛教得到较大的发展。其间高僧迭出,佛学沙门到中国传教、译经者不乏其人。9世纪后,柬埔寨已成为东南亚的佛教中心。

老挝的南部地区早在1世纪初就曾流行过大乘佛教和婆罗门教。1353年,法昂建立澜沧王国,统一老挝后,即从柬埔寨请来高僧,将上座部佛教定为国教,并确立了达摩育特和摩诃尼迦耶两派僧王制度。16—17世纪,老挝曾一度成为东南亚的佛教中心,修建许多寺塔,雕刻大量佛像,创立巴利语佛教学校和实行僧侣考试制度。

南传上座部佛教约在7世纪前后经缅甸传入中国云南西双版纳地区,其后情况不明。11世纪下半期,蒲甘王朝重兴上座部佛教,上座部佛教再次传入西双版纳。13世纪70年代,开始有傣文的贝叶经出现,上座部佛教在傣族中发展扩大。15世纪后,逐渐为与傣族毗邻而居的布朗族、阿昌族、德昂族及部分佤族所信仰。

(三)佛教传入中国(图8-2)

印度佛教兴起于公元前6至前5世纪,佛祖释迦牟尼的生存时代约与中国的孔子相同。最初佛教规模比较小，以后逐渐扩大，而且向国外传播，也传到了中国。在佛教传入中国这个问题上，最习见的说法是汉明帝（58—75）永平求法。这个说法最早见于《牟子理惑论》等书。《牟子理惑论》说："昔孝明皇帝梦见神人，身有日光，飞在殿前，欣然悦之。明日，博问群臣：'此为何神？'有通人傅毅曰：'臣闻天竺有得道者，号之曰佛，飞行虚空，身有日光，殆将其神也。'于是上悟，遣使者张骞、羽林郎中秦景、博士弟子王遵等十二人，于大月支写佛经四十二章，藏在兰台石室第十四间。时于洛阳城西雍门外起佛寺。"但季羡林却根据对"佛教梵语"的研究，得出佛教传入中国肯定早于汉明帝的结论。总之，印度佛教不是直接传入中国的，途径有两条，时间有先后。最早是通过大夏，以后是通过中亚某些古代民族，吐火罗人最有可能，以陆路为主，海路在最早时期几乎是不可能的。

图 8-2　大昭寺的双鹿听经①

印度佛教传入中国以后，为了适应中国社会与文化的需要不断地改变自己，在与中国社会、政治、经济和文化相适应的过程中最终演变成具有中国特色的、表现中华民族传统精神风貌与特征的"中国佛教"。这个过程，始于汉代佛教初传而基本完成于南唐时期。

需要指出的是，佛教中国化的过程是佛教与传统思想文化相互影响的过程。外来佛教在传统文化的影响下为适应中国社会的需要而不断改变自己，传统文化也在外来佛教的影响下不断发生变化，这两个方面是紧密联系、相互交织在一起的。从历史上看，正是中国化了的佛教更能对传统思想文化产生影响，而受佛教影响的传统思想文化更能对佛教在中国的发展产生影响。例如，

① 来自美篇（https://www.meipian.cn/i8ixiv1）。

早期佛经的翻译受到了老庄道家思想的影响,老庄化的译经又反过来对魏晋玄学的产生和发展起了一定的促进作用,而六家七宗时代的佛教般若学则又是佛教玄学化的产物。同样,隋唐时期天台、华严和禅宗等中国化的佛教宗派在儒道等传统思想文化的影响下得以建立,而它们又推动了宋明理学的形成与发展。从某种意义上说,正是由于中国化的佛教宗派站在佛教的立场上对儒道等进行了融合,才对宋明理学产生了巨大的影响,而朱熹等宋儒在极力排佛的同时又未能避免出入佛老,一个很重要的原因就在于他们所理解的儒学,在一定程度上已经打上了佛教的烙印。在强调佛教中国化的同时,传统文化的佛教化也是不应被忽视的。只有从两者双向的互动中,才能更好地把握中国佛教的特点。①

结合佛教哲学文化思想对四类羊符号做出的相关解读,在佛教文化与羊文化自身意蕴的相互关切中越发显示出羊符号浸润佛法之后的佛理性变化,佛教文化也可以通过对羊文化这一细小分支的拓展延伸得到丰富发展。不论是业报轮回思想,还是借着业报轮回观得到巩固的种姓制度,抑或是代表声闻乘的羊车牵涉出的佛教内部派别的调和,或是缘起性空论对羊作为世俗物产的评价,都展示出羊符号得到佛典阐发后愈发丰富的内蕴。这也是文化交流的意义所在。

通过对佛教典籍中羊符号的提取和解读,本章大致反映了东亚、东南亚佛教文化圈对羊形象的认知。而自佛教从尼泊尔起源到在古印度在地化,其间与印度教融合,再到逐渐通过斯里兰卡、缅甸等国影响整个东南亚地区,在相互纵横重合的时间段里通过陆上丝绸之路及海上丝绸之路传入中国、朝鲜及日本,佛教中的羊符号也随着佛教的传播流转到各个国家和区域,进一步与本土传统文化相结合,产生更详尽深入或背离原意的解释。当然,佛教传播纽带中有着复杂的文化融合过程,学者们通过现有典籍对传播时间、传播方式、传播路线进行考证,即使是在最大程度的考察取证中也有可能因为相关文献的遗失、传说与现实的无法判定而产生些许误差,但是,毋庸置疑的是,学界公认的陆上丝绸之路与海上丝绸之路都曾在佛教传播中起到积极的作用,极大地促进了佛教文化的交流,佛教经典、佛教哲学、佛教艺术、佛教文学都在这个过程中得到弘扬,羊文化也在这个过程中得到传播。

① 洪修平.中华佛教史:隋唐五代佛教史卷[M].太原:山西教育出版社,2013:24.

第九章　森罗万象：南亚民间故事中的羊

丝绸之路横贯欧亚非大陆，本章主要考察古代阿拉伯地区和东亚地区自古至今创作、传承的文学作品，其类型主要包括传说、故事、英雄史诗等。本章重点选取《一千零一夜》《五卷书》《罗摩衍那》作为研究对象，作为特定文学传统的产物，这几部作品根植于深厚的民族土壤，在较为广阔的历史背景下，反映了古阿拉伯、古印度人民的生活与社会的矛盾冲突。

民间文学中往往擅于运用各种丰富的意象，作为基本生活资料、祭祀物之首、人性载体的羊在《一千零一夜》《五卷书》《罗摩衍那》中频频出现。不论是被施予魔法由人变成羊，还是人民在长期的劳作中得出巧思用作诱饵的羊；不论是好斗鲁莽的公羊，还是美丽可爱的羚羊；不论是被归类于软弱无知的“吃草的家伙”，还是在人羊易形中变成做生肉生意的工具。这些形形色色、大相径庭的羊形象集中在这些文学作品中，相互独立又相互补充，令人眼花缭乱之余留下了足够思考与想象的空间。

《一千零一夜》运用现实主义和浪漫主义相结合的方法，想象夸张非凡，其中与羊相关的故事也引人入胜，如老人和羚羊的故事，杀羊取钻、神鹰攫羊，挂羊头卖人肉等。《五卷书》按照印度传统说法，是统治论的一种，目的是通过一些故事把统治人民的法术传授给太子们，有着强烈的训诫意味。其中有关羊的故事，如那个豺狼由于公羊在斗，吃草的家伙被坏毛病左右，公羊吃东西应该偷偷地吃，那些流氓骗了婆罗门的山羊，馋嘴的公羊等，在通俗的寓言故事之外运用大篇幅的诗歌说理。《罗摩衍那》在遵循真实罗摩故事的基础上，被印度各主要教派竞相利用，为宣传自己的教义服务，其中与羊相关的故事，如公山羊象征旺盛的生殖力，人羊易形做生肉生意的恶魔自食恶果，用山羊点火、祭祀等都是各个宗教派别改造、融合的结果。

值得强调的是，研究民间文学是为了更好地了解人民及其生活、精神面貌、真实的斗争历史。民间文学是广大群众在很长的历史过程中集中创作的，它真实地反映了各个历史时期人民的生活状况、精神状态，表现了人民对社会生活、历史事件的评价和态度。本章在对《一千零一夜》《五卷书》《罗摩衍那》的研究中，将关注各个民族独特的社会文化背景和历史背景，更好地欣赏和认识其各自的艺术价值，结合古阿拉伯和古印度的历史特色和宗教特色对羊符号做出尽可能贴切、合宜的解读。

一、《一千零一夜》中的羊

《一千零一夜》是一部卷帙浩繁的阿拉伯民间故事集，在世界文学史上传播广泛，影响深远。这部鸿篇巨制的民间故事集并非一时一地一人所作，它实际上是古代东方，特别是阿拉伯地区的民间说唱艺人与文人学士历经数世纪共同创作的结果，集中产生于印度、波斯、伊拉克、埃及。《一千零一夜》全书约有300个故事，其中包括神话传说、爱情传奇、寓言童话、宫廷奇闻、名人逸事、冒险奇遇等。这些故事或直接或间接地反映了中古时期阿拉伯的社会风貌、价值观念，寄托了广大人民群众的美好思想感情、愿望和追求。

（一）《一千零一夜》中的羊叙事

《一千零一夜》中关于羊的故事有《第一个老人和羚羊的故事》[①]（图9－1），其大意是一位老人牵着一头羚羊流浪，而这个羚羊实际上是他的妻子，因为作恶多端才被变成羚羊。这个羚羊原是老人叔父的女儿，与老人结为夫妻后，30年没有生育子女，所以老人另娶一妻，并生下了一个儿子。在儿子满15岁的时候，老人外出经商，而羚羊因为嫉恨老人的妾室和她所生的儿子，就利用幼时学过的魔术将小妾和儿子分别变成一头黄牛和一头小牛。在老人外出归来时，羚羊极力撺掇老人杀掉这两头牛作宰牲之用，在得逞害死小妾之后，又欲杀小牛的时候被牧人学过魔术的女儿识破，最终被变成羚羊，终身被魔法封锁。

① 一千零一夜［M］．纳训，译．北京：人民文学出版社，2015：11．

图 9-1　老人与羚羊①

在这个故事里,原文提到羚羊"是美丽可爱的形象,不是惹人讨厌的毒蛇猛兽"②。所以,牧人的女儿将恶毒的杀人妇变成羚羊并不是为了让她的形象变得更阴险丑陋,而是利用羚羊乖巧伶俐的外表遮掩她的罪行。从"即使杀了她也是应该的"的罪大恶极到老人不舍弃羚羊带她旅行流浪,一方面表现了老人对妻子尚且怀有情义,不忍抛弃她,另一方面也体现了羚羊的可爱纯洁与人的阴险恶毒的对比。恶妇变成羚羊的重点在于她的人形被魔法封锁,无法再变回人身作恶,这里也有人做错事情遂受到惩戒变为兽身的说教意味。

恶妇的行为是因,因行为产生业,业最后化为果,恶因产生恶果,这是典型的因果业报关系。在这个故事中,羚羊因忌妒而对小妾和小妾的儿子起了杀心,这种邪恶的行为招致果报,"已作不失,未作不得",因果报应具有必然性,恶妇杀生得现世报,最终被变成羚羊,困于兽形。故事中实施惩罚行为的牧人女儿瞑目去世,意味着羚羊身上的魔法无法解除,终身不得解脱。这里也反映了因果业报的相应性,即造作什么样的因,就会产生相对应的果。恶妇费尽心思用魔术将小妾和孩子变成牛,使小妾和孩子困于牲畜形体无法言语,最终自己也落得相似的果,被人用魔法变成羚羊,同样困于牲畜形,可谓以彼之道还施彼身。

① 来自搜狐网(http://img.mp.itc.cn/q_70,c_zoom,w_640/upload/20161114/37d500a33e97474681c84a9b3b722bc2_th.jpeg)。

② 一千零一夜[M].纳训,译.北京:人民文学出版社,2015:12.

19.好不容易熬到天亮，突然空中落下一只被杀死的大羊。辛伯达想起一个传说：商人们常常把剥掉皮的羊投入产钻石的深谷，特兀鹰攫着羊肉飞向山顶，便伺机夺取粘在羊身上的钻石，他赶紧往口袋里装了许多钻石，用缠头布把自己绑在羊身上。

20.一会儿落下一只兀鹰，攫着那只羊飞到山顶，正要啄食，忽然崖后发出叫喊和敲木梆的声响，兀鹰闻声而逃。一个商人迅速赶到，见羊身上没有钻石，显得十分失望，辛伯达讲了自己的遭遇，又给了他许多钻石。商人这才高兴起来，把辛伯达引见给他的伙伴们。

图 9－2　杀羊取钻①

而在《辛伯达航海历险记》中，引用“杀羊取钻”②（图 9－2）的典故，大意是

① 来自知乎（https://www.zhihu.com/tardis/bd/art/261064750?source_id=1001）。

② 一千零一夜[M].纳训，译.北京：人民文学出版社，2015：60.

讲,一般出产钻石的地方都是极深的山谷,人们无法下去采集。钻石商人就想出办法,把宰了的羊剥掉皮,扔到山谷中。待沾满钻石的血淋淋的羊肉被山中庞大的兀鹰攫着飞向山顶,快要啄食的时候,他们用叫喊声赶走兀鹰,收拾沾在肉上的钻石,然后扔掉羊肉喂鹰,带走钻石,这反映了古代劳动人民的生存智慧。而在《终身不笑者的故事》[①]中,落入山谷里的人进一步利用杀羊取钻的方法,将人绑在羊身中被兀鹰攫起,以此逃离险境,或者利用杀羊取钻的方式获得神鹰的帮助,到达宫殿。

在这几个相类似的故事中,不论是杀羊取钻获得商业利益,还是借助杀羊取钻的方法逃离险境,抑或是假借此法到达象征乌托邦的理想宫殿,都表现了人民对美好生活的向往,对实现人生目标、摆脱人生困境所做出的积极努力。同时,将羊肉而非他物作为诱饵,体现了羊在古代东方就是日常生活的必需品,是人民的口粮。如果能像杀羊取钻这样加以利用,还能创造更多的商业价值。

这些故事情节的重点是对商人九死一生的经商远航冒险活动的描写,在反映阿拉伯民族进取精神的同时,表现了开拓者在开辟贸易商路时的艰辛和不易。杀羊取钻情节在航海家辛伯达第二次航海旅行时反复出现,而他第二次航海旅行的主要原因是"很想去海外游览各地的风土人情,并经营生意,赚一笔大钱回来过好日子"[②]。如其所愿,这次航海冒险之旅让他大开眼界,而更重要的是,辛伯达作为典型的冒险者形象数次克服旅途中的艰难困苦和绝境,充分表现了阿拉伯民族乐观、顽强的民族精神。

《理发匠四兄弟的故事》[③]主要讲的是卖羊肉的屠户被会魔法的老头捉弄、陷害的故事。屠户本分朴实,努力经营肉食铺子,并无劣迹,卖给老头的也是分量足、货真价实的羊肉,可是却被会魔法的老头用碎纸片变成的发光的银币要弄和欺侮。最后,当屠户意识到被骗并据理力争要求赔偿的时候,却被老头用障眼法更残忍地迫害,不仅害他一眼失明,还被丝毫不关心人民的省长毒打重罚。

这个故事形象地反映了底层劳动人民在生活中遭受的欺凌和压制。首先

① 一千零一夜[M].纳训,译.北京:人民文学出版社,2015:240.
② 一千零一夜[M].纳训,译.北京:人民文学出版社,2015:57.
③ 一千零一夜[M].纳训,译.北京:人民文学出版社,2015:351.

是社会中的一些投机倒把分子,利用障眼法等非正义的手段强行掳掠他人的财产,并诬陷嫁祸,闹出挂羊头卖人肉的严重案件,丧失人伦,令人恐怖之余越发感到其为人之奸险毒辣。省长是统治阶层的代表,在人民正当辩护的时候滥杀无辜,草菅人命,视人民的生命如草芥。勤劳朴实的屠户是广大底层劳动人民的代表,在付出辛勤的劳动,诚信经营之后,还是被统治者、奸诈之人掠夺财产,落得一无所有。

(二)《一千零一夜》传入中国

《一千零一夜》一书既然是中古时期世界各种文化,尤其是东方各民族文化相互撞击融会的产物,我们从中自然不难看到古埃及、两河流城、印度(佛教)、波斯(祆教)、希伯来(犹太教)、希腊(基督教)、罗马(基督教)等诸种文化的影响。当时中国文化通过丝绸之路与香料之路(亦称“海上丝绸之路”)对阿拉伯世界的影响,从书中亦可看到。很多故事都提到中国和中国人,其中有些著名的故事如《驼背的故事》《阿拉丁和神灯的故事》等还以中国为主人公活动的舞台。

8 世纪唐代史学家杜佑撰写的《通典》卷一百九十三《大食国志》根据杜环的《经行记》写成,其中说大食“亦有文学,与波斯不同”。这反映了当时我国与阿拉伯及波斯的文学已有接触,但杜环所记大食文学作品是否包括《一千零一夜》却无从查考。

从文化交流与传播的层面看,中国和阿拉伯地区自古以来就有频繁的经济、文化交流,陆上丝绸之路可通,海上航道早已开辟,中国同中亚、南亚、阿拉伯、波斯等地诸多国家、民族交往已久。西汉张骞出西域时,曾派助手出使大夏和安息(今伊朗);东汉班超任西域都护时,曾派甘英前往大秦(即罗马帝国)。据《后汉书·西域传》分析,甘英到达今伊拉克和伊朗,长时间停留于波斯湾,了解当地情况。中国人西行历史颇久,人数不少。通西域或出使罗马,都曾有规模较大的使团。汉唐在西域驻军,不仅带回异乡特产,也传回遥远地方的文化。

这种交流是双向的,阿拉伯人、波斯人来华的也不少。“唐时波斯商胡懋迁往来于广州、洪州、扬州、长安诸地者甚众,唐人书中时时纪及此辈。”①7 世纪伊斯兰教创立后传播很快,阿拉伯帝国也快速发展,并在中亚地区与唐朝进行军事对抗,有经济交往,也有科技文化交流。据《旧唐书》记载,651 至 798 年,大

① 向达. 唐代长安与西域文明[M]. 北京:生活·读书·新知三联书店,1957:24-25.

约150年间，阿拉伯使节来唐有39次之多。唐玄宗天宝十年（751），在唐朝与大食国的怛罗斯之战中，一批唐军被阿拉伯人俘虏。俘虏中有杜环等人，杜环被俘后到过诸多阿拉伯国家，最远可能到达北非突尼斯。10多年后他经海路回国并撰写《经行记》，谈到很多阿拉伯国家的政治经济、宗教文化、风土人情。杜环与《通典》编写者杜佑是本家近亲，杜佑《通典》中引述了《经行记》不少内容，《经行记》在后代遗失，但《通典》中保存了杜环书中若干重要内容，这使中国人了解更多阿拉伯的情况。

商业发展扩大文化传播，唐代有大批阿拉伯和波斯商人居住在长安。据《资治通鉴》等文献记载，有4000多个阿拉伯和波斯商人在长安拥有田产并定居，其后商保留旧有习俗。据顾炎武《天下郡国利病书》记载，唐代在广州有专管外商事务的官员，大批阿拉伯商人在广州立户，直到宋代仍有来者。在唐代，经海上丝绸之路到广州的阿拉伯和波斯商人曾经达到10万人。阿拉伯人苏莱曼的《中国印度见闻录》记载唐末黄巢军队攻占广州时，居住在广州的阿拉伯人、波斯人、犹太人及基督教徒约有12万人。宋代对外贸易的规模又有所扩大，来华阿拉伯人、波斯人比唐代还多，不过贸易中心转移到泉州。

在宋代，海上丝绸之路从广州或泉州出发，经南海到马来群岛和苏门答腊岛。然后继续航行，越过孟加拉湾，驶往印度，最后抵达波斯湾，同阿拉伯人进行贸易。泉州是丝绸之路在东方的最大港口，聚集大批阿拉伯和波斯商人，元代依旧繁盛。唐代以后，居住在扬州、明州、杭州等地的阿拉伯和波斯商人均有很多。明朝时中国与阿拉伯国家交往频繁。明成祖特别重视海外事务，郑和7次下西洋，历时将近30年。郑和的船队庞大，有240多艘巨大舰船，官吏、士兵和各类人才将近28000人。7次远航，先后到达东南亚、南亚、西亚、东非等地30多个国家。阿拉伯半岛诸国，是郑和访问的重点地区，郑和下西洋时，阿拉伯半岛南端的佐法尔省成为他的重要停驻点。佐法尔省位于今阿拉伯半岛南端的阿曼，古代曾是世界商道上的重要转折点。这里能够集散各地物产，当地的马匹和乳香、中国的瓷器和丝绸、印度的香料等，多在这里交易。

郑和下西洋结束之后，他的助手兼翻译马欢撰写《瀛涯胜览》，费信撰写《星槎胜览》。这两部书中记述了阿拉伯地区的政治、经济、宗教和社会生活、风俗人情、文化艺术等情况。这些著作的传播，使中国人对阿拉伯文化有比较深入的了解。

《一千零一夜》的部分故事应该在7世纪两国互通友好之后，就由阿拉伯人带到了中国,最先到达新疆,后来才传到汉地,最早的抄本流传于十七八世纪的哈萨克民间。最早的《一千零一夜》译本是少数民族知识分子完成的,大约在18世纪,《一千零一夜》有了维吾尔文版本,译者是穆罕默德·宾尼·阿不都拉汗·麦合图穆·阿克苏依,他非常熟悉阿拉伯语,有广泛的阿拉伯文化知识,同时深谙阿拉伯和维吾尔族两个民族的生活习惯。

而在汉族地区,根据目前掌握的资料,最早介绍《一千零一夜》的应该是林则徐,他在鸦片战争期间派人广泛收集西方书报,编辑《四洲志》。书中第六、七两章集中说明了阿拉伯地区的实际情况,在结尾部分记述了阿拉伯学术、文化成就。《四洲志》中写道:"本国人复又著辑,论族类,论仇敌,论攻击,论游览,论女人,以至小说等书。近有小说谓之《一千零一夜》,词虽粗俚,亦不能谓之无诗才。"①这句简短的介绍性文字是目前可见最早的。

继林则徐之后,严复在其《穆勒名学》的译者按语中评价了《一千零一夜》,他说:"……其书为各国传译,名《一千一夜》。《天方夜谭》诚古今绝作也。皇其书多议四城回部制度、风俗、教理、民情之事,故为通人所重也。"②从按语中可以看出,在我国将此书书名译为《天方夜谭》始自严复。

20世纪初的清末,中国知识分子开始翻译《一千零一夜》的某些故事,渐成潮流,不断出现《一千零一夜》的中译本,有单行本,也有连载于刊物的,这些译本大多是从英译本转译过来的。人们普遍认为第一个中译单行本的译者是周桂笙,他在1900年的《采风报》上翻译发表了《一千零一夜》的两则故事:《国王山鲁亚尔及兄弟的故事》和《渔者》。1904—1905年,《女子世界》(创刊于上海)第8、9、11、22期上连载了《侠女奴》(即《阿里巴巴和四十大盗》),系周作人所译。清末最后一个《一千零一夜》译本应该是1906年上海商务印书馆出版的奚若译的《天方夜谭》(述异小说),书上印有"足本"二字,但实际上并非真正意义上的足本。书分4卷,包括50个故事,是从英译本《阿拉伯之夜》转译来的,采用文言文译成,受到比较大的欢迎,对后世的影响也比较大。

清末,《一千零一夜》译本的流传引起了文学理论研究者的注意,从而促进了文学理论的研究。③ 总体上看,清末对《一千零一夜》的译介构成了我国与阿

① 林则徐. 四洲志[M]. 张曼,评注. 北京:华夏出版社,2002:21.

② 王向远. 东方各国文学在中国:译介与研究史述论[M]. 南昌:江西教育出版社,2001:131.

③ 李长林. 清末中国对《一千零一夜》的译介[J]. 阿拉伯世界,1999(1):36.

拉伯之间文化交流的重要篇章,值得我们重视。

二、《五卷书》中的羊

关于《五卷书》(图 9-3)的形成,传说印度一个国王有三个愚笨的儿子,对经书毫无兴趣,缺少智慧,有一个名叫毗湿奴舍哩曼的婆罗门,精通许多事论而享大名,写下《五卷书》,在六个月内教会三个皇子统治论,从此,《五卷书》就用来教育青年。通俗来讲,《五卷书》是一部古印度民间故事集,也是一部寓言集和童话故事集,虽然是以统治论教育印度王子们治国安邦之策,却也因其趣味浓郁的内容获得普通人们的喜爱,并用于学习为人处世之道。《五卷书》在印度文学长河中占据着重要的地位,在世界范围内有诸多译本,影响深远。

图 9-3 《五卷书》封面①

《五卷书》故事内容丰富,涉及印度古代社会各阶层人物,如国王、帝师、婆罗门、刹帝利、吠舍、首陀罗、商人、农民、法官、苦行者、猎人、渔夫、小偷等,展现了一幅印度古代社会生活的生动画卷。除此之外,《五卷书》中出现了各种动物,如狮子、老虎、大象、猴子、兔子、豹子、豺狼、驴、牛、羊、猫、狗、麻雀、白鸽、乌鸦、猫头鹰、埃及獴、乌龟、蛤蟆、鱼、苍蝇等。这些动物在书中还保留了原有的

① 来自百度百家号(https://baijiahao.baidu.com/s?id=1676467821935190061&wfr=spider&for=pc)。

性格，还没有脱掉鸟兽虫鱼的样子，没有像《西游记》和《聊斋志异》里那样摇身一变成了人，可是它们说的话都是人的话，它们的举动都是人的举动，它们的思想感情也都是人的思想感情。因此，我们必须弄清楚，这些鸟兽虫鱼实际上就是人的化身，它们的所作所为就是人类社会里的一些事情。[①] 这些鸟兽虫鱼所表现的思想感情，基本上都是人们的思想感情，是印度奴隶社会和封建社会里老百姓的思想感情。因此，羊作为这些动物中的一类，除了保留其作为动物本身的特性如公羊好斗、繁育性强，还被赋予了复杂的人性。

（一）《五卷书》中的羊故事解读

《五卷书》中关于羊的故事归结起来大概有四种类别。第一类，公羊的品性，以上几个故事中表现的全是公羊愚钝鲁莽，容易引起争执，带来祸患。如"那个豺狼由于公羊在斗"，其中的公羊出于本性好斗、暴戾，在公羊群中用前额相撞，弄得头破血流。虽然这其中也能看出公羊勇猛威武的一面，但整部书中的公羊形象都偏向负面。再如"公羊吃东西应该偷偷地吃"这一情节，公羊因为长长的鬃毛、坚硬的角和结实的身子从外形上唬住了狮子，但是最终因为在狮子面前吃草而暴露身份，未能避免被食肉动物狮子吃掉的命运。这里公羊的不知闪躲和不懂隐蔽之道都表现了公羊的浅薄愚蠢。最后，馋嘴的公羊也表现了公羊的贪婪、愚钝。

第二类，羚羊等对狮子俯首称臣，并且劝告狮子不要再干那些毫无理由的杀生之事，这同另一个世界是有冲突的，即现在做了坏事，死了以后要受到惩罚。（所谓另一个世界，就是将来的世界，也就是死后的那个世界）这里反映了佛教文化中的业报轮回思想。人不能逃脱轮回转世，现世的恶业一定会在来世产生果报。毫无理由地杀害生物，破坏自然规律，或是作为国王，无节制地向臣民实施暴行，只会带来自身的毁灭，甚至给国家带来危机。

第三类，吃草的和吃肉的天生为敌，讲述天性和自然规律。吃草的动物不该和狮子做朋友，这是在强调动物及人的天性和本能。吃草的动物的思想和行为处在"缺乏"中，容易为不良的诱惑或眼前的利益所左右，从而抛却本分的职能，被欺骗、被掠夺、被蚕食。《五卷书》中似乎处处在强调吃草的动物的天真、痴傻和软弱，批判现实生活中的这类人。

---

① 五卷书[M]. 季羡林，译. 重庆：重庆出版社，2016：4.

第四类，用山羊祭祀。关于应不应该用山羊祭祀的问题，《五卷书》中有一些自相矛盾的地方。在“那些流氓骗了婆罗门的山羊”中，婆罗门在磨祛月向一位祭祀人讨到的用以祭祀的牲畜正是一只山羊，其间因为那些流氓的颠倒视听也反驳了用牛或狗祭祀的做法。但另一方面，也有反对用生命祭祀的言语。“连那些在祭祀的时候杀害牲畜的人，也都是傻子，他们不懂天启圣典的奥义。如果有什么人说‘应当用 aja（公山羊）来祭祀’，那么，这里所谓 aja 就是指的存了七年的大米粒，因为，根据符合实际情况的字源学，aja 就是 na jāyante（不再生长了）的意思。”

除了这四类，婆罗门空想的山羊繁育、母羊脖子上长出乳房毫无用处等都是利用羊来说明道理，教导人们不要坐享其成，不要做无谓的努力等。这些羊作为人的化身，尊重自然规律，在业报轮回思想的影响下坚持善行，表现了古印度底层劳动人民在充满挑战与压迫的社会环境中利用自身的勤劳与智慧披荆斩棘、创造美好生活的努力与决心。不过，对公羊的品性及吃草的动物的形象的固化也表现出《五卷书》因循保守的特点。

（二）《五卷书》传入中国

《五卷书》主要随着印度教和佛教文化的传播及佛经的翻译传入中国。《五卷书》里面的寓言和童话基本上是民间创作的，其编纂者利用这些故事来达到自己的说教目的，印度各宗教也利用这些故事来宣传自己的教义，因此，在汉译典籍中就存在大量印度人民创造的寓言和童话。这些故事传入中国以后，一方面影响了文人学士，另一方面也影响了中国民间故事，如《太平广记》中就有与《五卷书》中类似的故事情节。一般而言，两个不同的民族或国家，只要存在着同样的一个故事，那么，不管二者相距多远，我们都要承认这两个故事是一个来源。①

《五卷书》是一部宗教倾向不太明显的书，但从它的内容仍然可以看出，它所宣扬的治国理念和道德准则是属于印度教的。中国很早就接受了佛教，而佛教是排斥印度教的，将它斥之为“外道”。② 所以，古代在汉族地区不太容易直接接受《五卷书》，汉地也没有它的译本。尽管如此，《五卷书》中的故事仍然与

---

① 季羡林. 比较文学与民间文学[M]. 北京：北京大学出版社，1991：45.

② 薛克翘.《五卷书》与东方民间故事[J]. 北京大学学报（哲学社会科学版），2006，43（4）：78.

汉地的一些文学作品有某种关联，但其实《五卷书》在中国几个少数民族地区的影响要比在汉地的影响大，如蒙古族和藏族地区。据统计，在已经发掘出来的藏族民间故事中，有近 20 则故事与《五卷书》中的故事完全相同或基本相像，几乎占全书故事总数的四分之一。其中许多故事经过长期的加工改造，已经变成了藏族人民自己的东西。当然，如果我们加以认真分析比较，还是不难发现它们之间的渊源关系。例如，藏族民间故事《双头鸟》源于《五卷书》中的《双脖鸟》、《兔杀狮》源于《狮与兔》、《鹌鸽与大海》源于《白鹤与大海》等。

《五卷书》中的许多故事之所以能传入我国，变成我国各族人民口头文学的一部分，首先是因为中印两国相邻，在自然环境和社会历史发展方面有许多相同之处。《五卷书》中的那些故事，所反映的主要是印度从奴隶社会发展到封建社会的社会生活以及处在这个社会历史阶段的民众的思想感情。我国长期处于封建社会，一些少数民族地区奴隶社会形态一直延续到新中国成立之前。所以《五卷书》里许多故事所表现的各种社会势力之间的矛盾冲突以及人们对社会生活的认识和喜怒哀乐等感情，我国人民比较熟悉，可以作为自己人生的借鉴，能够引起内心强烈的共鸣。加上在童话寓言里扮演各种角色的狮虎豺狼、鼠雀猴蛇等动物，也是在我国所常见的，人们接触这些故事就更感到亲切了。这些自然与社会条件，无疑是促成中印两国民间口头文学交流的一个重要因素。这类故事能在中国土地上扎下根来，是有其相应的社会生活基础的。

《五卷书》中印度古代民间故事传入中国的具体途径，大体有以下几种。一是《五卷书》的翻译。《五卷书》完整的汉译本，直到 1959 年才问世。新中国成立前流行过节译本，但蒙文译本约在 17 世纪前后就出现了。1920 年，曾有一位俄国人在西蒙古发现《五卷书》中 17 篇故事的手抄本。早在 1921 年，就有蒙古学者研究这个问题的著作《脱胎自〈五卷书〉的蒙古民间故事》出版。《骄傲的天鹅》《青蛙搬家》《老鼠女儿的婚事》《老虎和松鼠》《乌龟和猴子》《白猫之冤》等蒙古族故事，是从蒙文译本的《五卷书》中的有关故事演变而成，然后传播开来的。

二是通过佛经的翻译。我国很早就用汉、藏、傣文翻译了大量佛经。在这些佛经中，包含大量的印度古代民间故事。《五卷书》中所载的印度古代民间故事，有些就包含在佛经中，并通过佛经的翻译传到了中国。仅从常任侠先生编注的《佛经文学故事选》中，就可以找到三例。《杂宝藏经》卷三和《佛本行集经》卷五十九所载的《共命鸟》，即《五卷书》第二卷第一个故事《双脖鸟》；《杂宝藏经》卷十所载的《乌枭报怨》，即《五卷书》第三卷中的《乌鸦报仇》；《佛本行集经》卷三十一和《生经·佛说鳖猕猴经》中的《虬与猕猴》，即《五卷书》第四卷序言中的《海怪和猴子》。从南亚传入我国西南地区的巴利文《佛本生经》，也带来了不少同时收录在《五卷书》里的故事。傣族的《螃蟹和鹭鸶》，就是从本生经中的《苍鹭本生》直接演化而来。

三是对印度故事的改编。古代印度人民的文学创造力特别表现在说故事方面。《五卷书》只是其中较有代表性的一部故事集。还有其他几种故事书，所收的故事有不少是和《五卷书》中的故事内容大同小异的。[①] 它们传入中国后被人们改编，收入有关著作，遂普及于我国民间，可见《五卷书》中的印度民间故事，有些可能是通过其他故事书传入我国，汇入中国民间故事宝库的。

四是通过《五卷书》阿拉伯文本的传播。《五卷书》在6世纪时，曾被译成巴列维语。8世纪，又由伊本·穆加发译成阿拉伯文，书名为《卡里来和笛木乃》，这个本子曾传遍全世界。1959年，我国出版了它的汉文译本。然而在我国新疆维吾尔族中间，由于人们的宗教信仰和语言文字与阿拉伯民族接近，能直接接触阿拉伯文版的文学作品，《卡里来和笛木乃》及《一千零一夜》中的许多故事，早已在人们口头流传。这证实了《卡里来和笛木乃》很早就传入我国同阿拉伯文化有密切联系的西北一些少数民族地区的设想，它是印度古代民间故事传入我国的重要渠道之一。

通过以上叙述可以看出，《五卷书》中的许多印度故事，有的是通过梵文本的翻译和改编直接传入的，也有的是通过阿拉伯文译本传入的，还有的是原载于佛经，通过译成汉文、藏文和傣文佛经，刻印传诵而深入中国民间的。

三、《罗摩衍那》中的羊

《罗摩衍那》是印度古代两大史诗之一，在印度文学史和世界文学史上占有重要地位。在2000多年的漫长时间里，《罗摩衍那》对印度文学的发展和印度人民的宗教信仰产生了巨大的影响，对南亚和东南亚各国的文学也有广泛而深入的影响。《罗摩衍那》的意思是"罗摩的游行"，即"罗摩传"，描述了主人公罗摩的一生。

---

① 中央民族学院少数民族语言文学系，藏语文教研室藏族文学小组．藏族民间故事选[M]．上海：上海文艺出版社，1980:229.

(一)《罗摩衍那》(图9－4、图9－5)中的羊故事解读

图9－4　罗摩衍那壁画(1)①

图9－5　罗摩衍那壁画(2)②

① 来自六图网(http://www.16pic.com/photo/pic_5143010.html)。

② 来自六图网(http://www.16pic.com/photo/pic_5143010.html)。

第一个故事讲了天帝释因为破坏了乔达摩的苦行而受到丧失生殖力的诅咒,后来通过假借公山羊的睾丸才得以回复。公山羊象征旺盛的生殖力,远古人类在洪荒初辟的时代,面对大自然的雄威,为了生存,为了发展,要做两件大事:一件是生产劳动,一件是自身繁殖,而人类自身的繁殖,又是原始社会发展的决定性因素。旺盛的生殖力在自然环境艰苦、急需人力的原始时代显得尤为重要。在这里,天帝释假借公羊的睾丸重新获得生殖力。但失去生殖力的根源却是天帝释搅扰了乔达摩的苦行而受到诅咒。这里有着强烈的宗教禁忌意味:乔达摩的苦行活动不容打扰,不然就会受到难以破解的诅咒。

第二个故事讲了一对罗刹兄弟婆陀毗和伊婆罗用生肉做生意,在人形与羊形互换间肆意剥夺婆罗门的生命,最终被阿竭多大仙制服,将化为羊形的哥哥吞下,并将弟弟用火烧化。一个兄弟施展出幻术,让自己变成一只公羊,另一个兄弟邀请参加祭礼的那些婆罗门把他的肉来尝,当婆罗门吞下羊肉时罗刹便活活吞噬婆罗门的身体,吞噬无辜的生命。罗刹兄弟利用幻术屡次易形,首先有佛教中幻象非实的意味。其次,罗刹兄弟固然凶猛狡诈,但也逃不过阿竭多大仙的惩治和消灭,这样就挽救了其他未遭毒手的婆罗门的生命,这里包含惩恶劝善、禁止杀生的宗教观念。

(二)《罗摩衍那》传入中国

佛教文学是印度文学的一部分,汉译佛教文学是我国最早翻译的外国文学。因此,我们不但可以说印度文学在中国的传布发祥于佛教的东传,而且可以说汉译佛教文学开了我国翻译文学的先河。但是,宗教具有排他性,佛教也不例外。在印度国内,佛教与印度教(它的前身为婆罗门教)水火不容,互相视为外道。印度两大史诗《摩诃婆罗多》和《罗摩衍那》被印度教奉为圣典,在佛教的眼中却成了外道的东西,对它们采取回避的态度。所以,印度史诗在中国的传播又受到了佛教的极大制约。可以说,在近代之前,汉译印度文学几乎全是清一色的佛教文学。

《罗摩衍那》随着佛经文化广泛流传,罗摩的故事在我国古代翻译的佛教经典中已经有几处提到了,有的还是故事的提要,但直到 1908 年全诗才开始介绍到我国来。第五篇《美妙篇》中的神猴哈奴曼被认为和《西游记》中的孙悟空有某些关联,但这只是推测,并无证据。两个神猴的形象是不同的,而且汉译佛经中没有提到哈奴曼和他的大闹魔宫，加之史诗中的这一段闹宫又是晚出的，所以这两个神猴故事似乎无法牵连到一起。孙悟空的形象是我国人民的创造，有本身发展的过程，哈奴曼的形象则是印度人民想象的产物。①

汉译佛经中的有关文献表明，至迟从3世纪起，中国人民就知道了《罗摩衍那》这部书，了解到该书比较详细的内容。唐代以后的古籍中，《罗摩衍那》虽然不再被人提到，但实际上它已经悄悄地产生深刻的影响。20世纪初，《罗摩衍那》被人们重新提起，苏曼殊和鲁迅是在中国近代注意到《罗摩衍那》的两个人。

1907年，苏曼殊在《文学因缘自序》一文中说："印度为哲学文物源渊，俯视希腊，诚后进耳。其《摩诃婆罗多》(Mahabrata)、《罗摩衍那》(Ramayana)二章，衲谓中土名著，虽《孔雀东南飞》《北征》《南山》诸什，亦逊彼闳美。"②

1911年，苏曼殊在《答玛德利玛湘处士论佛教书》中写道："《摩诃婆罗多》与《罗摩延》二书，为长篇叙事诗，虽颔马亦不足望其项背。考二诗之作，在吾震旦商时，此土向无译本；惟《华严经》偶述其名称，谓出马鸣菩萨手。文固旷劫难逢，衲意奘公当日以其无关正教，因弗之译。"③1913年，苏曼殊又在《燕子龛随笔》中指出："印度'Mahabrata'、'Ramayana'两篇，闳丽渊雅，为长篇叙事诗，欧洲治文学者视为鸿宝，犹'lliad'、'Odyssey'二篇之于希腊也。此土向无译述，唯《华严疏钞》中有云：《婆罗多书》、《罗摩延书》，是其名称。二诗于欧土早有译本。"④从苏曼殊的这几段文字，可以看出他对《罗摩衍那》推崇备至。其中他所做的重要提示，使人们开始注意到汉译佛经中的有关文献。苏曼殊算是世界上探索《罗摩衍那》与中国之关系的第一个人。

恰恰与苏曼殊同时，中国伟大的文学家鲁迅也注意到了《罗摩衍那》，并给予高度的评价。1907年，鲁迅在《摩罗诗力说》中称赞道："天竺古有《韦陀》四种，瑰丽幽夐，称世界大文；其《摩诃波罗多》暨《罗摩衍那》二赋，亦至

---

① 罗摩衍那的故事[M]．玛朱姆达，改写．冯金辛，齐光秀，译．北京：中国青年出版社，1962：3.

② 苏曼殊．曼殊大师全集·诗文集[M]．北京：教育书店，1947：106.

③ 苏曼殊．曼殊大师全集·诗文集[M]．北京：教育书店，1947：136.

④ 苏曼殊．曼殊大师全集·诗文集[M]．北京：教育书店，1947：262.

美妙。”[①]由于当时中国社会的原因,苏曼殊和鲁迅的这些言论,似乎没有引起什么反响。

事隔若干年,情形却为之一变。二三十年代的中国文坛上,介绍和研究外国文学的总趋向是从西方文学转到以苏俄文学为主。正是在这个时期,竟然出现了一股介绍和研究印度文学的热流,除了评价泰戈尔,最引人注目的是,文人学者对《罗摩衍那》也议论纷纷。1921 年 3 月,滕若渠在《东方杂志》第 18 卷第 5 号上发表了《梵文学》一文,文中对《罗摩衍那》的故事做了介绍。著名文学家郑振铎于 1924 年在《小说月报》第 15 卷第 5 号上发表了《文学大纲》的第六章《印度的史诗》。郑振铎用了约 8000 字的篇幅,对《罗摩衍那》的内容做了详尽的说明,还附有几幅插图。小说家、梵文学者许地山也于 1927 年在《小说月报》第 17 卷号外《中国文学研究》上发表了《梵剧体例及其在汉剧上的点点滴滴》一文,里面也提到了《罗摩衍那》,并且指明了唐玄奘译的《大毗婆沙论》中有关于《罗摩衍那》的重要记载,为研究《罗摩衍那》与中国的关系提供了新的材料。1930 年,许地山又出版了专著《印度文学》,从吠陀到泰戈尔的诗歌,系统地介绍了印度文学的历史。书中,许地山用若干篇幅对《罗摩衍那》做了简洁而深刻的论述,今天仍不失其重要的学术价值。1934 年,梁之盘在《红豆》周年纪念刊上发表了《天竺之荣华——印度史诗双璧谭》,梁文用精练的语言再次向中国广大读者介绍了《罗摩衍那》的基本情节。那一段时间,甚至在专门为儿童编撰的书刊中,也出现了关于《罗摩衍那》的介绍文字。如商务印书馆 1933 年出版的《小学生文库第一集》,便是王焕章编译的《印度神话》,里面主要讲述了罗摩的故事。如此等等。20 世纪 20 至 30 年代人们将《罗摩衍那》介绍到中国的情况即是如此。

另一方面,印度史诗对藏族文学的影响十分明显。《罗摩衍那》的藏译本是这部伟大史诗最早的外文译本。1439 年,藏族学者祥雄·却旺智已模仿《罗摩衍那》的内容,创作了一部名为《何伎乐仙女多弦妙言》的诗著。后来,谢雄·阿旺丹白加措为此书作了注。陇钦巴的《佛宗宝库》以及其他一些著作中,都有繁简不一的《罗摩衍那》的故事内容。《罗摩衍那》在藏族人民口头一直流传着。这部史诗对藏族人民自己的史诗《格萨尔》,从人物性格塑造到故事情节都产生

① 鲁迅. 鲁迅文学全集:第 1 卷[M]. 北京:群言出版社,2017:30.

过深刻的影响。

(三)《罗摩衍那》在柬埔寨和泰国

在柬埔寨历史上的扶南时期，印度史诗《罗摩衍那》已从各个不同的渠道传到柬埔寨地区。到9世纪末，一些寺庙的碑文上已记载了罗摩故事。12世纪以后，随着印度南部文化及小乘佛教的传入，婆罗门教逐渐衰落，高棉人几乎全民改信佛教。到这时候，柬埔寨才有了《罗摩衍那》文字本。后来，虽然高棉帝国衰落，但佛教文化思想的传播并没有受到阻碍。佛教僧侣汲取《佛本生故事》中《十车王》的故事内容，与在民间流传的罗摩故事结合起来进行了改写，把印度教崇奉的大神毗湿奴与对佛陀的崇拜和君主的敬重糅合在一起，使柬埔寨罗摩故事具有高棉文化特征。所以，在柬埔寨，罗摩故事是佛教典籍《本生经》中的一个重要组成部分，罗摩就是那罗延，是佛陀的化身。佛爷讲经布道时，吟诵罗摩故事，主要是宣扬佛教教义。而在民间流传的罗摩故事，又是一部世俗文学作品，歌手咏唱时增添了不少新的内容，使其情节曲折离奇，语言朴实风趣，引人入胜，深受柬埔寨人民群众的欢迎。

在泰国，大约10世纪，在民间已有罗摩故事流传。经艺人改编、演唱时为辨别人、神、妖，都戴上面具，并配以歌舞，已初具罗摩戏戏剧模式，很受泰国人民的喜爱。1238年，素可泰王国建立，并积极引进小乘佛教。印度史诗《罗摩衍那》中所宣扬的王权神授、君主主宰一切，以及佛教典籍《本生经》中《罗摩阇提伽》《十车王阇提伽》所宣扬的君主至高无上，必须具备为王之道、忠孝仁义，维护王族之间的和睦团结，强调以男性为中心的家长制，主张妇女忠贞等封建伦理道德观念，都很符合泰国统治阶级的利益。所以，泰国历代王朝都很重视罗摩故事和佛教文化的传播。据泰国学者研究，早在素可泰王朝初期，泰国已有泰语译本《罗摩衍那》流传。后来，由于泰国君主的重视与倡导，有的还亲自参与改编创作，使泰国罗摩文学、戏剧作品更加丰富多彩。

泰国之所以重视罗摩故事的创作，在于历代王朝的国王不仅把罗摩视为美德与正义的化身，而且看成是佛陀的化身。他们还把罗什曼那、悉多、哈奴曼等当作神灵，铸造铜像放在寺庙里进行祭祀，顶礼膜拜。同时，为了借助《罗摩衍那》中的人物形象来提高自己的政治威望，有些国王将史诗里的天神及人的名字冠在自己名下。如素可泰一世室利·因陀罗，借用了因陀罗(天帝释)的名字；素可泰三世拉玛甘亨，也借用了“罗摩”的名字。泰国有些地名，如阿瑜陀耶、罗摩洞、罗摩湖、悉多洞、须羯里婆溪等地名，也是从《罗摩衍那》中来的。

泰国罗摩从思想内容到艺术形式都具有泰国文学独具的风格特色，泰国罗摩故事深入人心。泰国许多寺庙都有罗摩故事的经书，僧侣把其看作是佛经经典，讲授佛经时经常吟咏，用以宣传佛教教义。不少寺庙也绘有罗摩浮雕及壁画。在泰国传统民族节日谢神节、泼水节期间，很多地方都演唱罗摩戏剧庆贺。泰国人民把罗摩奉若神灵，不少群众把传抄罗摩故事当作积功德；有的甚至把罗摩故事手抄本当作神丹妙药，生病时将其烧成灰后服用；择吉日、卜卦算命也求之于罗摩，以为这样做可以得到神佛的保佑，问题可以得到满意的解答，逢凶化吉。《罗摩衍那》对柬埔寨、泰国等国的文学艺术创造至今还在发挥作用，可谓影响深远。

《一千零一夜》中的几个故事站在人民的立场上，生动地展现了人民的市井文化生活，杀羊取钻这种独特的赚钱方式赞扬了劳苦大众机智、勇敢的美德。挂羊头卖人肉的故事虽然以魔术穿插整个故事情节，但是其中对省长即统治阶级的冷漠、残暴进行了大胆的揭露；屠户的悲惨结局正是广大百姓苦难和不幸的真实写照，斥责了社会的黑暗不公。

《五卷书》中羊的几种类别虽有固化羊的形象、宿命论的色彩，但总体上是借羊的故事教给人一些为人处世的道理。比如从公羊的鲁莽容易招来祸端中教会人们谨慎小心；吃草的动物与狮子等食肉动物的天然对立告诉人们遵守自然规律；羚羊等动物劝告狮子保持自然界生物链的平衡，显示出朴素的天人合一思想。在古印度时代，如果人们认真遵守这些教条，他就会趋吉避凶，安全地活下去。有一些道理直至今天仍然具有教育意义，值得借鉴。

《罗摩衍那》中的两个主要故事在浓厚的宗教劝诫意味中发展和收尾，强调乔达摩、阿竭多大仙等牟尼中魁首的权威。乔达摩因为被天帝释打扰了苦行而使其生殖能力遭到严重的诅咒，阿竭多大仙却帮助婆罗门解决了为害人间的祸患。宗教施予的庄严的恐怖的警告、禁忌与落实到普通民众生活中的惩恶劝善、为人民安定生活扫清障碍相结合，进一步巩固了佛教文化在广大婆罗门心中的威严。

总体上看，丝绸之路上东西方文化习俗的相互融合在这三大民间故事集中有所体现。从某种意义上说，丝绸之路同时是一条民族融合之路。古埃及、两河流城、印度（佛教）、波斯（祆教）、希伯来（犹太教）、希腊（基督教）、罗马（基督教)、中国(儒家思想)诸种文化相互交汇,人们在这条商业贸易通道上,交流的不只是物品、思想,还包括生活艺术、生活习惯等各种民族文化。处于各民族独特文化氛围中的羊也在丝绸之路上奔波流转,冲击了各民族传统艺术形式,形成了新的文化内涵。

第十章　不拔之柱：中亚文化中羊的地位及丰富内涵

关于“中亚”的概念，最早由德国地理学家亚历山大·冯·洪堡（Alexander von Humboldt，1769—1859）于1843年提出。洪堡认为中亚的地理范围西起里海，东达兴安岭，南至喜马拉雅山，北至阿尔泰山。[①] 从地理位置上看，中亚位于亚欧大陆的结合处，是贯通亚欧大陆的交通枢纽，历来是东进西出和南下北上的必经之地，是陆上丝绸之路的重要地带。今天狭义上的中亚指中亚五国，即哈萨克斯坦、乌兹别克斯坦、吉尔吉斯斯坦、塔吉克斯坦、土库曼斯坦。

羊作为重要的物质生产资料，在中亚地区的物质及文化生活中占据重要地位。本章拟通过伊斯兰文化中的羊、中亚与中国文化交流中的羊以及中亚民族传统文化中的羊三部分展现羊在中亚地区的重要作用和丰富内涵。通过这三方面的考察，尽可能还原羊在中亚地区的物质与文化面貌，使读者感受到羊作为牲畜与中亚地区地理环境高度的契合性、羊在中亚被赋予的特殊文化意义。中亚地区是陆上丝绸之路的要道，交通枢纽的地理位置决定了中亚文化的多样性和复杂性，游牧文化与农耕文化的碰撞也造就了奇异的文化景观，羊文化居于其中，也披上了神秘、绚丽的外衣。

一、财产与禁忌：伊斯兰文化中的羊

伊斯兰文化属于世界三大宗教文化之一，以伊斯兰信仰为灵魂，融多民族多样性文化为一体，在伊斯兰教先知穆罕默德传播伊斯兰信仰的基础上形成，

---

① 周伟洲，丁景泰．丝绸之路大辞典［M］．西安：陕西人民出版社，2006：54.

具有浓郁的伊斯兰特色。本章拟解读伊斯兰文化中的羊形象,聚焦于伊斯兰教经典《古兰经》,通过检索和列举《古兰经》里的羊及牲畜符号,以贴近伊斯兰教原教旨的方式尽可能挖掘羊符号的内涵。伊斯兰教自 7 世纪发轫于阿拉伯半岛以来,一直保持着向世界各地传播和发展的态势,在全世界拥有众多教徒,在中亚的影响尤为广泛、深刻,本章就伊斯兰教传入中亚的时间、方式和伊斯兰教在中亚的在地化过程做简单的介绍。

(一)丝绸之路上的伊斯兰文化

大食系唐代汉文文献对阿拉伯帝国的泛称。651 年,第三任哈里发奥斯曼派遣使臣到达长安,开始了唐朝与大食之间的正式交往,这是中国与伊斯兰世界的首次接触。在伊斯兰教兴起之前,国力强盛的波斯萨珊王朝一度是陆上丝绸之路贸易的主导者,亦是唐宋时期中国最重要的国际贸易伙伴。唐朝同大食的往来,主要借由“安西入西域道”和“广州通海夷道”两条路线,这两条道路是古代海陆丝绸之路最主要的路线。唐中后期至宋元海上丝绸之路的发达,更与中国、东南亚、西亚地区诸多国际港口的繁荣密不可分。

除却贸易往来,沿丝绸之路衍生了宗教的传播范式。陆地部分,伊斯兰教初期的对外传播是以阿拉伯帝国的军事扩张为先导的。倭马亚王朝时代建立起西起北非、西班牙和法国南部,东至印度北部、西北部和中国西北边境的大帝国。但是这种政治治理是一种相对松散的联盟,因此距离阿拉伯帝国中心较远的地区在一段时间内保持多元宗教并存的局面,如中亚地区佛教、摩尼教、景教等长期共存。从这个意义上而言,陆上丝绸之路既是一条贸易通道,也是一条名副其实的多元宗教传播之路。

海上丝绸之路则是凭借阿拉伯商人的贸易展开的。印度尼西亚、马来半岛的伊斯兰文化,与其作为海上丝绸之路贸易中转地的特殊地理位置息息相关。对此,经典文献《马来纪年》和《杭·杜亚传》多有记载,通过通婚和传教等方式,伊斯兰教在当地逐渐传播。

对中国而言,伊斯兰教的传播大致有三个重要的时间节点:一是唐宋时期,从事商业活动的阿拉伯、波斯穆斯林商人沿着海上丝绸之路来到中国东部沿海地区,伊斯兰教也随之传入;二是元朝,蒙古人西征使大批中亚各族穆斯林从陆路迁居陕西、甘肃、青海、宁夏诸省,伊斯兰教的传播地域有所扩展;三是明朝,伊斯兰教在新疆地区传播。

(二)《古兰经》中的羊符号及其解读

《古兰经》是伊斯兰教的经典，是伊斯兰立法的首要根据。《古兰经》包含信仰、礼仪、风俗习惯、教法规定与教义原则等多方面的内容，是穆斯林宗教与世俗生活中的神圣指南，也是伊斯兰世界种种教派、学说、社会思潮和社会运动的理论根据。

全本《古兰经》共 30 卷 114 章 6200 余节，从时间、内容、地点和演说对象上分为麦加章和麦地那章两部分，记述了穆罕默德作为伊斯兰教创始人、改革家、政治家进行活动的几个阶段。麦加时期属宣传新宗教的初期阶段，这阶段启示的经文着重劝说阿拉伯人信奉伊斯兰教，从偶像崇拜转向一神教。麦地那时期，穆斯林力量壮大，形成和产生了新的伊斯兰教社会与国家。这阶段启示的经文多为比较详细的宗教法律与条令，着重为政教合一的穆斯林公社确立宗教、政治、经济、社会、军事和法律制度。

《古兰经》在伊斯兰文化史上占据着极其重要的地位，羊在中亚人的生活中有着举足轻重的地位，《古兰经》中出现的羊符号和牲畜符号(表 10 - 1)极大地影响着中亚人对羊的体认。

1. 羊作为最基本的生活资料

> 真主以你们的家为你们安居之所，以牲畜的皮革，为你们的房屋，你们在起程之日和住定之日，都感觉其轻便。他以绵羊毛、骆驼毛和山羊毛供你们织造家具和暂时的享受……他如此完成他对你们的恩惠，以便你们顺服。①

中亚地区的人们根据地理条件的不同从事游牧业和农耕业，相比较而言，羊在游牧文化中占据的地位更高。从生存空间上看，游牧人多生活在高山戈壁、北方寒冷贫瘠之地，草原连绵，流沙千里，自然条件十分艰苦。草原的盛衰变化，是牧人居停或迁移的主要原因。牧人豢养牲畜，以羊、马、牛为主体，还有

① 古兰经[M]. 马坚，译. 北京：中国社会科学出版社，2003：203.

骆驼、牦牛、毛驴等。这些牲畜的皮、毛有多种用途,价值较高,牛羊肉又是他们日常生活的必需品。饮食习惯上,中亚游牧人以肉食为主,食牛羊肉,饮奶酪;服饰上,衣轻裘;产业上,对牧人来说,畜群的多寡就是衡量财富的标志。由此可见,羊是满足最基本的生活需求的物质生活资料,其在游牧业中的重要地位可见一斑。

2. 禁忌说

伊斯兰教世界禁食牛羊的脂油、禁食自死物、禁食血液、禁食猪肉、禁食诵非真主之名而宰杀的动物,是根据《古兰经》教义而来。

> 你说:"在我所受的启示里,我不能发现任何人不得吃的食物;除非是自死物,或流出的血液,或猪肉——因为它们确是不洁的——或是诵非真主之名而宰的犯罪物。"凡为势所迫,非出自愿,且不过分的人,(虽吃禁物,毫无罪过,)因为你的主确是至赦的,确是至慈的。我只禁戒犹太教徒吃一切有爪的禽兽,又禁戒他们吃牛羊的脂油,惟牛羊脊上或肠上或骨间的脂油除外。[①]

禁食自死物:自死物,是指未经屠宰、捕猎而死亡的陆生动物和飞禽。全世界的人普遍认为陆生自死物是污秽的,在自然条件下死亡的动物,或是因为疾病,或是因为意外,或是因为中毒等,人吃了可能会对身体造成损害。因此,一切健全的人,都把食用自死物看作是对自己尊严的侮辱。不吃陆生自死物,在远古阿拉伯半岛上曾经很普遍。据史学家考证,这是因为古阿拉伯人吸取了古代闪米特人曾因吃陆生自死物染病而大范围死亡的教训。伊斯兰教禁食陆生自死物,从某种意义上说,具有为保护人们的身体健康而拨乱反正的意义。

禁食血液:血液,就是从动物身上流出的血。禁食血液在阿拉伯半岛和两河流域,曾经是很普遍的禁忌。蒙昧时期的阿拉伯人似乎忘记了这条古训,他们只要感到饿了,就用一块锋利的骨头或其他利器刺骆驼、牛、羊等其他动物的血管,把流出的血汇集起来一饮而尽。这种做法非常普遍,以至于蒙昧时期的阿拉伯诗人艾阿史以诗歌的形式劝阻说:你不要拿锋利的骨头,使动物流血;放

① 古兰经[M]. 马坚,译. 北京:中国社会科学出版社,2003:106-107.

动物的血,既伤害了它,又削弱了它。在古阿拉伯诗歌中,也有“勿拿利刃活饮血”的记载。伊斯兰教继承了古阿拉伯人的饮食禁忌,认为血液是污秽的东西,像自然死亡的陆生动物和飞禽一样,含有某种可疑的危害人体健康的物质,因此,为喜好洁净的人所嫌恶。

除此之外,伊斯兰教规定,穆斯林食用的陆生动物和飞禽,必须按照教法规定宰杀。在宰杀时,除了根据教法诵念经文,还要将动物的血管、食管、气管全部割断,目的是使动物的血流干净,快速死亡,以减少动物的痛苦。

如禁食猪肉是阿拉伯半岛各民族和部落普遍遵守的一项历史悠久的饮食禁忌。随着伊斯兰教的发展和传播,世界上其他地区和民族的人们皈依伊斯兰教后,也改变了饮食习惯,遵守禁食猪肉的宗教禁忌。

关于西亚居民禁食猪肉传统的来源,有学者认为,西亚地区传统上是游牧民族的家园,他们以骆驼和牛羊为主,食其肉、饮其乳,住宿用的帐篷取自其皮毛,粮食对他们来说是珍贵的稀罕物。而猪是吃粮食的,所以这个地区并不具备养猪的条件。

西方宗教学者玛丽·道格拉斯专门研究过《旧约》中禁食猪肉的记载。她在1966年出版的《洁净与危险》一书中提出,《旧约》中反复申明的禁忌,本质上是神圣的要求,是为了形成秩序而确定的神圣观念。因为在世界上没有绝对的肮脏,只有在认为肮脏的人眼中,肮脏才能成为肮脏。肮脏的本质是失序和混乱,它会破坏秩序。人们通过禁忌杜绝不洁,其实是试图通过积极的努力,以神圣化来建立群体的组织化和秩序化。因此,严格奉行禁忌是受到赞扬的,违背神圣则是被禁止和应受到惩罚的。犹太教禁食猪肉,目的就是要确立一种神圣,并以此促进群体约束和个人自律。从这一角度看,禁食猪肉自然与禁止偷窃、说谎、伪证、伪善、杀人等,一并被列入了禁忌名单。以上观点,对我们正确理解伊斯兰教禁食猪肉一事,具有一定的启发和借鉴意义。①

禁食诵非真主之名而宰杀的动物:这一禁忌纯粹是因为宗教信仰的要求而做出的,目的是维护对安拉尊崇的纯洁,以坚决抵制各种领域的多神崇拜和偶像崇拜。

蒙昧时期,阿拉伯人依然保留了先民们朝拜圣地的传统习惯,特别是禁月

---

① 王灵桂.伊斯兰教生活禁忌百问探源[M].北京:社会科学文献出版社,2015:108.

期间，会前往麦加参加克尔白的典礼和祭祀。他们以所崇拜的偶像的名义，在神石上宰杀骆驼和羊，去祭祀克尔白里和附近的神石、偶像。欧扎是麦加势力最大的神，她的圣坛由三棵树组成，祭祀她的方式是杀人。据说一个阿拉伯人曾为挽救自己生病的女儿，把自己作为祭品向欧扎献身。因此，伊斯兰教诞生后，为了破除蒙昧时期阿拉伯人的多神崇拜和偶像崇拜，严厉地规定：他只禁戒你们吃自死物、血液、猪肉，以及诵非真主之名而宰的动物。这个禁忌简单明了地划清了伊斯兰教和多神教之间的界线，既容易理解，也容易掌握。

同时，伊斯兰教还认为，真主创造了人类，并为人类制服了大地上的一切动物，让动物为人类服务，允许人类在需要时宰杀动物。人在宰杀动物的时候，提念真主的名字，实际上是在宣告：对动物的宰杀活动得到了真主的许可。如果不诵或诵非真主的名字，那就没有得到真主的许可，所宰杀的动物就是被禁止食用的。

3. 穆萨与羊：伊斯兰教与犹太教和基督教的关系

犹太教、基督教、伊斯兰教起源于同一个原始宗教，即古犹太教。后来，人们偏离原来的信仰，建立起不同的宗教派别。犹太教首先发展了宇宙中唯一真神的信仰，记载于《圣经・旧约》。根据这种信仰，人类犯了悖逆上帝的原罪，上帝最终派救世主以赛亚来拯救人类。几千年来，犹太人一直在等待这位救世主，至今还未来临。“旧约”的意思是指上帝与人之间的以摩西戒律为主体的约定。

1 世纪，犹太教的一个重要分支出现，其教主是耶稣。他自称是上帝之子，是预言中的救世主。在“旧约”的基础上，耶稣代表上帝与人们创立“新约”，自此《圣经》有了后半的《新约》，基督教诞生。犹太教其他分支不承认耶稣救世主的身份，他们要继续等待真正的救世主，而对基督徒来说，这是极大的亵渎。虽然存在分歧，犹太教和基督教还都以《旧约》为基础，信仰的是同一个上帝。

7 世纪，穆罕默德诞生于今沙特阿拉伯的麦加。他起初是一个商人，但被上帝遴选为最新的信使。根据上帝的启示，穆罕默德记录了《古兰经》，创造了伊斯兰教。《古兰经》传达上帝最新的旨意，但其基本根源仍然与犹太教的《旧约》密切相关。概括而言，这三大宗教信仰的是同一个上帝，耶和华是犹太教和基督教信徒对上帝的称呼，安拉则是阿拉伯人对上帝的称呼。三大宗教之间的分歧是对上帝后来的安排做出了不同的解释。

基督教很早就传入阿拉伯半岛，在伊斯兰教创立前，基督教神学思想及基督教化的希腊文化已被基督教徒介绍给半岛上的阿拉伯人。基督教对伊斯兰教的影响是显而易见的。《古兰经》中提到的尔撒（耶稣）、麦尔彦（玛利亚）、宰凯里雅（撒迦利亚）、叶哈雅（施洗约翰）等就是基督教《圣经》里的人物，《圣经》中一些著名的故事与经文，在《古兰经》中也找到类似的说法，如骆驼与针眼、建筑在沙土上的房子、人人都要尝试死的滋味等，特别是《古兰经》麦加时期的一些经文同基督教《马太福音》有若干相似之处。

伊斯兰教在创立与发展过程中，吸收、融合、改造了大量犹太教的思想、礼仪、律法的素材。后来伊斯兰教随阿拉伯人向外扩张得到迅速传播，犹太教徒出于政治、经济等多方面原因改奉伊斯兰教者越来越多，来自犹太教教义、传说的东西也大量渗入穆斯林生活中来。[①] 古兰经注、圣训学、教法学等受到犹太教的影响十分显著，只是受口传文学衍化的局限，往往在细节上有所不同。例如，《古兰经》中提到的先知或使者，许多都是犹太教经典《圣经・旧约》中的人物，如阿丹（亚当）、努哈（诺亚）、易卜拉欣（亚伯拉罕）、易司马仪（以实玛利）、易司哈格（以撒）、鲁特（罗得）、优素福（约瑟）、穆萨（摩西）、达伍德（大卫）、素莱曼（所罗门）、优努斯（约拿）等。《圣经・旧约》里关于创世的故事、洪水及诺亚方舟的故事、人类始祖亚当和夏娃在伊甸园犯事堕落的故事以及亚伯拉罕、摩西的传说在伊斯兰教中都有所涉及。

> “……穆萨啊！在你右手里的是什么？”他说：“这是我的手杖，我拄着它，我用它把树叶击落下来给我的羊吃，我对于它还有别的许多需要。”主说：“穆萨啊！你把它扔下。”他就把它扔下了，它忽然变成了一条蜿蜒的蛇。主说：“你捉住它，不要怕，我将使它还原状。”“你把手放在怀里，然后抽出来，手变成雪白的，但是没有什么疾病，那是另一种迹象。以便我指示你我的最大迹象。你去见法老，他确是暴虐无道的。”[②]
>
> 当他已趋向麦德彦的时候，他说：“我的主也许指示我正道。”当他来到麦德彦的泉边的时候，他看见有一群人在那里饮羊，他发现除他们外还有两个女子，拦着她们俩的羊群。他说：“你们俩为什么这样呢？”她俩说：“我们要到牧人们使他们的羊离开泉水，才得饮我们的

① 中国社会科学院.伊斯兰教文化面面观[M].济南：齐鲁书社，1991：150.

② 古兰经[M].马坚，译.北京：中国社会科学出版社，2003：232－233.

羊。我们的父亲是一位龙钟的老人。”他就替她们俩饮羊，然后退到树荫下，他说：“我的主啊！我确需求你所降给我的任何福利的。”那两个女子中的一个，羞涩地来对他说：“我的父亲的确要请你去，要酬谢你替我们饮羊的功劳。”当他来到他面前，并且告诉他自己的实情的时候，他说：“你不要畏惧，你已脱离不义的民众了。”那两个女子中的一个说：“我的父亲啊！请你雇用他。你最好雇用这个又强壮又忠实的人。”他说：“我必定以我的这两个女儿中的一个嫁给你，但你必须替我做八年工。如果你做满十年，那是你自愿的，我不愿苛求于你。如果真主意欲，你将发现我是一个善人。”①

这里的穆萨故事和摩西传说相契合，大致故事情节相似。在教义思想上，两教都强调一神信仰，除真主（犹太教的真神叫“雅赫维”）外别无主宰，反对偶像崇拜和多神崇拜，讲启示与神启律法，相信死后乐园或地狱的奖善罚恶以及关于天使和魔鬼的说法，重视宗教对人生的伦理态度与价值等。在礼仪及日常生活方面，两者也有许多相似之处。饮食上主要区别“洁净”与“不洁净”，屠宰牲畜要经过宗教仪式，禁食猪肉、动物血液及非正常死亡的动物等。礼拜前要净身，男童行割礼，对亡者要诵经、净身、速葬等规定，两教大致相同。

4. 替罪羊

宰牲节（图 10－1）是伊斯兰教三个重大节日之一，又称“古尔邦节”，在伊斯兰教历 12 月 10 日。12 月又是世界穆斯林朝觐麦加的圣日，在大朝觐的最后一天宰牲献祭。据阿拉伯民间传说，先知易卜拉欣为表示对真主的忠诚，曾按真主之令宰杀其子易司哈格献祭。当其子俯首待杀时，真主又派天使改用绵羊代替。宰牲的习俗就是为纪念易卜拉欣而沿袭下来的，并且成为伊斯兰教的重要节日。此时，世界各地穆斯林在清真寺内举行聚礼，宰牛、羊、驼互相赠送。中国哈萨克族、塔吉克族的穆斯林还要在节日当天举行叼羊、赛马、摔跤等其他文体活动。在这里，出现了替罪羊形象。

① 古兰经［M］. 马坚，译. 北京：中国社会科学出版社，2003：290.

图 10-1　宰牲节①

在这个语境中,替罪羊有两重内涵:第一,“替罪羊”本身是祭品的替代品,而祭品本身的目的是在神示之下,向真主表示忠诚的奉献,也即替罪羊在这里就是一种对真主的奉献行为的表征;第二,“替罪羊”又是真主为了嘉奖献祭者易卜拉欣的忠诚,而降以代替祭品的。从上述两层含义来看,真主和献祭者易卜拉欣之间是许可与被许可的关系,“我允许你用什么献祭,你就可以用什么献祭”,在这个层面上,“祭品”本身的意义被虚化。但是,之所以选择羊而非其他动物来代替易司哈格作为祭品,一方面表现出羊在伊斯兰文化中的普世性,是羊作为重要物质生活资料的印证;另一方面应与羊形象的纯洁有关,只有纯洁的献祭物才能被真主欣然接受,羊是纯洁的牺牲,在精神上具有高尚的意味。

5. 牲畜迷误、愚钝,也指不信道者

信道的人们啊!你们不要询问若干事物;那些事物,若为你们而被显示,会使你们烦恼。当《古兰经》正在逐渐降示的时候,如果你们询问,那么,那些事物会为你们而被显示。真主已饶恕以往的询问。真主是至赦的,是至容的。在你们之前,有一些民众,曾询问过此类问

① 来自邦阅网(https://www.52by.com/article/27075)。

> 题，嗣后，他们因此而变成不信道的人。真主没有规定缺耳驼、逍遥驼、孪生羊、免役驼；但不信道的人，假借真主的名义而造谣；他们大半是不了解的。①
>
> （他创造了）八只牲畜：两只绵羊、两只山羊。你说："真主只以两只公的为禁物呢？还是只以两只母的为禁物呢？还是只以两只母的所孕育的为禁物呢？你们依真知灼见而告诉我吧，如果你们是诚实的人！"两只骆驼和两只黄牛。你说："真主只以两只公的为禁物呢？还是只以两只母的为禁物呢？还是只以两只母的所孕育的为禁物呢？难道真主以此嘱咐你们的时候，你们会作见证吗？假借真主的名义而造谣，以致无知地使人迷误的人，有谁比他还不义呢？真主必定不引导不义的民众。"②

伊斯兰教认为，异端是指后人违背《古兰经》和圣训，自行创立的一切信仰观点和功修要求。异端的出现有种种原因，其中主要的原因是对伊斯兰教的无知，或思想僵化，或出于丑恶的目的，或盲从迷信等。异端的危险性在于，它玷污伊斯兰教的精神，是造成伊斯兰教分裂的罪魁祸首。

先知穆罕默德对异端持十分警惕和反对的态度。据《艾哈迈德慕斯奈德圣训集》记载，先知曾说："你们应远离新生之事物，凡是在教门中的新生，就是异端；凡是异端，就是迷误"，"在我们的宗教中，不依据经训而制造异端事物者，皆可拒绝接受"。③ 据《布哈里圣训实录》记载，先知曾说：" 谁在我们的这个事物中新生了某一事物，那是不被接受的。"在《穆斯林圣训实录》《布哈里圣训实录》中，先知曾说："我先你们而到天池，只要经过我的人，就会痛饮天池之水，饮者永不渴。有些人被挡回了，我认识他们，他们也认识我，然而，他们不能接近我。我说，他们也是我的民族啊！有人回答说，你肯定不知道，在你之后他们新生了什么。我便说道，真可怜！那些在我之后改变了的人。"

---

① 古兰经[M]. 马坚，译. 北京：中国社会科学出版社，2003:89.

② 古兰经[M]. 马坚，译. 北京：中国社会科学出版社，2003:106.

③ 王灵桂. 伊斯兰教生活禁忌百问探源[M]. 北京：社会科学文献出版社，2015:257.

6. 对以物配主的批判

> 如果他们否认你,你就说:“你们的主,是有广大的慈恩的;但无人能替犯罪的民众抵抗他的刑罚。”以物配主的人将说:“假若真主意欲,那么,我们和我们的祖先,都不以物配主,我们也不以任何物为禁物。”他们之前的人,曾这样否认(他们族中的使者),直到他们尝试了我的刑罚。你说:“你们有真知灼见,可以拿出来给我们看看吗?你们只凭猜测,尽说谎话。”你说:“真主才有确凿的证据,假若他意欲,那么,他必定将你们全体加以引导。”你说:“曾见真主戒食此类禁物的见证,你们把他们召来吧!”如果他们作证,那么,你不要与他们一同作证。那些既否认我的迹象,又不信后世,而且以物配主的人,你不要顺从他们的私欲。①

伊斯兰教严厉禁止偶像崇拜的态度,与其创立及早期发展的社会背景有关,又因《古兰经》的强调而带有鲜明的色彩。伊斯兰教以前的阿拉伯社会,盛行偶像崇拜。阿拉伯部落的原始拜物教,所崇拜的偶像大多是石块、树木一类的自然物,有的作为神的住所,有的作为神的祭坛。各部落向自己的偶像献牲、问卜、膜拜、巡游,战争中则将它安放在驼桥里,带着它参加决定部落存亡的战争。麦加是西部阿拉伯人崇拜偶像的中心,其中最受尊崇的是所谓“真主的女儿”:拉特、欧萨和默那三个超越部落的地方神灵。在克尔白还有一个真正具有人形的偶像——胡伯勒,据说是从叙利亚引进的,备受阿拉伯人的崇拜。在克尔白四周,竖立着360块石头,是各部落朝觐时祭牲膜拜的偶像。在氏族社会解体、部落战争频繁的历史条件下,这种多神崇拜和偶像崇拜是民族统一和社会发展的严重障碍。穆罕默德的宗教革命,要以“宇宙唯一真神”统一芜杂繁多的神灵世界,实现由部落到民族和国家的转变,就必然要消除各部落的偶像崇拜。

---

① 古兰经[M].马坚,译.北京:中国社会科学出版社,2003:107.

表 10－1　《古兰经》①各卷中出现的牲畜(包括羊)符号

牲畜类别	页码	文本
牲畜迷误、愚钝	第 17 页	你号召不信道者，就像叫唤只会听呼喊的牲畜一样。(他们)是聋的，是哑的，是瞎的，故他们不了解
	第 126 页	我确已为火狱而创造了许多精灵和人类，他们有心却不用去思维，他们有眼却不用去观察，他们有耳却不用去听闻。这等人好像牲畜一样，甚至比牲畜还要迷误。这等人是疏忽的
	第 270 页	难道你以为他们大半是能听从或者能了解的人吗？他们只像牲畜一样，他们甚至是更迷误的
牲畜作为财产	第 21 页	他转脸之后，图谋不轨，蹂躏禾稼，伤害牲畜。真主是不喜作恶的
	第 35 页	迷惑世人的，是令人爱好的事物，如妻子、儿女、金银、宝藏、骏马、牲畜、禾稼等。这些是今世生活的享受；而真主那里，却有优美的归宿
真主的规定	第 76 页	信道的人们啊！你们当履行各种约言。除将对你们宣读者外，准许你们吃一切牲畜，但受戒期间，或在禁地境内，不要猎取飞禽走兽。真主必定判决他所欲判决的
		信道的人们啊！你们不要亵渎真主的标识和禁月，不要侵犯作牺牲用的牲畜，不要破坏那些牲畜的项圈，不要伤害朝觐禁寺以求主的恩惠和喜悦的人。当你们开戒的时候，可以打猎。有人曾阻止你们进禁寺，你们绝不要因怨恨他们而过分。你们当为正义和敬畏而互助，不要为罪恶和横暴而互助。你们当敬畏真主，因为真主的刑罚确是严厉的

① 古兰经[M]. 马坚,译. 北京:中国社会科学出版社,2003.

续表

牲畜类别	页码	文本
真主的规定	第 88 页	信道的人们啊！你们在受戒期间,或在禁地境内,不要宰杀所获的飞禽走兽。你们中谁故意宰杀所获的飞禽走兽,谁应以类似所宰禽兽的牲畜赎罪,那只牲畜,须经你们中的两个公正人加以审定后,送到克尔白去作供物,或纳罚金,即施舍(几个)贫民一日的口粮;或代以相当的斋戒,以便他尝试犯戒的恶果。真主已恕饶以往的罪过。再犯的人,真主将惩罚他。真主是万能的,是惩恶的
	第 106 页	(他创造了)供载运的和供食用的牲畜。你们可以吃真主所赐你们的给养,你们不要追随恶魔的步伐,他确是你们明显的仇敌
	第 197 页	他创造了牲畜,你们可以其毛和皮御寒,可以其乳和肉充饥,还有许多益处
		你们把牲畜赶回家或放出去吃草的时候,牲畜对于你们都有光彩
		牲畜把你们的货物驮运到你们须经困难才能到达的地方去。你们的主确是至仁的,确是至慈的
	第 202 页	在牲畜中,对于你们,确有一种教训。我使你们得饮那从牲畜腹内的粪和血之间提出的又纯洁又可口的乳汁
	第 234 页	你们可以吃那些植物,可以放牧你们的牲畜。对于有理智者,此中确有许多迹象
	第 248 页	你难道不知道吗? 在天上的和在地上的,与日月群星,山岳树木,牲畜和许多人,都服从真主,有许多人当受刑罚。真主凌辱谁,谁绝不受人尊敬。真主确是为所欲为的
	第 249 页	以便他们见证他们所有的许多利益,并且在规定的若干日内,记念真主之名而屠宰他赐给他们的牲畜。你们可以吃那些牲畜的肉,并且应当用来款待困苦的和贫穷的人

续表

牲畜类别	页码	文本
真主的规定	第 153 页	今世的生活，就像是从云中降下雨水，地里的禾苗，即人和牲畜所吃的东西——就因之而茂盛起来。直到田地穿上盛装，打扮得很美丽，而农夫猜想自己可以获得丰收的时候，我的命令在黑夜或白昼降临那些田地，我使五谷只留下茬儿，仿佛新近没有种过庄稼一样。我为能思维的民众这样解释许多迹象
	第 249 页	牲畜对于你们，有若干利益，至于一个定期，然后（屠宰它们作供献）的合法地方应该是古房的附近
	第 254—255 页	牲畜中对于你们确有一种教训，我使你们得饮它们腹中的乳汁，得享受它们的许多裨益，你们又得食它们的肉
	第 270 页	以便我借雨水而使已死的大地复活，并用雨水供我所创造的牲畜和人们做饮料
	第 277 页	他赏赐你们牲畜和子嗣
	第 312 页	他们还不知道吗？我把雨水赶到无草的地方，而借它生出他们的牲畜和他们自己所食的庄稼。难道他们看不见吗？
	第 327 页	人类、野兽和牲畜中，也同样地有不同的种类。真主的仆人中，只有学者敬畏他。真主确是万能的，确是至赦的
	第 333 页	难道他们不知道吗？从我所亲手造作者之中，我曾为他们而创造牲畜，而他们管理它们
		我曾为他们而制服牲畜，以一部分供他们骑，一部分供他们吃
	第 344 页	他从一个人创造你们，然后以他的同类为他的配偶。他为你们而降赐八只牲畜。他将你们造化在你们的母腹中，在三重黑暗中，一再造化你们。那是真主——你们的主，国权只是他的；除他外，绝无应受崇拜的。你们怎么悖谬呢？

续表

牲畜类别	页码	文本
真主的规定	第 356 页	真主为你们创造了牲畜,以便你们骑乘它们,并食用它们的肉
	第 362 页	他是天地的创造者,他以你们的同类为你们的妻子;使你们的牲畜同类相配;他借此使你们蕃殖。任何物不似像他。他确是全聪的,确是全明的
	第 366 页	他创造万类,而以船舶和牲畜供你们骑乘
	第 446 页	他使山峦稳定,以便你们和你们的牲畜获得享受
禁止以物配主	第 105 页	他们把真主所创造的农产和牲畜,一份供献真主,(一份供献偶像,)他们妄言:“这是真主的,这是我们的配主的。”供献他们的配主的,不能拨归真主;供献真主的,却可以拨归他们的配主。他们的判决真恶劣
		他们妄言:“这些是禁牲和禁谷,只有我们所意欲的人才可以吃;这些牲畜,是不准人骑的;这些牲畜,是不诵真主之名而宰的。”他们假借真主的名义而造谣,他要因他们的造谣而报酬他们
	第 105—106 页	他们说:“这些牲畜所怀的胎儿,是专归我们男人的,对于我们的妻子是禁物。”如果那胎儿生下来是死的,他们就共同吃它。真主要为他们捏造谣言而报酬他们。他确是至睿的,确是全知的
	第 249 页	事情就是这样的,谁尊重真主的戒律,在主的那里那对于谁是更好的。一切牲畜对你们都是合法的,对你们已宣布禁止者除外。故你们应当避开污秽即偶像,应当永离妄语
		我为每个民族制定一种供献的仪式,以便他们记念真主之名而屠宰他所赐他们的牲畜。你们的神明是独一的神明,故你们应当只归顺他。你应当以喜讯传示谦恭者

(三)伊斯兰教简介及其传入中亚的过程

伊斯兰教,是 7 世纪初由穆罕默德在阿拉伯半岛所创立的一神教,它与佛教、基督教并称为世界三大宗教。伊斯兰教创建于西亚，于7世纪下半叶传入中亚地区，并逐步被中亚人民广泛信仰。7世纪后期，随着阿拉伯人入侵中亚地区，在阿拉伯半岛刚刚创立和兴起的伊斯兰教也开始向该地区渗透和传播。[①]在此之前，中亚居民多信奉佛教、祆教、摩尼教、萨满教、景教以及其他崇拜精灵的原始宗教，但这些宗教教义比较简单，都未形成比较发达的宗教文化，因此当时没有一种宗教可以取代其他几种宗教而独占鳌头。直至7世纪末、8世纪初，阿拉伯征服者软硬兼施，他们强迫当地人民放弃原来的宗教信仰而皈依伊斯兰教，在这个过程中，当地民族也产生诸多不满和反抗行为，维护本民族原始信仰，但总体上，从8世纪后半期到9世纪初，伊斯兰教已开始成为中亚大多数本地民族所崇奉的宗教，在中亚人民的宗教信仰中占据主要地位，变成影响力最强的宗教。到13世纪，中亚地区被纳入蒙古帝国的版图之后，中亚地区的蒙古统治者更是倾向于伊斯兰教，帖木儿在位期间定伊斯兰教为国教，进一步巩固了伊斯兰教在中亚宗教中的地位。

二、中亚羊文化在丝绸之路上的传播

中亚与中国历来交往频繁，从汉代起便有张骞出使西域开拓陆上丝绸之路，从丝绸之路开通初期的中国与中亚各国外交使节进行丝绸贸易，到后来被胡商蕃客垄断经济往来；从初期的开辟探索到唐朝繁荣经济贸易带来广泛的技术文化交流，中亚的羊文化也通过丝绸之路被带到中国中原地区，丰富了中国文明。同时，伊斯兰教通过商贸活动在中国的传入和在地化也体现了两种传统文化的密切结合，伊斯兰教在秉持其独特哲学信条的前提下和儒家传统文化完美融合，表现了两种文化在交流中相互影响、相互作用的特点。

（一）中亚地区丝绸之路的历史

中亚地区是陆上丝绸之路的必经之道，陆上丝绸之路并非一条直线，而是有多条线路，根据其实际的自然地理状况，主要有：西北丝绸之路，指西汉（前202—8）期间，由张骞出使西域开辟的以长安（今西安）为起点，经甘肃、新疆到中亚、西亚，并联结地中海各国的陆上通道。因为由这条路西运的货物中以丝绸制品的影响最大而得名。其基本走向定于两汉时期，道路包括南路、中路、北

① 安维华．中亚穆斯林与文化［M］．北京：中央民族大学出版社，1999：2.

路三条线路。南路线路为西安—楼兰—且末—尼雅—和田—喀什—帕米尔高原—中亚;中路线路为西安—敦煌—哈密—乌鲁木齐—伊犁—俄罗斯—罗马;北路线路为西安—敦煌—哈密—吐鲁番—焉耆—库尔勒—库车—阿克苏—喀什—帕米尔高原—中亚。[①] 草原丝绸之路,从长安出发,向北经过蒙古高原,再向西经过天山北麓进入中亚、西亚、欧洲,又称“皮毛之路”。南方丝绸之路,是一条以巴蜀为起点,经云南出缅甸、印度、巴基斯坦至中亚、西亚的中西交通古道。西线,是从四川成都经云南至缅甸、印度并进一步通往中亚、西亚和欧洲地中海地区的蜀身毒道,是历史文献所记载的最早的中西交通线路;中线,是从四川经云南到越南和中南半岛的交通线路;东线,是从四川经贵州、广西、广东至南海的夜郎道。

陆上丝绸之路并不只是一条简单的交通线路,作为历时 2000 年之久,在欧亚大陆广阔的区域一直发挥着中西文化交流大动脉、人类文明运河作用的丝绸之路,是历史时期一个独特人文区域的文化系统。[②] 其具体表现在:物质文化方面,由于丝绸之路贸易繁荣,中原地区的丰富物产和先进的生产技术源源不断地传播到西域、中亚、印度、波斯、阿拉伯和地中海区域。大量工艺精美、品种繁多的丝绸和瓷器、茶叶、纸张等输入中亚,冶铁技术、水力技术、金银器皿和工艺品、钱币、雕版印刷、炼丹术等也通过丝绸之路传入中亚。与此同时,中亚物质文化也传入中国,丰富了中国的物质文明和物质生活。草原民族的羊马牲畜、畜产皮毛、毛织品,各种香药,苜蓿、胡姜、葡萄、石榴、胡椒、波棱等作物,中亚的酿酒术等对中国的经济社会发展做出了不可低估的贡献。民族融合方面,包括中国在内的欧亚大陆腹地自古以来就是民族迁徙和融合的十字路口。特别是在中亚,汇聚了人类历史的几个主要文化体系:中国文化、印度文化、闪族伊斯兰文化和希腊罗马欧洲文化体系。丝绸之路成为民族融合和交流的渠道和纽带,古代匈奴、大月氏、阿拉伯、突厥、波斯、吐蕃、回鹘、羌族等在这一地区的活动十分活跃,由于各民族的文明荟萃,欧亚大陆腹地呈现出多元的社会和文化结构,在民族融合的历史进程中,形成了近现代的多种民族。宗教文化传播方面,丝绸之路的开辟,为各种宗教文化传入中国提供了条件。伊斯兰教、摩尼教、景教、祆教、犹太教、基督教等各种域外宗教涌入中国,对中国哲学思想产生

① 李文增.略论中西方丝路文化视野的差异性[J].世界文化,2019(1):5.

② 李明伟.丝绸之路研究百年历史回顾[J].西北民族研究,2005(2):96.

了很大影响。艺术交流方面，音乐舞蹈、文学艺术、造型艺术等方面的交融互动都反映了丝绸之路文化交流的强大融合力。

（二）伊斯兰教传入中国与东南亚

1. 伊斯兰教传入中国及其在地化

伊斯兰教最初传入中原地区，按照传统的说法，是在唐高宗永徽二年（651），据《旧唐书·高宗纪》及《唐会要》《册府元龟》等记载，是年“大食”遣使朝贡，而“大食”即古籍对阿拉伯的通称。①

据现有史料判断，伊斯兰教传入中国可能并不是一种有意识的行为，而是商贸活动的副产品。负有神圣传教使命的，在早期入华人士中尚未发现。基于上述认识，伊斯兰教传入中国的路线，应该是同唐朝与中亚、西亚、欧洲外贸交易路线相一致的，恐怕不存在单纯为了传教而开辟的路线。这样的路线有两条，一条是出安西入西域道的陆路干线，一条是由广州通海夷道的海上航线。这条海路出广州，沿海岸而行，经太平洋、印度洋至波斯湾，由两河口上溯巴格达。

在讨论伊斯兰教中国化时，必须注意到在长时间的交流融合中，传入中国的伊斯兰教逐渐与中国传统文化相结合。中国伊斯兰教在其著述中阐发了一种同中国传统文化重视人伦关系、重视天人合一、重视圣人循道设教、重视中庸之道相类似的文化特征和文化模式，在文化思想方面，尤其是人伦道德部分与儒家传统的三纲五常达到最深度的结合。当然，伊斯兰教适应中国传统文化，并不是被同化，而是在保持伊斯兰教文化特质的前提下使这种文化成为中国传统文化中具有特色的一个枝节。采用儒家哲学的框架和概念阐释伊斯兰教的根本哲学信条，是两种文化碰撞交流的典型表现。

2. 伊斯兰教传入东南亚的时间和方式

关于伊斯兰教传入东南亚的时间，以布里安·哈里森（Brian Harrison）教授为代表的西方学者认为，与佛教和印度教一样，伊斯兰教也是从印度传入的，时间在13世纪。它是通过印度商人的商业影响力传播的。其根据之一就是马可·波罗在其游记里记载的，马可·波罗从中国回意大利的途中，于1292年在苏门答腊的巴赛国（Pasai）和马来半岛的八儿剌国（Perlak）停留时，发现那里的

① 芮传明．中国与中亚文化交流志［M］．上海：上海人民出版社，1998：316．

人们信奉伊斯兰教。另外,中国学者和一些印尼学者也认为,郑和对伊斯兰教传入东南亚有不可忽视的作用。

伊斯兰教在东南亚的传播形式主要有三种:第一,依靠穆斯林商人在贸易过程中带来的宗教影响;第二,依靠来自印度和阿拉伯以及在本地产生的宗教教师进行劝说和鼓吹;第三,依靠一个地方的穆斯林君主向邻近的非穆斯林地区发动战争。通过伊斯兰教的传入,在东南亚出现了诸多强大的伊斯兰苏丹王朝,并一度成为当地伊斯兰教的传播中心。①

印尼是目前世界上穆斯林最多的国家。13 世纪初,印尼的伊斯兰进程首先是从印尼古代的商业发达地区——苏门答腊岛开始的。在这个时期,伊斯兰教逐渐在该岛确立了牢固的统治地位,并建立了第一个伊斯兰苏丹王朝——须文答腊·巴赛。此后,通过经商、传教、通婚和移民等方式,伊斯兰教逐步向印尼中部和南部传播。在向内地传播的过程中,遭到受强大的印度文化影响的米南加保王国的抵制,因此进展十分缓慢。直至 14 世纪末、15 世纪初,伊斯兰教才从爪哇沿海改奉伊斯兰教的万丹国传入这一地区。此后,印尼的伊斯兰化进程约至 17 世纪基本完成,总体上的顺序是由西向东,由沿海向内地展开。

马来西亚全国有 60% 以上的居民信奉伊斯兰教,穆斯林的主体是马来人。伊斯兰教约于 14 世纪传入马来半岛,伊斯兰教传入马来西亚与传入印尼的途径和过程基本相似,大都采取和平的方式在商业发达的沿海地区开始传教,马六甲的沿海地区是马来半岛接受伊斯兰教最早的地区之一。而马六甲地区伊斯兰教的传入和稳固,是与当时马六甲王朝和苏门答腊的巴赛王朝的特殊关系分不开的。马六甲的伊斯兰化是在穆斯林商人和伊斯兰教师成功劝服马六甲王朝的王室成员皈依伊斯兰之后。皈依伊斯兰教可以提高马六甲王朝的威信,并能受到巴赛王国的庇护。从 1445 年起,马六甲王朝的第四代国王穆扎法尔·沙继承王位后,开始采用穆斯林君主的尊号"苏丹",立伊斯兰教为国教,从此马六甲王朝完成了伊斯兰化进程。从 15 世纪下半叶开始,马六甲王朝先后征服了彭亨、柔佛、雪兰莪、丁加奴和吉兰丹,不仅成为当时东南亚的贸易中心,同时也成为东南亚地区传播伊斯兰教的中心。

文莱的穆斯林占全国总人口的近 70%,信奉者主要是马来人。东南亚学者

---

① 许利平,等.当代东南亚伊斯兰发展与挑战[M].北京:时事出版社,2008:5-6.

认为，15 世纪伊斯兰教已经传入文莱。伊斯兰教在文莱的传播与文莱国王的推广有密切的关系。1414 年，文莱王朝与邻国柔佛王朝通过婚姻结盟，作为回报，柔佛国王赐予文莱国王贝塔塔尔“苏丹穆罕默德”头衔。在柔佛国王的影响下，贝塔塔尔国王信奉伊斯兰教并积极传播伊斯兰教，把伊斯兰教作为发展社会、经济的精神源泉。1511 年，马六甲王朝灭亡后，东南亚的贸易中心和伊斯兰教的传播中心随之于 1521 年转到了文莱王朝。

（三）丝绸之路文化交流个案研究：中亚陕西村

东干族是指迁移到中亚的中国陕西及甘肃的回族后裔，东干族人生活的地方称为陕西村。东干人（图 10－2）的来源主要是同治年间陕甘回民起义西迁。1862 年，太平天国时期，中国西北的陕、甘、宁等地的回民联合当地各族人民掀起大规模反清起义。1877 年，起义队伍最后的万余人向西翻越天山，最后有 3314 人来到中亚，其中最大一支队伍在俄国秋河岸边扎下营盘，沙皇政府给了他们 7 万亩土地，并免征 10 年赋税，这些中国人便在这里定居下来，世代繁衍生息，并向周边扩散，分布于多个村落中。苏联解体后，这群中国移民的居住地分属哈萨克斯坦、吉尔吉斯斯坦和乌兹别克斯坦三国，总人口 12 万。

图 10－2　东干人①

① 来自新浪新闻《中亚有个“陕西村”，一口陕西话，却不知新中国已成立 69 年》（http://k.sina.com.cn/article_3733930745_de8f42f900100am70.html）。

陕西村内保留很多古老的陕西风俗,族内日常生活中使用的依然是祖辈传承的陕西地区方言,对外则使用俄语。陕西村人民继承陕西农耕文化,多数从事农业生产。人民保持地道的陕西文化习俗,衣食住行上体现鲜明的陕西地方特色及明清时代的古风遗俗,如传承陕西八大怪、将秦腔作为文化娱乐传统节目等。

在保留陕西传统文化习俗的同时,中亚陕西村始终保持着伊斯兰文化传统的内核,伊斯兰教的信仰原则和生活方式始终是这一民族群体社会活动的文化基础。将中原文化与伊斯兰文化有机融合是中亚陕西村回族文化的突出特点。陕西是中原文化重要的发祥地之一,而中亚陕西村回族是一个珍惜历史、尊重传统、敬奉祖先的族群。在民族发展的历史进程中,他们始终把传承祖先留下的中原文化传统和伊斯兰文化传统看作是生命的重要组成部分,这种文化认同始终左右着中亚陕西村回族社会生活中各种事理的取向。

文化认同即民族文化的归属认知,是民族认同的基本元素。多民族聚居、多元文化荟萃、多种宗教并存的中亚以主体民族命名国家,东干少数民族群体通过所负载的文化现象,不断强化着自身作为"操同一种语言、拥有共同祖先,属于相同血缘和文化的人群集合"之"文化民族"——回族的认同。[①] 与我国西部发生的以汉文化为依托、以丝绸之路为背景的民族融合相类似,却又具有鲜明的独特性,是丝绸之路民族迁徙的经典个案。

三、中亚传统文化中的羊

羊作为中亚游牧生活与文化中的重要物质资料,与中亚人民的宗教信仰、民风民俗、传统文艺自然结合,活跃在中亚人民衣食住行、体育、历法、医学等日常社会行为中,表现出原始生活的迹象和丰富的文化旨趣。如哈萨克族早期动植物崇拜中,畜牧业是草原经济的命脉、生计的来源、衣食住行的保证,哈萨克族时时刻刻都在为牲畜的顺利繁殖和健康发育而忧虑。为减少焦虑,他们便想出为各种牲畜都安排一个保护神,由这些神灵看护牲畜。如哈萨克人称羊的保护神为"巧潘阿塔"。萨满教中则赋予羊更神异的力量,他们用干羊粪占卜,把41粒干羊粪或石子排成三排,或慢慢撒开,根据散开的形状来占卜。土库曼族

---

① 李琪.历史与传承:中亚陕西村回族穆斯林的文化认同[J].西北民族论丛,2012(2):139-140.

则以羊肩胛骨占卜，必须先把羊骨放在火上烘烤，烧出裂纹后观裂纹卜凶吉。吉尔吉斯族每年举行玛扎尔塔依德仪式来向上天祈求降雨，以求得充足的雨水浇灌牧草，促进羊群生长。

中亚人民的日常生活中对羊的处理细微且具体，展现了羊在民俗活动中多样化的作用，羊头、羊耳朵等都根据特定的场合和境况被赋予不同的意味。如哈萨克族在牧民家做客时，进餐前，主人会把要宰的羊牵进毡房或停在毡房门口，请客人过目和允许。待客人对主人表示感谢和祝福后，主人才把羊牵出宰杀。进餐时，主人要把羊头放在主要客人面前，以示尊敬。在吃肉之前，主人和客人都要先洗手。客人要先用小刀削下羊头脸面的一块肉送给主人，或是放在盘中；再割一只羊耳朵送给主人的孩子或座中最幼者，意思是希望晚辈听长辈的话，然后把羊头还给主人。等这些礼节结束后，大家才开始吃肉。款待最尊敬的客人要宰杀一匹两岁的马驹。茶足肉饱以后，主人还会把碎肉凑到客人嘴边，用十分恳切的言辞劝客人吃下，以表达主人的美意。哈萨克族结婚习俗中女方家长要摆宴举行登门仪式，宴席上通常要宰杀一只象征吉兆的浅棕色（无论如何不能是黑色）公绵羊，可见中亚人对不同颜色的羊的拣选也很苛刻，羊毛的颜色和羊的品类都附上了文化内涵。中亚人尊重羊，对他们来说，羊不是没有感情的牲畜，在某些特定情境，羊是与人共生的伙伴。在塔吉克斯坦，羊在产羔时，通常禁忌外人观看；用脚踢羊，亦为大忌；骑马时遇到羊群要绕过去，不能直接穿过；骑马穿过羊群，或是骑马接近塔吉克人的羊圈，都是对塔吉克人失敬的行为。

叼羊文化具有中亚地域特色，有其自身的文化底蕴（图 10－3）。人们可以通过叼羊来传达自己的感情，生活上得以满足，最主要的是叼羊活动可以提供人们进行交流沟通的场所，是游牧民族代代模仿、代代相传的文化行为。据说叼羊运动起源于中世纪，当时人们对狼吃牲畜特别仇恨，猎获狼之后便互相抢夺娱乐，后来发展成一种专门的娱乐形式，并由叼狼变为叼羊。叼羊比赛通常为祈祷祝福而举行，对抗性强，争夺激烈，是一种集勇猛、顽强和智慧于一体的马背上的体育竞赛。围观者常常有数千人甚至上万人，场面壮观。在不同地区和不同场合，叼羊活动衍生出不同规则。通常主要有三种方式：一是以个人名义参加的自由式叼羊。这种叼羊结果是许许多多参加叼羊的选手将一只小山羊叼得粉身碎骨、七零八落，凡是叼得一块骨头或是一块肉的参加者都算胜利者。二是部落或村落间比赛。两队选手经过若干回合争夺，最后夺得羊者为胜。三是现代式叼羊。在规定场地内,两队各有一个高约 3 米的“篮圈”,将山羊投入“篮圈”得一分。按规则投入“篮圈”多者为胜者。叼羊比赛具有仪式性,主持人先是祈祷,接着献上一只两岁左右的白色或青色山羊,割去头,剔除内脏,放在草地上,宣布比赛开始。参加者便纵马蜂拥而上,全情投入这种体育竞技活动中。

图 10 – 3 叼羊运动①

伊斯兰文化中的羊、中亚与中国文化交流中的羊以及中亚民族传统文化中的羊各具特色,伊斯兰文化中的羊及其他牲畜均在真主的威严下扮演着“正确”的角色,伊斯兰文化与《古兰经》中的种种禁忌说在与中亚地理环境条件、早期先民的生活方式息息相关的同时,也罩上了浓郁的伊斯兰特色面纱。其中突出展现了伊斯兰教对自然生命的尊重、对多神信仰与偶像崇拜的抵触与对真主的绝对信仰,而伊斯兰教对基督教和犹太教的思想、礼仪、律法的借鉴、改写与传播也充分表现了伊斯兰文化的丰富性与兼容性,这也是伊斯兰教在全世界拥有大量信众的原因。

中亚与中国的文化交流源远流长,和平交流的方式从汉代张骞出使西域开辟陆上丝绸之路开始,从官方使节的互惠来往到民间日渐繁盛的商业活动,丝绸之路逐渐发挥出更多元、更深层次的联络功能,超出单一的政治外交、经济贸易等形式,从文化上更根本地影响了双方,显示出一种旷古悠远的持久影响力。

① 来自搜狐网(https://www.sohu.com/a/362926536_120511899)。

从武力碰撞的层面来说，中亚游牧文化与中原农耕文化在争抢生存资源的基础上互相摩擦，两种迥异的社会结构、族群认同方式、社会道德与价值观就此碰撞影响，在彰显各自独特风貌的同时互相吸收，不断进步。就生活需求而言，羊虽然在中原地区的地位远低于以此为生活基础的中亚，但中亚文化在中原地区的输入也多少将与羊相关的文化意蕴和符号传入进来。

中亚民族传统文化中的羊鲜活生动，往往穿插于中亚人民生活的方方面面，民族信仰、民间文艺、衣食住行、体育竞技中处处有着羊的踪迹。羊与各民族独特风俗相匹配，在各民族的自然崇拜、动植物崇拜、传统风俗如婚俗葬仪、待客之道中起着不可替代的作用。可以说，中亚各民族人民从出生到死亡，人生的每一阶段包括重要节点都离不开羊。以羊祭祀是中亚民族长久保留的与自然、天神沟通的方式，用羊肩胛骨、羊粪占卜是他们对未来境况的重要推断方式，民间谚语、民间故事中的羊则凝聚着广大中亚人民的智慧。中亚民族对羊的种类、羊的颜色、羊的大小、羊的身体部位的划分与赋予内涵的细致，足以体现出羊与人共生共荣，人对羊与羊文化的依赖性之强。

通过以上三部分内容，本章梳理了羊在中亚地区的中坚地位和中亚羊文化的丰富内蕴，从日常衣食住行的必需品到民族文化的重要承载物，羊在中亚人民生活中与心理上的至高地位无可撼动。羊已经融入他们的生活习惯，自然到无须提起与强调。陆上丝绸之路的商贸、政治、文化交流，伊斯兰教在中国和东南亚的传入与在地化，将中亚羊文化进一步撒播到农耕文化与海洋文化地区，在保持中亚羊文化特色与神秘性的同时，给羊文化注入了新的血液与活力。而伊斯兰教与基督教、犹太教本身的渊源有所不同，在与佛教的接触和撞击中又一次将宗教中的羊文化补充、扩展。